Advanced Level Cl.......

To the Memory of
my Grandfather

ADVANCED LEVEL CHINESE
汉语高等程度会考

A Complete Tutorial
全程辅导

Justin Wu
吴晓勇

Duckworth

First published in 2007 by
Gerald Duckworth & Co. Ltd.
90-93 Cowcross Street, London EC1M 6BF
Tel: 020 7490 7300
Fax: 020 7490 0080
inquiries@duckworth-publishers.co.uk
www.ducknet.co.uk

A catalogue record for this book is available
from the British Library

ISBN 978 0 7156 3708 1

Typeset by Justin Wu
Printed and bound in Great Britain by
Biddles Limited, King's Lynn, Norfolk

Introduction

The A level Chinese examination in UK is immensely different from the University Entrance Examination in mainland China, Hong Kong and Taiwan. There is no formal standard example to follow, whether in reading comprehension, translation or essay writing. Not only are the contents and topics of the examination question extremely flexible, but there will be no 'model example' available to the candidates. The challenge is therefore often very disheartening to young students from the Eastern world when facing the questions.

The A2 syllabus covers broad historic, cultural and social issues, most of which are not familiar to young people who have not thoroughly studied or researched Chinese culture. Many candidates, therefore, prefer to study short stories in the literature section, but even so, their lack of knowledge of the historic background can lead to misunderstanding of the plot, as well as the fine details. This book aims to explain all covered areas in the most concise way possible, helping readers to comprehend the evolution of modern Chinese history, Chinese philosophies, certain social phenomena and of course, the selected literature works.

The pluralist thinking in Britain has naturally been reflected in the Chinese A level course, which challenges candidates to study independently and to reach their own conclusions. To help these students, particularly those who have recently arrived in the West and are unaccustomed to such study methods, this book tries its utmost to demonstrate how the approach works.

In preparing this book, I have received help from many people. My editor, Ms Deborah Blake, has been immensely supportive of the novel idea of producing such a textbook. Ms Flora Liu, an editor in Shanghai Educational Publishing House, has helped with many valuable comments. My students also contributed in various ways, and to all of them I extend my deep thanks.

I am also grateful to Dr John Taylor, who has encouraged and guided me through the process, to Mr. Hao Yaoting & Mr Chen Rulong, who kindly contributed their calligraphy work, and, of course, to my wife and daughters for their constant support.

Despite all the help and inspiration, I am responsible for all the inadequacies of the book. I sincerely hope it will be of some use to students preparing for their Advanced Level Chinese, particularly to those in schools where Chinese teaching is still not available, as well as to others who study Chinese for the International Baccalaureate and in higher education.

Justin Xiaoyong Wu
Tonbridge, Kent
Summer 2007

Contents

Chapter One: Reading Comprehension 第一章 阅读理解

一、了解中华传统文化的重要性

了解中华传统文化，对于准备学习大学预科汉语科目的学生来说是一项基本的要求。任何一门语言，都和它赖以产生并获得营养的文化环境密不可分。对于学习汉语已经达到高级阶段的学生来说，自然需要对中华文化有一番深入的了解。只有做到了这一点，才能在运用语言上得心应手。

英国高等程度会考的 AS 和 A2 两份考卷中，都有一部分阅读理解的题型。它们的程度并不难，但每年都有不少学生在这些应该得分的部分马失前蹄，以至将分数拉下而影响了总成绩。这说起来很冤枉，但细细地追究，我们又可以看到其中的必然性。一个经过多年汉语学习，已经可以独立阅读和写作的学生，如果连这一道最起码的关卡都不能"一笑而过"，并没有什么可以怨天尤人的理由。

阅读理解部分失分究其原因，大多是考生随便了事、粗枝大叶造成的。这一点比较容易解决，我们放在下一部分探讨。相对而言，因为学生对中华文化传统背景不熟悉、不了解而出现的错误，就是一个复杂得多的问题，需要我们多费些笔墨来讨论。

同语言学习本身一样，对文化传统的了解是一个日积月累，逐步提高的过程。要掌握这方面的知识，唯一的途径是多读、多看、多记、多问；日常生活中，也要带着问题去思考，直到把疑问彻底弄明白为止，而不能在似懂非懂的情况下就自我满足。

我们平时看书读报甚至打电脑游戏，都会碰到一些好像很容易明白，但真要解释起来又解释不清楚的问题。比如中国大陆奉行多年的改革开放政策，台湾近年愈演愈烈的独立情怀，以及电脑游戏《三国》中刘备至死不忘兴汉灭曹的心愿，等等。这些题目，粗粗看起来都是些很普通的常识，但仔细考虑一番，年轻人又常常会发现它们其实都很复杂。改革开放，为什么大陆要改革开放？改革开放的内涵是什么？台独，这个在台湾岛上叫喊了多年的口号，怎么一下子会变得越来越现实？它身后的背景是什么？再说三国，那是我们耳濡目染，再熟悉不过的一段历史，但你问我老百姓为什么爱刘备而憎曹操？老师可从没教过我们这些啊。

出现这样的情况，是因为我们平时思考不够，老师没可能什么都教，面对问题时关键还在独立思考，通过思辨得出结论。

以近年一份考卷中出现的中老年人晨练文章为例，它最后的问题是要求考生用自己的话解释一下中国人晨练的运动项目。这个题目出得很聪明，因为晨练中的打拳、跳舞和练剑等项目都和西方社会中常见的拳击、交谊舞和击剑等运动／社交项目，也名称上有重叠而实际意义上大不相同。用西方文化思路对这些项目的理解来解释晨练，就会立刻陷入出题者设下的陷阱，遭受重创；相反，如果考生对中国传统文化具有一定的认识，平时也对日常生活中的各种情况有所关心，就会明了两者之间的不同。晨练的打拳，多为太极、长拳之类的自我健身锻炼，跟西方流行的以击倒对方为目的的拳击运动有着极大的分别；跳舞多是集体舞，即便是成双成对的起舞，也是以锻炼身体为主要目的，同西方社会中盛妆后参加晚会交际很不相同；至于练剑，那更是纯粹的艺术健身，练剑人之间不存在格斗意识，不会以剑为武器，因此跟西方社会通常意念中的花剑、佩剑乃至重剑的练法，有着天壤之别。

当然，谁也不能对世上的万事都有所知晓，考试中被问题难倒是再正常不过的事，不然的话，高等程度的考卷未免就太没有水准。关键是，考生切切不可在遇到困难还未仔细琢磨的情况下，心中已经生出怯意。就好像一个临阵的士兵，一听到冲锋号就两腿发软，那还能指望他去打胜仗、当英雄吗？所以，在考场上遇到不熟悉的问题，首先应冷静下来，仔细通读材料、理清思路后，再去尽最大的努力答题。如此，即便最后的结果不圆满，质量一定会比在怯场的情况下胡乱涂鸦要好出许多。

还是以晨练这篇文章为例。出题的考官显然也考虑到：生活在西方的中学生对中式晨练的种种方法缺少切身体会，因而特意在文章的最后附上了几幅图片，以便考生们在视觉上得到一些提示。如果大家能够在冷静应试的前提下答题，至少"拳击"、"交谊舞"和"击剑"这样的答案是没有理由出现的。

学习语言，首先是学习如何在口头和笔头做到熟练地运用它，使我们能够在使用该语言的社会中顺利地生活、工作，这是人所共知的常识性道理。但学习语言的意义又不仅于此：在学习的过程中，我们也在自觉不自觉地学习着语言使用者的人文习俗、历史背景、生存环境以及社会发展。这也就是当代世界各国政府的教育部门鼓励年轻人学习掌握外语的主要原因。有鉴于此，作为参加大学预科考试的学生，无论是将汉语作为母语还是外语来学习，都应该对中华文化和传统有一个基本的认识。

　　既然是语言考试，它就很强调语言的规范性，因此大家必须在语言的统一性方面小心在意。在英国的华人考生，很多人是真正的全球化公民。而汉语随着过去近百年来政治格局的变化，本身的内容也在发生变化。就以"普通话"这个词汇来说，台湾、香港叫"国语"，新加坡则叫它作"华语"，把它们翻译成英语，却统一成了 Mandarin Chinese。

　　普通话、国语和华语，这些词的意思还都很明确，写出来大家一般都明白，因此可以在文章中作数。但方言中的很多用词，写出来就能让读者一头雾水，上海话说"汰麦事"，意思是洗东西，不懂上海话的人，读后根本不明所以；同样，广东话中人们常用的"几耐"、"边度"和"而家"等词汇，不懂广东话的人听起来也会觉得是在听外文。类似这样的方言词语，因为它们狭窄的使用范围，正规书面语就不予接受。

　　日常生活中使用方言作彼此间交流的同学，写作过程中常常会随意地将平时的习惯带入文章。方言中某些字和词虽然书写形式和标准普通话中使用的格式一致，它们要传达的意思却常常大相径庭。比如广东话中的"走"字，在普通话中的意思就是走路，并没有什么"疾步快行"的含义；而粤语中"走"和"行"的意思是不同的，后者才是普通话中走的意思，前者却是在连走带跑。在书面文字中，香港学生如果还用"走"来表示"跑"，往往会造成读者的误解，制造出不必要的错误。

　　另外。粤语中"常常"和"总是"，"也"和"都"之间的区别比较含混，不像普通话中"常常"意味着 50% 至 70% 的频繁度，"总是"则代表 80% 至 100%，两者之间的区别是非常明显的。这两个时间副词在广东话中常可混用，但在普通话中却绝对不行。请看下面的例子：

　　"周润发努力学习，靠自己的勤奋读完了大学课程，最后还成功地当上了国际巨星，这一切**也**是他努力的结果。"

　　作者在这句句子中，习惯性地沿用了粤语中"也"即是"都"的用法，而"也"字在普通话中绝对没有"都"的含义，这样的句子出现在考卷上，就会被作为一个大语病扣分。

　　最后，让我们来做个小小的常识测试。看看你对中国和英国的传统度量单位有多少了解。比如："丈把远"是多远？"二万五千里"又是多远？"身高八尺"是多高？三斤苹果有多重？一打鸡蛋是多少个？五盎司面粉又大概是多少份量？…… 再比如：在汉语中我们会不会像英国人说 'fifty thousand' 那样说"五十千"？为什么每年都有学生会自觉不自觉地这样表达？……

二、速读和细节

前面已经讲到，考题中的阅读理解部分，对考生的要求是从最基本的水准出发的。考虑到这份试卷旨在鼓励英国学生学习汉语，要求它像中国内地或港台地区那样出一些测试文言文、文学史知识的考题，无疑会让仅仅学习了三年汉语的西方学生知难而退。

正因如此，试卷中的阅读理解部分对于受过多年汉语教育的学生来说，百分之百地是"小菜一碟"。历年来，每每有考生拿到试卷后，草草看了试卷的内容后，便立即提笔答题。很多人甚至连从头到尾读一遍文章的耐心也没有，边看短文边答问题。殊不知文章虽然短，内容虽然浅，由此引出的问题却总可以暗藏机锋。有时候，题目可以将上下文有机地串联起来设问；有时候，它们的方向似乎是针对着东可实际上却是向着西；还有的时候，题目中一个小小的字眼，可以起着至关重要的作用，忽略了这个字眼，回答无论如何精妙，结果却只能是南辕北辙。

见到考题而信心大长，甚至因此对它不屑一顾的年轻学生，往往会拿出赛车速度，在一小时内就将设定时间为三小时的试卷做完，并且不再用心检查一番。即便根据考试规定不能提前出考场，也不会想到应该利用时间重新打开试卷，对自己的答案再做些推敲。可悲的是，这样对待考试的学生，他们的得意劲儿十之八九只能维持很短的时间，出考场后一作交流，就会发现自己在卷子上犯下了不少低级错误。此时，他们有的会后悔莫及，埋怨自己太草率；有的会一笑了之，依旧满不在乎；还有的考生会责怪出题的考官，埋怨他们出题太刁钻，尽挖些陷阱让考生失足，实在不人道！

对这样的埋怨，我们听后自然是一笑置之。这笑，并不是笑狡辩者们的"思维敏捷"，而是笑他们的"大愚若智"。

人生本来就是处处陷阱，所谓"学坏容易学好难"，世人眼中，从来就不宽容那些自入歧途却反怪人生不公的浪子。

读书是不断学习新知识，培育新能力的过程，考试则是为了测试学生读书后的收获。自然它要设下口袋，看考生有没有自主做出准确判断的能力。

考场上不用心，是对自己用心学习所耗心力的浪费，这是第一愚；随便钻进"口袋"，是对自己的不负责任，这是第二愚；有时间挽回过失，却要盲目呈"英雄"而失去机会，这是第三愚；知道自己犯了错，却不思悔过，拒绝吸取教训，反而怨天尤人，继续玩

4

弄小聪明，这是最大的愚。如此学生，其实是在跟自己开一个人生玩笑，只不过这个开得很大的玩笑，既不能让人觉得好笑，开玩笑者自己若干年后也只会为这样的"大愚若智"苦笑而已！

做题快，本身是好事，确实能够在一小时内高质量地做完限时三小时的 AS 考卷，更是大好事，因为一件事情如果能够又快又好地完成，当然不应该慢腾腾、低效率地去做。问题在于，我们必须时刻记得一条人生最基本的原则：快不是目的，好才是根本。

考试过程中，速读本身是必要的，因为它可以帮助考生在短时间内了解试卷的内容和要求，对自己如何回答好问题在心里有个大致的方案。但接下来的工作，是在速读的基础上看清内容，精细地选择具体的材料，根据问题的要求做好回答。

阅读理解部分的文字内容并不多，但它在整份 AS 试卷中占的比重却高达 40%，在 A2 部分也有 20%的份额，因此在全部高等程度汉语考试的总分中占据了百分之五十的大块。谨慎对待这一部分的试题，非常重要。

AS 卷阅读理解部分的满分是四十分，其中五分是不管答案是否准确，完全根据考生书写内容的**汉语语言质量**来评判的。这也就是说，考生回答阅读理解的问题时，除了在打钩、填空或选择"是"、"非"、"文字上没有"这些部分外，必须极其谨慎小心地处理好每一个细节。它们既包含了标点符号的使用，如正确使用顿号、句号和书名号等汉语中**独特**的符号；也包括"的"、"地"、"得"三个助词的恰当运用，完整句子中主语、谓语和宾语的不可或缺，等等。

由此，我们必须高度重视阅读理解，做好这一本来最易得分而事实上又最易失分的题型。前文中讲到的种种随便马虎表现，考生应该尽全力避免，但仅仅如此还不够。只有真正虚心努力，用小学生的态度来认真、谨慎地读好每一句话，写好每一个字，时时牢记完美答题，才是大智若愚的真工夫。

所谓兵法上常说的"战略上藐视敌人，战术上重视敌人"，正是这个意思。冀求上进的同学，应该记住这句无论何时、无论何地都颠扑不破的真理。

答题时，如果经过了仔细、反复的推敲，还是觉得自己的回答不够理想，但又说不出毛病在何处，就不妨先把它放在一边，改做其他题目。之后再回过头来看这读起来不顺口、想起来不顺畅的部分，往往会"山穷水尽疑无路，柳暗花明又一村"。这是因为我们的头脑在经过一个间歇后，常常会不自觉地从另外一个角度看问题，最后就会灵机一动，豁然开朗。

三、分析和推理

在考生需要用自己的语言来回答考题时，分析和推理是至关重要的两个工具。运用它们的好坏，直接关系到回答题目的成功与否，因此是至关重要的一件事。

要进行分析，首先要读懂文章的意思。假如觉得自己回答得有些勉强，多数情况下原因出在对文意理解不足。如果能对有关部分反复多读几遍，从字里行间的意思中找出互相关联之处，再将上下文联系起来看，问题很可能就迎刃而解了。

其次，要搞清楚问题的出发点和目的。试卷中绝大多数的问题都是直截了当的，回答它们并不需要费很多周折，只要注意答句通顺、答案完整就完成了任务。然而，遇到需要考生自己重新组织语句，并根据文章的原意进行一番逻辑推理后得出答案的情况，就应该格外谨慎，力争将问题答得圆满。

下面，我们通过对历年考试中出现的一些问题进行讨论，来证明分析和推理对答好题目的重要性。

实例 A）3 分

原文："我们要做的工作就是帮助少年去发展他们的文学天才，促进他们的想象力、观察力和文字表述能力。"

问题："要发展文学方面的天才，需在哪些方面下工夫？"

答案："要发展文学方面的天才，**我们**必须在**他们的**想象力、观察力和文字表述能力方面下工夫。"

这一答案，就是典型地未经仔细思考分析而匆忙下笔，作出的错误答案。问题巧妙地省略了主语，但上下文意思一目了然。原文讨论的对象是少年，"我们"当然就是指成年人，"我们"在这儿的任务只是去帮助少年人，而不是自身去下工夫。

从这位学生的答案中，我们可以清楚地看到，他/她对题目的意思和要求都是理解的，对如何去答好这个问题，也有着努力做好的愿望，在尽量使用自己的语言来答题。可惜的是，因为分析工作的不周到，错误地将"我们"用作答句的主语，以至铸成大错。类似这样的错误，严格的评分者是有理由给这个答案打零分的，考生既然连谁需要下工夫这样简单的问题都不明白，其余部分，即便答对也可能是出于偶然。

之所以选择这一答案为例，是因为这是典型的"画蛇添足"。知道这一典故的人，常常会笑话那个在故事中犯如此"低级"错误的人。事实上，我们每个人都可能在现实生活中时不时地犯这样的错。答错这一题的学生，其实大可效仿出题目的考官，同样隐去句子的主语来回答问题，即在他/她的答案中省去那五个加粗加黑的字，就反而不会产生任何错误。考生想着尽力把题目答好，结果反而砸了锅，白白失去了原本不该失去的分数。

当然，砸锅的关键原因，还在于考生自己在分析文章原意，以及回答问题时没有认真思辨。如果做好了分析和思辨，那就无论如何也砸不了锅。

实例 B）2分

原文："老实说，我们已经很难于真正地懂得现在的少年。为少年办文学杂志，也是让少年们给我们做大人的一种新的思维的启示。"

问题："办这本杂志，对大人也有好处，是什么好处？"

对这一问题，能够答得圆满而恰到好处的学生，简直可用凤毛麟角来形容。绝大多数的学生都能看到"少年会因此带给大人一种新思维的启示"这一点，并且会因为这一答句的句子较长，错误认定自己已经答好了这一分值为两分的题目。但如果他们稍稍细心分析一下，就可以发现句子虽长，包含的内容却只有"少年可启示大人"这一点，因此，应该还有一点内容藏在什么地方才对。

这第二点内容，就需要我们通过逻辑推理来找到它的所在。首先，原文中第二句话中的"也"字，给我们提供了一个最佳的线索。很显然，文中的第一句话应该包含了答题所需的另一点内容。表面上看，它似乎跟"对大人有好处"没有关系，因为它是在抱怨"大人已经很难懂得少年"；但倘若我们作进一步的思考，便可以发现两者之间大有联系：正因为大人不懂少年，现在办杂志可以启迪大人，不就能帮助大人们对少年人多一些理解吗？

正确答案：成年人办这本杂志一方面可以通过少年对自己产生一些新的启发，另一方面也可以让自己对少年人增进理解。

举以上两个实例，不过是想通过对它们的剖析，让大家对分析和推理的重要性有一番切身的体会。它们既不是灵丹妙药，更不能包治百病，因为我们讨论的语言学是一门社会科学。它比自然科学要复杂得多，可争议得多。在数学中 1+1=2，化学中水的分子式是 H_2O，都是些无可辩驳的公理或定论；而文科则不同，从来没有，今后也不会有一个所谓"放之四海而皆准"的道理。一个答案，一篇文章，如果能够得到相当部分人们的赞同和欣赏，它就已经取得了很大的成功。

四、练习
短文一：

　　我回到我的床上时，小朋友已先在他的床上了，他睡得很香，梦中时时微笑，似乎很满足，很快乐。我四下里望着，许多小朋友都快乐地睡着了。有几个在半醒着，哼着玩似的，哭了几声。我饿极了，想到母亲生下我后却没有奶，也不知道何时才会有，我是很在乎的，但是没有人知道。看着大家都饱足地睡着，觉得又嫉妒，又羞愧，就大声地哭起来，希望引起人们的注意。我哭了有半点多钟，才有个护士过来，娇痴地撅着嘴，抚拍着我，说："真的！你妈妈不给你饱吃呵，喝点水罢！"她将水瓶的奶头塞在我嘴里，我哼哼地呜咽地含着，一面慢慢地也睡着了。

一、在空格内选择正确的答案打√：　　　　　　　　　　（4）

A 我很能干，可以自己走路。	
B 我的小朋友睡得很高兴。	
C 除了我之外，没有其他小孩子哭闹。	
D 我想说话，但是没有人听。	
E 大哭一场是我唯一可用来引起大人注意的办法。	
F 妈妈已经给我吃饱了。	
G 护士过来后，又给我喝了很多奶。	
H 我实在累了，所以饿着肚子就睡着了。	

二、问题：

1. 为什么大家都睡了，"我"却睡不着？　　　　　　　（2）

2. 之后"我"做了什么？做了多久？　　　　　　　　　（2）

3. 最后谁来照顾"我"的？她当时情绪怎样？　　　　　（2）

8

短文二：

有一天，老师布置了很多作业。我想："要是一笔一画地写，今天就别想玩了。"得快点做完它们，才有机会和小姐妹们一起跳橡皮筋。于是，我一到家就拿起笔，匆匆写了起来，没过多少时间就"高速度"地完成了功课。我高兴得连蹦带跳下了楼，可还没出门就迎面遇上了妈妈。妈妈笑眯眯地问我："功课已经做好了？让我检查一下。"我忙说："全都做好了，现在让我去玩一会吧！"可妈妈却说："检查好了，再玩起来不就更痛快吗？"

没办法，我只好垂头丧气地跟妈妈上楼。果然，她一看到我的字就生气地说："这样的字，怎么可以给老师看？重做！"我一心要出去玩，竟和妈妈顶起嘴来："今天这么多作业，我只好这么做！"

妈妈听了我的话后，耐心地说："孩子，我们做事情，最重要的是认真。对你的作业认真，也就是对你自己认真、负责。"

一、根据短文内容，为下面的句子选择正确答案： （3）

	是	非	文字上没有
A 做完功课后我飞快地跑下楼去玩。			
B 妈妈不相信我已经做完了作业。			
C 我和妈妈顶嘴是常有的事。			

二、问题：

1. "一笔一画"在文章里的意思是什么？ （1）

2. "我"想和谁一起玩？玩什么？ （2）

3. 跟妈妈回去，"我"的心情怎样？为什么？ （2）

4. 之后妈妈要求"我"做什么？又如何对"我"讲道理？ （2）

短文三：

　　据说，美国康奈尔大学曾做过这样的实验。他们把一只青蛙，突然扔进了滚沸的油锅，在这生死存亡的关键时刻，这只青蛙居然奋力一跃，跳出油锅，安然逃生。过了一会儿，他们又把这只青蛙放到一个盛满水的锅中，青蛙游得逍遥自在，恬然自得。这时，他们悄悄从锅下加热，待到青蛙察觉出水温的提高会危及生命时，它却再也没有了那一跃的力量，只能葬身锅底。

　　这个故事告诉我们，当我们遇到生活中的艰难、险阻时，往往能迫使自己发挥出意想不到的勇气，冲出困境，求得生机；相反，当我们习惯于舒适、安逸的环境时，往往会消极沉溺，一旦危机到来就措手不及，无法自保。所以，"生于忧患，死于安乐"这一至理名言实在是值得我们永记心田的。

一、根据短文内容，为下面的句子选择正确答案：　　　　　　（3）

	是	非	文字上没有
A 短文中讲了两只青蛙的故事。			
B 实验是一个科学实验。			
C 用来做实验的青蛙是超级青蛙。			

二、问题：

1. 实验的目的是什么？结果又是什么？　　　　　　　　（2）

2. 作者通过这个实验，得出结论说艰难险阻会使人做什么？　（2）

3. 舒适安逸的环境呢？　　　　　　　　　　　　　　　（2）

4. 作者是怎么看待"生于忧患，死于安乐"这句古话的？　（1）

短文四：

　　城下是一条长河，每天有无数妇人从城中背了竹笼出城洗衣，各蹲在河岸边，扬起木杵洗衣；或高卷裤管，露出个白白的腿肚子，站在流水中冲洗棉纱。河上游一点有一列过河的跳石，横亘河中，同条蜈蚣一样。凡从苗乡来做买卖的，下乡催租的，上城算命的，割马草的，贩鱼秧的，跑差的，收粪的，连续不断地从跳石上通过，终日不息。对河一片菜园，全是苗人的产业，绿油油的菜圃，分成若干整齐的方块，非常美观。菜园尽头就是一段山冈，树木郁郁苍苍。有两条大路，一条翻山走去，一条沿河上行，都进逼苗乡。

问题：

1. 妇女们每天到河岸边做什么？　　　　　　　　　　　　（1）

2. 她们工作的器具是什么？　　　　　　　　　　　　　　（1）

3. 今天我们还要这样工作吗？为什么？　　　　　　　　　（2）

4. 当地人过河，使用什么特别的办法？　　　　　　　　　（1）

5. 用现代语言，描述一下短文中提到的三种职业。　　　　（3）

6. 你觉得作者所说的"苗乡"、"苗人"是指什么？　　　　（1）

7. 用你自己的词汇，来代替最后一句中"进逼"这个动词。　（1）

短文五：

我们家的老母鸡最近下的蛋常常不翼而飞。

一天中午，天热得不行，大家都睡午觉了。我拿出一个鸡蛋，放在鸡窝里，然后悄悄躲到了鸡窝旁的一棵大树后边，等着盗贼的出现；但等了好久，还没见到半点贼影。就在我开始犯困时，眼前地里突然钻出了两只灰老鼠，它们贼溜溜的眼珠子不停地转动着，东张西望了一番后，才慢慢地向鸡窝爬去。我不知道老鼠要干什么，就好奇地躲在原处偷窥。只见一只公鼠先静悄悄地爬进鸡窝，用自己的四肢把鸡蛋抱起，然后仰面朝天地躺下；另一只母鼠到这当头，才悄悄跟进去，迅速用嘴咬住公鼠的尾巴，把它拖出鸡窝，一路拖到大树下的一个隐蔽得很好的洞前。最后，两只老鼠齐心协力，一只先钻进洞内顶住下滑的鸡蛋，另一只则小心翼翼地将鸡蛋往洞里推。

看着这出活灵活现的《动物世界》节目，我完全忘记了自己开初把鸡蛋放进鸡窝的初衷，直到老鼠回过身来，重新做好洞口的伪装，才从大吃一惊中回过神来。

一、选择正确答案，填在空格内。　　　　　　　　　　　（6）

可以	以	然而	当然	虽然	总是
会	因此	可是			

我们家的鸡很_____下蛋，已经连续有两年多_____每天下一个蛋。妹妹喜欢吃新鲜的鸡蛋，_____，最近常常因为鸡蛋失踪而吃不成，_____很有些小脾气。爸爸让我找出母鸡突然"不生蛋"的原因，_____锻炼我的侦探能力。这，_____我最喜欢做的事情了。

二、问题：

1. 偷鸡蛋的贼是谁？　　　　　　　　　　　　　　　　（1）

2. 老鼠们东张西望着，它们在张望什么？　　　　　　　（1）

12

3. 老鼠是怎么爬进鸡窝的？ （1）

4. 作者看到老鼠后，做了什么事？ （1）

5. 公鼠和母鼠分工明确，且合作精妙，试举一例证明。 （2）

6. 作者一手"导演"这幕现实剧目，他的初衷是什么？ （1）

7. 他怎么会完全忘记了自己的使命？ （2）

短文六：《今天没事可写》

二月二十八日　　　　　　　　　　　雨

　　老师今天又批评我写的日记太短，不好。但我想：日记是所有文体中最自由的一种，有话则长，无话则短。有时候，老师出的题目和我们平时的生活并没有多少关系，这样的日记，对生活阅历并不多的我们来说，自然就更写不好。

　　我订的《儿童文学》里有这样一段话："日记是什么？是一个人拿着一把吉他，弹着自己的歌，不是给别人听的，更不是别人弹的。"

　　老师上课时说过："日记要把生活中的事情写下来，可以成为今后作文的材料。"在一天的生活中，用您的话说："多少有点事。"可我今天就真的没有什么事好写，只好写下这些话，也是我对您想说的话。

1. 这篇文章是一篇什么类型的文章？　　　　　　　　　（1）

2. 作者在这一天受到了什么批评？　　　　　　　　　　（1）

3. 这样的批评他是否第一次听到？　　　　　　　　　　（1）

4. 他同意这一批评意见吗？为什么？　　　　　　　　　（2）

5. 根据作者的意见，他的文章质量和老师有什么关系？　（2）

6. 吉他在这儿起着什么作用？作者想说明什么？　　　　（3）

7. 作者这篇文章是写给谁看的？　　　　　　　　　　　（1）

8. 老师的话和作者自己这一天的感受有没有矛盾？为什么？（2）

9. 用你自己的一句话，归纳作者想对老师说的话。　　　（2）

Chapter Two: Translation 第二章 翻译

一、信、达、雅的重要性

翻译工作最需要注意的，是信、达、雅这三个字。所谓信，指的是翻译出来的文字，能够让人信得过，也就是说你的译文忠实地表达出了原作的内涵，既不添油加醋，也不偷工减料；达，是通达的意思，也许你的译作确实完整地将原文内容传递过来了，但你所用的文法不太合适，读者读起来觉得不顺口，甚至要大伤脑筋地去理解，这样的情况，也就是你还未成功翻译好的标志；雅，则是所有文字工作者追求的最高境界，一篇优雅的文稿，会使人读时感觉舒畅，读后感觉雅致，称得上是一件艺术品。

对一个初涉翻译领域的中学生来说，"信"和"达"是必须做好的功课。"雅"则未必，毕竟还只是中学生，语言能力还处在比较稚嫩的阶段，要求他们像专业作家、翻译家那样去尽善尽美地做到完美，未免有些强人所难。一般情况下，只要将"信"和"达"这两部分做好，成功的仙子也就在招手了。当然，如果我们能够百尺竿头，更进一步，自觉地在"雅"字上下功夫，那么，功夫不负有心人，文字水准的不断上升就是必然的结果。

英国 A-Level 的中文试卷，AS 和 A2 两份考卷都各自包括了一个小段落的翻译题。一方面，它们对应考者的要求并不很高，因为文章本身很短小，比较冷僻的字还会有注解；另一方面，正是因为它们篇幅有限，翻译过程中小小的误译和硬译，都不会轻易漏网，而是会被累积扣分。一篇总分仅二十分的译文，常常会因此被七扣八扣而仅剩下六七成。因此，考生应该对这两个翻译考题予以高度重视，在每个字、词的选用上都仔细思量，反复推敲，直到自己完全满意后才下笔，从而在最大程度上避免"因小失大"的谬误。

在"信"这个问题上做得不太理想的例子可以说是比比皆是。但凡学生在翻译部分失分，头号问题应该就是在忠实传递信息方面出了错，例如："我弟弟夏天常去附近的海滩游泳。"的英语译句应该是 During the summer my younger brother often goes to the seaside nearby to swim. 但大家的翻译常常会是：During the summer my brother often goes to the seaside close to us to swim. 或 During the summer my younger brother always goes to the seaside nearby to swim.

16

　　两句的错误都在于擅自更改了原文的意思。中文的"弟弟"，英文一定要翻译成 younger brother 才行，人家明明没有哥哥，你翻译回去愣是给人家加上一个哥哥，不是要闹笑话吗？至于把"常常"翻译成"总是"，则是香港同学需要特别注意的问题。广东话中"总是"的意思偏向"常常"，但普通话中"总是"意味着"永远如此"，译成英文后 always 来表达 often，难免会有强加于人的嫌疑。人家经常去锻炼身体，已经是很不错的了。好，你现在一定要强逼他只能去一个地方游，象话吗？

　　另外，常有同学会自作聪明，好好的夏天一定要译成 summer holiday；附近就是附近了，他却觉得还不够近，非要译作 nearest 才觉得走去不会太辛苦。这种看似努力，实则多余的画蛇添足工作法，实在是万万要不得的。原作作者怎么写，译者就应该怎么译，哪怕原作中有明显的错误，译者也无权改动。这是因为，文字改动是编辑的职责。你作为译者，强行要去充当编辑，最后只能是给自己戴上一顶"越权"的帽子。原作本身的每一个字词，都有它固定的含义，一旦改动，文句的意义也就随之变动。这样的译作，还要读者"信"你，是绝对没有可能的。

　　要做到忠于原作，除了要在翻译过程中逐字逐句地推敲审定外，还有一个再简便不过的办法可以帮助自己减少错误。读完原文后，先在一张稿纸上将初稿译好，然后去做些其他的题目，之后再回过头来将译文译回原文。两相比较一下，一定可以发现一些传达不准确，甚至根本漏译误译的地方。

　　汉译英时，我们必须时时牢记采用英语的句法，来表达汉语的意思，切不可照汉语直译，否则的话，译出来的文字绝对不像英语，因此也不会是好英语。这一点，说到底也就是"达"的内涵：你自己读起来感觉良好是远远不够的，重要的是让英国人读起来也不感觉别扭，才可以算是圆满完成任务。

　　要避免写中式英语，首先应学好英语的基本句型，并且用心记取。这样在我们动手翻译时，才能做到得心应手，运用自如，根据上下文情况而采用合适的句型，译出一篇好文章来。

　　同样的道理，也完全适用于英译汉。相对英语来说，汉语的语法、句型都要来得简单得多：英语的一个动词，总共可以变化出十六种不同的形态，而汉语的变化则绝对没有这般复杂。以"看见/ see"这个动词为例（限于篇幅，我们在这儿仅列出九种，如第一和第二句是一般现在时、一般过去时的一对；从第三到第九句，它们都可以有过去时态的形式作对句，详细情况见下文。）：

17

1	He sees 他看	一般现在时
2	He saw 他看了	一般过去时
3	He has seen 他（已）看了	现在完成时
4	He is seeing 他在看	现在进行时
5	He will see 他（将）看	一般将来时
6	He has been seeing 他已在看	现在完成进行时
7	He will have seen 他会去看……的	将来完成时
8	He will be seeing 他将在看	将来进行时
9	He will have been seeing 他将会去看…… 的	将来完成进行时

很显然，英语中现在、过去两种时态之间，有着严格的分别，而汉语相对而言则显得随意。然而，正是因为汉语在时态上的随意，汉译英时我们应该格外注意译文的准确性，例如：

妈妈让我去银行取钱的。

这句话我们可以翻译成: It was Mum who asked me to go to the bank to withdraw some cash.

也可以这样翻译: Mum allows me to withdraw cash from the bank.

通过这个简单的例子，我们可以看到：汉语语法的不严密性决定了它在时态上的不确定，而英语恰恰在时态问题上要求我们做足文章。我们在做汉译英的工作时，必须时刻牢记根据上下文选择好动词的时态。这一点，对习惯了汉语会话和书写的同学来说特别重要，因为汉语在这方面很不讲究；而英语则不然，时态用错，对英语乃至所有西语的使用者来说，都是严重的语法错误。因此，翻译时稍不小心，就会很轻易地失去不该失去的分数。

细心的读者，到这里应该已经可以领悟到：时态问题在英译汉时问题不大，因为汉语的时态并不复杂。但在汉译英时就大不相同，以下面四句句子为例：

The little boy is seeing a doctor for his high temperature.（现在进行时，时态例句四）

My younger sister was seeing a new French film with her best friend this time yesterday.（过去进行时，时态例句四的对句）

This moment tomorrow my younger sister will be seeing the premiere of the new Harry Potter movie.（将来进行时，例句八）

My younger sister said she would be seeing the new musical 'The Sound of Music' this time on Sunday.（过去将来进行时，例句八的对

句）

这四句句子的汉语译句都可以使用"**在看**"这一短语：

"这小男孩发高烧，现在**在看**医生。""我妹妹和她的好朋友昨天这时候**在看**一部法国新电影。""明天这时候我妹妹将**在看**新的哈里·波特电影。""我妹妹说星期天的这个时候她将**在看**新出的音乐剧《音乐之声》。"虽然后两句句子用了"将"字，但比起英语句子中的复杂变化，这微小的变化显然是十足的"小巫见大巫"了。

因此，汉译英时必须认真掌握好英语的时态。同样以上面四句句子作例子，同学们只要将汉语句子倒译回英语，就可以发现英语句子中每一句动词的时态都不相同。我们将汉语译成英语时，必须用英语的思维方式来决定时态，而不能随便根据汉语句子来马虎行事，否则，就会因小失大，甚至影响全局。

即便是经过专业编辑审读而正式出版发行的译作，其质量也并不一定就是有保证的。以台湾锦绣出版社 1999 年出版发行的《罪与罚》（耿济之译）为例，大家认真读一下后，就可以对粗读滥译的危害性有一个切身的体会。

先来读一下耿先生的译文（卷二，第一章，119 页）：

······拉斯科纳夫他想书记官在他说了之后，待他一定更侮蔑。但是真出乎意外，他忽然觉得对不论谁的意见都漠不经心的，这种反感一下子便发生了。假使他略略想一下，他实在惊讶他在一分钟前能和他们如那样的说话，用感情打动他们。那些感情从什么处所来的呢？若是此刻全室不是塞满警长们，乃是他最亲近的一般人，他们恐也找不出一句恳切的话来，他的心是如此虚渺呵。关于闷人的苦难的寂寞和淡漠的悒郁的感触，在他的灵魂中变成了意识的形象。······

耿先生在讲什么？有明白的读者吗？

再来看一下英文的译文 (Translated & Annotated by Richard Pevear and Larissa Volokhonsky, Vintage, London 1993)：

······Raskolnikov fancied that after his confession the clerk had become more casual and contemptuous with him, but – strangely – he suddenly felt decidedly indifferent to anyone's possible opinion, and this change occurred somehow in a moment, an instant. If he had only cared to reflect a little, he would of course have been surprised that he could have spoken with them as he had a minute before, and even thrust his feelings upon them. And where had these feelings come from? On the contrary, if the room were now suddenly filled not with policemen but with his foremost friends, even then, he thought, he would be unable to find a single human word for them, so empty had his heart suddenly become. A dark sensation of tormenting, infinite solitude and estrangement suddenly rose to consciousness in his soul. ……

现在，我们在用心阅读一遍后，是不是可以理解这些文字在说些什么」！

很明显，耿先生翻译时随意地将"他们"这个复数代词代替了单数代词"他"（第六行），这样一来，读者一下子就会感到极度的混淆：为什么旁人在这种时候要对他说恳切的话呢？更让人百思不得其解的是：什么是灵魂中的意识形象呢？这样的文字，究竟是天书还是人间的读物？

最后请大家自行裁决，我们是不是应该将这段文字这样来译？

……拉斯科尔尼科夫觉得：文书听了他的自白后，对他更轻慢了。然而真是奇怪，他突然对任何人的看法都无所谓了，这个变化似乎就发生在刹那间。如果他愿意稍稍想一想，他当然会觉得奇怪：一分钟前，他怎么会那样跟他们说话，甚至想用感情打动他们？这些感情是从哪里来的？相反，即便现在房间里不是坐满警官，而是突然变成他最好的朋友，他大概也找不到一句人话对他们说。他的心突然变得如此空荡。他的灵魂深处，突然意识到了一种痛苦的阴暗感觉，以及不尽的孤寂和冷漠。……

这里，我们可以进一步看到翻译工作所具有的独特挑战性和近乎苛刻的严格性。难怪，世界上工作种类林林总总，但将年龄严格限制在三十岁以下的工种，可能只有一份：这就是在快速反应、准确表达、知识广博以及正视压力诸方面都能达到极苛刻的要求，能够做到随时随地都表现优异的联合国同声传译员。

二、语感问题

同时作为文学家、翻译家的鲁迅先生，曾就翻译工作发出过这样的感叹：翻译是再创作，比作者自己可以随心所欲、天马行空地信笔写作，要难上很多倍。从译者必须严格遵守原作的一字一句内容，决不可以随自己喜欢，在原作基础上东添西减这个意义上来说，鲁迅先生的话是极正确的。

虽然鲁迅先生这番话是针对年轻的专业翻译工作者说的，但它的意义适用于任何形式的翻译任务。如果青年学生们都能在下笔翻译前，认真回想一下这句话的含义，就一定会在"信"、"达"、"雅"三方面都有所注重；最后译出来的作品，质量一定会比那些信笔"翻译"出的"作品"，好上很多倍。

20

下面，我们就以学生平时的习作为例，让大家通过实例来认识到恰当地运用好语言的重要性。

（原文）……周围的人有些用怀疑的眼光看着我们，好像我们在说谎似的。检票员把我们领进办公室，给我们看有关规定。原来，火车、轮船、公园售票，是以身高决定票价的。我的身高已超过 1.40 米，按规定应购买全票。

（学生译文）……Around us some people **used doubtful eyes** to look at us, **alike** we are **saying some lies**. The **examining ticket** person **take** us to enter the office, **give** us to read some rules. **Originally**, trains, ships and parks sell tickets and **use body height** to **decide the price**. My height **has** already overtaken 1.40 meter, according to the rules should buy **whole** ticket.

随口读一遍，我们都会觉得这样的英语很奇怪，英美人士没有一个会这样说英文的。但是，每年都会有考生在翻译的时候写出类似这样的"奇怪"英文。开始是现在时，突然笔头一转就变成过去时的有之；明明是过去时，却硬要写成现在时的有之；上下文中写明了是已经做好的事情，偏偏要使用现在时的，也有之。这样的错误，极大多数是出于考生的粗枝大叶，而并非是出于他们的语言能力不足。从这篇译文的情况来看，一开始译者正确地使用了过去时，但换了另一个人作主语后，时态就改换成了现在时。并且，现在时中第三人称（他、她和它）作主语时动词应该发生的变化（加 s, es, etc.）也给忽略了。从译者书写英语的能力来看，上述错误应该都是粗心大意造成的。

第一句中的 used doubtful eyes 是典型的 Chinglish，即用中文的方法来写英文、说英文。我们知道：外语之所以难学，不同的字、词要去学、要去记是头号原因，但这绝不是唯一重要的原因。学习者如果不能将所学语言的句法运用好，哪怕他/她通晓了比母语使用者更多的字词，哪怕他/她表达出来的句子旁人完全明白其意，要说这位学习者已学好了这门外语，恐怕没有一个人会同意。

正在学习英语的学生，必须在尽力避免硬译方面付出格外的努力才行。汉语是"用怀疑的眼光"，英语却绝对不会是 used doubtful eyes；正如这一句子中用 alike 来译"好像"是硬译一样。硬译固然简单痛快，但是对一个译者来说却是对读者不负责任，考官不能让这样的错误通过，扣分是理所当然的结果。

第二句及其以后译文中的硬译现象，这里就不再赘述。读者可通过下面给出的范文同前文比较，自行找出问题所在，并在自己的习作中对这一普遍存在的问题予以高度重视和防范。

最后，我们再来谈谈翻译的准确性问题。译者在文中把"原来"翻译成 originally，是百分之百地不妥当。原因说白了很简单：英语中 originally 的含义包括"独创地、独特地"以及"最初、起先、本来"这几个意思，即便是"本来"，也还是同"原来"这个词的意思大相径庭，因此就产生了典型的误译。

由此，我们就引出了一个有趣的语法问题：句法、时态、语态等等语法规则是谁定的？跟世上通行法律不同，语法是由绝大部分使用某一种语言的人们共同制定的规范和准则。语法权威也好，语言专家也罢，不论他们喜欢与否，最终他们都得接受大部分语言使用者的选择。以 originally 这个单词为例，如果生活在英国、美国等英语国家的人们都用它在这句话中表达"原来"的意思，那么译文就完全得当；但实际情况是他们不会这样使用，译者一定要这么用，最后只有自讨苦吃。

所谓准确，其实也是相对的。语法规范和准则，说到底是人制定的，我们学习一门外语，最终目的是学会像母语使用者们一样，按照既定的规则办事，而决不能自说自话，因为自己觉得好并不够，要他人说行那才是通过了挑战。

现在，我们来看看正确的译文应该是怎样的：

……A few people around us looked at us with suspicion, as if we were lying. The inspector led us into his office and showed us the relevant rules. It turned out that the ticket prices for trains, ships and parks were decided by height. My height was already over 1.40 meters so according to the rules I should have bought a full ticket.

接下来，再以一段英译汉的习作为例，让我们看看英语跟汉语之间的重要不同点。

In many countries in Europe and North America, there is increasing concern at the decline of public libraries. This is, in large part, a matter of finance: local governments have less money to spend than they used to, and are cutting library budgets along with everything else. But users' expectations of libraries are also changing: librarians report that most of their books are seldom borrowed, while demand for such things as best-selling novels and recordings of music is so high that multiple copies must be kept on the shelves. Many wonder whether it is appropriate to spend public money on entertainment. And now, as computers become ever more widespread, many younger people are demanding computers in libraries, with free access to the Internet.

一个学生的译文是这样的：

在欧洲和北美洲<u>有很多国家，对公共图书馆的**下降**有增加的关心</u>。这大量是财政关系：当地政府不像以前那么有钱，**和**他们削减图书馆开支**像其他开支一样**。但使用者**期待**图书馆也在转变：图书管理员的报告是大部分他们的书**也**甚少借出，<u>**而需求好看**的小说和音乐碟是这么高以至于很多份必须放在架子上</u>。许多人**在**想把政府的金钱花到娱乐上**不太好**。现在电脑变**的**更普遍，很多年轻人在要求电脑**放到**图书馆，<u>有免费上网的**通道**</u>。

这段译文，总体意思读者读后大致都能够明白，但日常生活中我们碰到这样的译文，读了这一段后，一般不会想继续读下去。它的问题，正是鲁迅先生前面所指出的天马行空，译者自己明白了原文的意思，于是觉得他的读者也会明白他的翻译，信笔写下来就算完成了任务。

第一句的错误，主要还不在于用字不妥，而是根本上弄错了句子的主语。关心这个问题的应该是人而不是国家，译句一旦改动主语，整个句子的意思就可能大相径庭，因此这是翻译工作中的大忌。译者下笔之前，务必先把原文句子中的主语、谓语搞清楚，这是做好工作的首要前提。

第二句中的"和"字，是汉语写作、说话中的大忌。习惯了英语语言的学生，常常会自觉不自觉地用"和"字来连接两个独立的句子，这在英语中不仅天经地义，而且是语言运用得当的表现。比如：I went to see my Grandma in London yesterday morning and in the afternoon we went to see a show together. 翻译成汉语，我们却决不能继续使用"和"字。I went …… 跟 we went …… 是各自带有主、谓语的独立句子，用汉语来表达，这两个句子之间只能用一个逗号将它们分开：

昨天上午我去伦敦看我奶奶，我们下午一起去看了一场表演。

那么，运用汉语时什么情况下才使用"和"字呢？答案是同类的词语和词组。例如：爸爸、妈妈和妹妹都去；紧张、热烈和活泼的智力竞赛；参加晚会、游览名胜和表演小品等等。

第三句中的"也"字，是香港学生易犯的错。这跟粤语中习惯用"也"字来表达"都"字的意思大有关系，在粤语口语中，人们常常将"也"、"都"和"同埋"等字一起混用，但这在以普通话为基准的通用汉语中是不被认可的。所以，香港同学在正规写作过程中应时刻注意这些词语的正确运用。

第三句后半句的译句是典型的 Engnese，将英语原句照搬过来译成了英不英、汉不汉的夹生语言，汉语读者读起这样冗长不堪的句子马上会感到不舒服。解决问题的办法很简单：只要将这样的长句子一分为二，甚至一分为三，当中加些逗号、句号，应该置换位置的部分作些调整，就能写出适合汉语表达方式的语句。

最后一句中的"在想"、"在要求"，也不符合汉语的表达方式。让人感到惋惜的是，考生已经明白了原文的意思，却未能妥帖地将文意用汉语表达出来。而这一句之前的 whether 一词，译者显然不了解该词在文章中的意思，未能在译文中体现出来，则是一件无可奈何的事情了。

下面，请阅读正确的译文以作对比、参考：

在欧洲和北美洲的许多国家里，对公共图书馆日趋减少的关注正不断增加。这在很大程度上是财政问题：地方政府没有以前那么充裕的资金，只能削减包括图书馆在内的所有财政开支。但是，用户对图书馆的期待也在改变：图书管理员们报告说，绝大多数的书籍都甚少借出，而公众对畅销小说和音乐录音之类书物的需求却非常高，以至书架上必须置有多份备件。很多人的考虑是将公款花在娱乐上是否合理，而另一方面，随着目前电脑的日益普及，很多年轻人开始要求图书馆配置可免费上网的电脑。

三、熟练生巧

做任何工作，只有反复练习，才能做到下手做的时候胸有成竹，翻译工作也不例外。翻译工作有它特有的一套规律，平时勤于动笔，是掌握这套规律的最佳捷径。

不论是汉译英还是英译汉，我们首先要注意的是译成后语言的语感。英译汉时，如果不按汉语表达方式和节奏写句子，结果译出来的汉语，语感自然糟糕，读起来就会感觉不顺口；反之亦然。这，应该是我们时时予以高度重视的问题。

怎样在短时间内迅速提高我们的语感呢？最卓有成效的办法，就是多读多听多看。这里的前提是，不要好高骛远地去追求高深的内容，而应根据个人情况选择适合自己程度的文字和音像材料来练习。如果你觉得英译汉要比汉译英来得容易，那说明你的汉语好过你的英语，你就应在加强英语方面多多努力；反之，则应该多在汉语上下工夫。

有了一定的语感以后，我们在翻译的过程中就会下意识地加字减字。开始自觉做到这一点的学生，硬译的问题也会大幅度减少。以下面这句英语句子为例：The trouble started right from his very first driving lesson – his wild efforts to control the car terrified the driving instructor, so much so that the instructor refunded his money and refused to teach him. 句中的'very'和'so much so that',是学生感觉最难译的地方。如果硬译的话,就会出现"很(第一堂课)"和"……(惊骇得)这么多以至于……"这样的别扭句子。反之,对文字略作改动,将原文译成"在他的第一堂课**就**……",以及"……**如此**(吓坏了教车师傅),以至……",读起来就顺口多了。

归纳起来说,语感其实一点都不高深,它和生活密切相关。用一门语言,就应该随时注意学习将该语言作为母语使用的人们约定俗成的用法。翻译出来的文字,必须符合母语使用者们的习惯,而决不能随心所欲地听凭自己喜欢。如果一定要想怎么译就怎么译,结果只能是半生不熟的 Chinglish 或 Engnese,能够对这样的作品表示赞赏的,可能也只有译者本人。

这儿,我们给出的原则是:须加字时必须加,当减字时痛快减。全然不必畏首畏尾,遇到关键字,则决不随意。

另外,对考生来说,临场时注意文章的类型也是一个关乎成败的重要因素。考卷中给出的文章,题材可以包罗万象:小说、散文或评论、说明等等。小说有小说的写法,评论则有评论的路子,我们将它们翻译成另一种语言,并不可随意改变它们的文体,还是应该严格按照原文的风格来进行再创作。

前文中给出的硬译、误译例子,大多都是语感不佳的反映。一句话,一段文字,如果自己读起来都感觉不舒服,那么一定不是好文字。对自己负责的话,我们就应该再努力下点工夫,一个字一个字地斟酌,一句话一句话地推敲,再加上原文和译文之间的反复比较,最后译成的作品也就一定会更上层楼,直至达到完美的境界。

"慢着,老师。"课堂上偶有同学会在这儿提出异议,"您不是说过我们我们只是高中生,翻译出来的文章不'雅'也行吗?"

确实,"雅"是文章的最高境界,对一个中学生来说,达不到这一层次也无可厚非。但我们似乎也应该记住:学习的目的不是单纯为了得到一张证书、一份文凭,而是不断地提高、完善自身。如果能够在平时的习作中就追求完美,甚至实现完美,岂不是学业精进的标志吗?

熟能生巧,不要小看了这"巧"字,这可是一个很高的境界。

如果我们都能以"雅"的标准来要求自己写出来的文字,小小 A Level 的要求,又能算得了什么?

四、练习
一、汉译英：

（一）

1. 我的头发变白了。
2. 寸金难买寸光阴。
3. 写完了那封信，我就出去散步了。
4. 你知道空中楼阁是怎么回事？
5. 这就是昨天对我狂吠的那条狗。
6. 天开始黑了，我们离目的地还有一大段路。
7. 当我对你说话的时候，请你不要出声。
8. 我到达车站时，火车已经开走三分钟了。
9. 他口中高谈和平，而实际却带给我们战争。
10. 这种工作也许别人可以，我是不能做的。

（二）

一个从小到大生活在城市里的小男孩，除了上学，成天在家看电视、玩电脑游戏，对大自然没有什么认识。因此，他父母常常商量着，找个时候送他去乡下姥姥家住一段时间。

终于在一个暑假，他来到了乡下。表妹每天要放牛，舅舅就让他一起去走走。突然，他大声惊叫起来："不好了，表妹。牛跑进水里了！快要给淹死了！"

小表妹怪他大惊小怪："表哥，这是水牛啊！水牛下水怎么会给水淹死呢？"

他大惑不解："水牛？那么大的家伙，竟然会游水吗？"

表妹嘻嘻一笑："水牛不会水，山羊也就不会上山了。"

他面红耳赤。

注：放牛：to herd
大惑不解：to be extremely puzzled
赤：crimson

（三）

从前，有个县官喜欢画虎，可总是画不好。一天，他又画了一幅，自己觉得很得意，就问身边的差人："这画的是什么？"

26

"回老爷，是猫。"

县官听了大怒，当场就责打这位差人四十大板，打得皮开肉绽。

接着，他放缓语气，又问第二位差人："你说说看，我画的是什么？"

这位似乎已吓破了胆，"哎呀，我怕！"

县官以为他怕老虎，很高兴。笑眯眯地问："你怕什么？"

"我怕老爷。"

县官还是很高兴，老虎是我画的嘛！便继续问："你怕我，那我怕什么呀？"说着，用手指着画，希望差人能说出画上的东西。

"老爷怕太太。"

"胡说！太太怕什么？"

"太太怕老鼠。"

"那老鼠怕什么？"县官咆哮起来。

差人看看县官，说："老鼠就怕老爷画的这个东西。"

注：县官：County Magistrate

差人：court bailiff

大板：heavy birch

皮开肉绽：to be bruised and lacerated

咆哮：to roar

（四）

法国大作家巴尔扎克说过：第一个形容女人像花的人是聪明人，第二个照样形容的是傻子。这就是说，表达要有新意，不能老是牙牙学语，人云亦云。

有这样一道看图作文题：猪八戒照镜子。图的大意是猪八戒照镜子，发现镜子里的脸很丑，就把镜子砸碎了，他拿起一块碎镜片再照，碎镜片里的脸还是很丑。大多数同学看了图以后，都从猪八戒这个角度去展开议论，批评那种没有自知之明的人。有位同学却从镜子角度出发，赞扬像镜子那样即使粉身碎骨，也仍然坚持说真话的正直的人。

显然，这个同学的作文就较有新意。

注：巴尔扎克：Balzac

牙牙学语：to babble one's first sounds, to learn to speak

猪八戒：Pigsy, a role with an ugly face in Chinese classic *Journey to the West*

（五）

古时候，有个叫太公望的人娶了一位马氏女了。他整天埋头读书而不理会家中的生计。一段时间后，马氏请求离异，回到自己的娘家去。

数年后，太公望功成名就，被封为齐地的公爵。马氏闻悉这一消息后来到齐地，请求太公望和她重归于好。太公望听后，取出一盆水，当她的面将水倒在地上，再叫她将水收集起来。马氏收了半天，得到的不过是些湿泥巴。太公望说："离异了的人很难再和好，就像这倒出去的水很难再收回来一样啊！"

注：公爵：Duke
　　重归于好：reunion
　　收回：to retrieve

二、英译汉：

（一）

1, We started early so as to get there before noon.

2, As a matter of fact, he's having to sell his house.

3, You cannot make omelets without breaking eggs.

4, Nobody knows what he can do till he has tried.

5, The accused held back the names of his partners.

6, I did not marry her because I loved her.

7, Had you followed her advice, you would have succeeded.

8, I would rather you came tomorrow than today.

9, It is not easy to give away money any more than it is to make money.

10, My doctor says I mustn't eat meat, but I don't have to take his advice if I don't want to.

（二）

Mighty Mary Athay is a real fighter — after earning a black belt in karate at the age of 62. The grandmother was awarded the top grade in April after five hours of hand-to-hand combat.

She can break two-inch blocks of wood and roof slates with her bare hands — just like Bruce Lee in *Enter the Dragon*.

"It's very hard work, and getting a black belt was a huge achievement." Mary said, "My grandchildren think it's great fun to play-fight with me but my husband never chats back to me now."

注：karate 空手道

Bruce Lee: 李小龙

Enter the Dragon: 《进入龙境》

（三）

Driving examiners are to get panic alarms — after a sharp rise in attacks by learners who fail their test. There were 319 verbal and 29 physical attacks, which is the highest level of attacks for ten years. One test candidate trapped an official in his office and started a fire outside.

Chief executives at the Nottingham-based Driving Standard Agency, which employs 2,000 examiners, are trialling CCTV at the most notorious centres. Violent candidates will be warned they face prosecution and having to re-sit the test with two examiners.

注：Chief executives: 行政主管

Nottingham: 诺丁汉

CCTV: 闭路电视

（四）

A man was selling spears and shields on the street. 'Spears! Shields! First class spears and strong shields!' said the man. 'My shields are very strong. Nothing in the world can pierce my shields, no matter how hard and sharp it may be. Just look at these tough shields!'

With a proud expression on his face, the man put down his shield and picked up a spear. Brandishing the spear, he said: 'My spears are the best under heaven. They are hard and sharp. They can cut through anything, no matter how tough and strong it might be.'

'Wait a minute,' shouted one of the on-lookers from the crowd, 'I wonder if you can tell us what would happen if you jabbed one of your shields with one of your spears.' Hearing this, the seller was tongue-tied and the crowd burst into laughter.

注：to pierce: 刺穿

to brandish: 挥舞

to jab: 刺击

29

（五）

By some estimates, there are already as many as 100 million members of China's middle class, defined as people with monthly incomes of over $650. Their ranks are projected to triple in a decade, with middle class lifestyles spreading beyond the big coastal cities such as Shanghai, Beijing and Guangzhou to smaller ones such as Xiamen and Wuxi. Across China, spending is already surging, with retail sales rising by 13.7% last year and 12.9% in 2005. Spending patterns are changing, too. Consumer demand is expanding to service industries as Chinese splash out on travel, sports and entertainment.

According to HSBC research, middle class Chinese consumers now dine out three times a week, belong to fitness clubs and travel for pleasure at least twice a year, albeit mostly within China.

注：Xiamen: 厦门

　　Wuxi: 无锡

　　HSBC: 汇丰银行

Chapter Three: Essay Writing 第三章 写作

一、如何避免写作失误？

写文章是学习一门语言的终极目的。我们学习汉语多年，熟读现代白话文的佳作，默诵古代文言文的范文，都是为了学会前人写作的优秀方法，使我们自己在需要动笔的时候也能作出一篇自己感觉拿得出手，他人读后感觉文字清楚明白，该讲的话已经讲透的文章。这里我们又要回到前面谈过的"雅"字了，还是那句老话："雅致"的境界是所有文人墨客梦寐以求的目标。高中生若能将一篇作文写得惊世骇俗，自然是最妙不过的好事。

讲到这里，常有学生会急不可待地要求发言："老师，文字表达当然重要，可学习一门语言，也应该重视口头表达能力啊！"

这是千里马之言，说得太好太对了。然而，考虑到目前英国的汉语教育刚刚起步，要同时兼顾口头和书面的测试水准，现有的师资水平还难以保证。因此，目前阶段对考试当局来说，口试还是一件心有余而力不足的事；但此事既已在议事日程上，相信不久的将来就会实现的。

言归正传，咱们在这儿还是先专攻写作。

报考英国汉语水平高等程度会考科的同学，大多数都已经经过了中学会考的阶段，因此对写作卷子的要求已有所了解。两者相比较，中学会考的作文是要求考生用简单的语言和少量的汉字，或对一件事情的经过做些叙述，写点感想；或针对一个较特别的物件谈谈它的来历，等等。而高等程度会考的要求，就要来得更专业，更有针对性。做好写作这部分的工作，对学生在考试中取得优良成绩至关重要。

绝大多数来自中国大陆或港台地区的学生，刚开始接触英国高等程度会考的写作要求时，都会产生明显的不习惯。这一方面是因为东方国家目前仍较注重培养学生熟练掌握课堂所教的学习方式，学生平时练习和考试，都有一条或数条思路可循；而英国的考试题目则非常开放，目的是鼓励学生自己从文字背景中挖掘材料，自由发挥。另一方面，英国的汉语会考，尤其是它的 GCSE 部分和 AS 部分，考核对象是那些将汉语作为外语来学习的学生，虽然理论上说华语学生应该是轻车熟路，实际上每年在 AS 写作题上栽跟斗的

31

华语学生，为数却实在不少。

问题出在什么地方呢？粗枝大叶还是头号原因，学了多年汉语的学生，一看题目如此"简单"，顿时豪气满怀，不屑多读一遍作文要求，拿起笔来先洋洋洒洒地写满答卷再说。做完后有没有检查一遍呢？这么"弱智"的题目，我这样的"才子"会有问题？老师，你也太小瞧人了嘛！

遗憾的是，这样的才子，最后得到的结果常常让他们大失所望；更遗憾的是，这样的结果，却又常常在为师者的意料之中；而最遗憾的是，这样的过程，竟然年复一年的发生，从来不曾停止过。中华文化的传统，是江山依旧，人才辈出，一代更比一代强；可英国汉语教育的严酷现实，却是为师者年年苦口婆心，求学者次次大"意"凛然。

说到底，考试不过是检验学生学习能力的一个手段，对待考题漫不经心，本来就是一种不严肃的学习态度，因此最后不能取得理想的成绩，也是咎由自取。之所以在这儿反复唠叨，实在是为那些本应轻松过关的年轻学子打心眼里感到可惜。

文章出问题的第二号原因，也是最不应该出问题的地方。学生们出于多年的习惯，即便知道自己写的是应用文，写着写着却会写出一篇展示写作能力的记叙文或议论文来。英国历年的考试要求上，中学会考写得离题些问题还不算大；但高等程度会考的写作题，就对文章字数和内容有着严格的要求。通常，它会先给出一定的文字及背景材料，然后根据这些材料要求考生就若干问题写一篇应用文。这既可以是一封咨询的信笺，也可以是参加某一活动后的意见回馈，当然还可以是跟笔友的通信、为学生会撰写的文告、为校刊投的稿件、对中国文化的介绍，等等。

写作要求里明确限定了文字数目（180—200 字），考生明知这一规定，却仍坚持多写，无异是跟自己过不去。既然是规定，大家就得执行。用有限的文字来写好一篇文章，本身也是一种挑战。它要求我们写作时随时注意紧抓重点，做到简明扼要地把话讲清楚。毕竟，要言不烦、层次分明、条理清楚，加上文章本身有内容，对一个中学生来说，不是件容易做到的事。

写作出问题的第三号原因，是学生们往往主次不分，对题目中设出的几个方面内容予以平均主义的分配。这样，虽然写出来的文章是面面俱到了，但结果一定是蜻蜓点水，没有什么机会对某一个重要的方面予以较为深入的阐述。一篇平平淡淡的应付之作，要想引人入胜当然很难，要想得到考官的首肯，同样不易。

最后，也是最重要的原因，是文章缺乏真情实感，空洞无物，大概是考生不习惯写作通常是成年人才写的应用文所致。也许是他们在潜意识中感觉应该向成年人靠拢，结果就会自觉不自觉地用成人的语气来写文章，而完全忽略自己的感受。这样的文章，当然绝对讨不了好去。应用文是应用文，并不是要大家因此就去写公司文告或法律文件。与此同时，我们还应该看到，即便是成年人写出来的东西，也不能整篇空洞无物，否则他就不会拥有读者，上司、同事们也不会喜欢读他的报告。

有一年的 AS 作文考题是一则关于外国人学汉语的新闻：专家认为应及时编写出针对外国人学习汉语特点的教材。文章要求考生写出学习中文的困难和乐趣，以及对改进教材和改革教学的意见。

一位考生的回答是这样的："学习汉语是有一定的困难，因为大多的学习教材不是联系到实际的问题，故此学习汉语的外国人，不能够好好的运用汉语。要令人更好的运用汉语，就应该在教材和教学上下功夫，让教材变得很有帮助，让教学也变得对学生有用……"

通观全段文字，这位考生的语言能力并不差，"联系实际"、"故此"和"运用"等汉语词汇，都用得很贴切也很恰当。但类似这样的文字，写上三天三夜也不能反映任何问题，更不用说解决问题。原因就在于整段文字都是干巴巴的骨架，没有血肉可言。好比我们说一个人长得英俊，拿出来给人看的却只是他的骷髅，虽然这骷髅确实是这位英俊男子身体的重要部分，但人们看后，不可能会大点其头，深表赞同。人体是如此，文章又何尝不是如此呢？

其实，文章已经有了骨架，再加些血肉上去并不困难。上述考生之所以会拿出这样枯燥的回答，说到底是在敷衍了事，因为他／她根本就没想开动脑筋，从自己作为一个学生的立场和角度出发，考虑一下自己多年来学习汉语历程中遇到过的困难和乐趣，并且在这一基础上探讨一下外国人学汉语的艰辛。信手写下些空话，方便是方便了，就是评审文章的考官，读起来也大感"方便"；要说文字的质量，却是没有的，最后，带给自己的还是大大的"不方便"！

同样，在一篇要求学生谈谈中西方饮食文化有何不同的作文中，有学生这样写道："其实中西方各自的饮食文化是格格不入的，但到了二十一世纪，我们应该在不同的情况下用最经济的方法来变应。"

谁能帮帮我，告诉我这位高材生在表达些什么深刻的思想内容吗？！

再举个例子，学生们在列举希望暑假能去北京地区游学的原因时，学习之余可去附近的长城游览常常是其中之一。这本来很好，但当他们叙述为什么盼望能有朝一日登上长城的原因时，常常会写下"长城是中华民族的骄傲，是炎黄子孙的自豪，是我们中华文化的灿烂结晶，是古老文明博大精深的最佳象征，是太空人在宇宙飞船上可以用肉眼看到的唯一人造古建筑……"诸如此类的文字。这些话在语法上没有问题，在立意上也很可取，但在语言和情感上却是抽象空洞的。如果换种写法："五岁时，我第一次在电视上看到了长城。从那时起，我就做梦也会梦见自己登上了它，在高高的城楼上向下招手。如果暑假能够去北京学汉语，我儿时的梦就有机会成真了。"文字内容就会更好些。

二、AS 文章的要求

将一篇有具体要求和写作背景的应用文，在严格规定好的字数范围内写好，说难确实有些难。但是，这一难度对一个高中学生来说，绝对是可以承受的，甚至应该是游刃有余的。一旦同学熟悉了这类文章的写法，在多加练习的基础上，即便做不到"下笔如有神"，要写出一篇中规中矩的文章来，还是完全能够办到的。

AS 写作的要求是根据题目写文章。具体说来，它首先会给应试者一些有关的背景材料。比如互联网上一则关于中式小吃的调查，旅行社为学生参加夏令营提供的种种优惠，某一西方国家为帮助青年人了解东方文化所开展的交流活动等，这些都可以作为写文章时的辅助材料。它们跟文章题目本身的关系，既可以紧密相联，也可以无甚搭界，但无论是哪一种情况，写文章时我们必须注意在文章内容中多少提到这些材料所提供的信息。考题既然选择了这样一段文字供考生作文时参考，考生就应该用心去揣摩，找出它里面可以为文章提供依据的地方，从而充实文章的内容和意义。

字数既然已经明确规定，倘若一定要对着干，非写一篇洋洋洒洒的大文章不可，那是自找苦吃。这里还是苦口婆心地规劝，考生肯听最好，不肯听也是鞭长莫及的事，最后只能随缘。这是大家写作 AS 命题作文时，必须注意的第二点。

既然是命题作文，不能离题是理所当然的事。具体写什么样的文体，是写信还是写感想，是给刊物写采访报告还是代表某一机构或组织发出公告，虽然总体上它们都是应用文，细节上还是有很大的不同。粗枝大叶的人，常会对这些具体要求满不在乎，结果一下笔便离题，写着写着，到文章收尾时已经不知所云了。这，是大家动笔前必须注意的第三点。

最后，AS 作文题中，每每会要求考生在文章内必须谈及某些方面。因为文章篇幅不大，要面面俱到地来谈所有这些方面，显然是难以做到的。因此，大家在阅读这部分要求的时候，必须认真开动脑筋，仔细掂量这些要求的侧重点。我们只要找到了文章应该围绕的中心，努力在这一部分深入挖掘，尽可能把问题讲深入、讲透彻，就是全面完成了任务。

下面，我们就一个模拟题目来开展讨论，看看这样的应用文究竟应该怎么写。

作文：根据下面的文告和中方同学的名单（略），写一封信给某一同学以建立笔友关系。字数必须在 180—200 字的范围内。

同学们：我们学校新近和中国广州的三立中学建立了友好关系。作为双方互相开展交流活动的一部分，三立中学现在向我们提供了一批希望和英国学生互相通信的学生名单。愿意和中国学生结成笔友的同学，既可用传统的信笺方式和对方取得联系，也可通过互联网发电子邮件给他们。

三立中学是一所新学校，创立于 1994 年，属于中国大陆 1949 年以来新建的第一批私立学校。学校条件十分优越，学生必须通过严格的考试方能入学，因此他们运用汉语、英语的能力都比较强。他们欢迎我校学生给他们写信，希望我方使用汉语，他们则用英语回复，如此对双方的学业都可起到良好的促进作用。

内容应包括：

• 你的个人情况

• 你希望和对方建立笔友关系的原因

• 你对彼此开展交流的展望

仔细阅读题目两三遍后，我们发现这篇文章的写作要求十分详尽，文告本身的字数已经在 250 字左右，要将信件内容控制在 200 字内有一定难度。信件先得简单提一下文告，引入正题后要包含三个不同内容，除去开头结尾，每一环节还不够 50 个字可以分配；与此同时还得避免面面俱到，因此要在这三个必须包括的内容上选出一个最重要的部分，略微多施展些笔墨才行。很显然，对彼此开展交流的展望，应该是最主要，也最值得多花些工夫的地方。

下面，就让我们针对这个题目来番小小的尝试。

王建平同学:

你好!我是英国学生丁小龙,最近在学校文告栏上看到你的名字和地址,很想和你成为笔友。

我学汉语已三年多,很喜欢中国文化。能用汉语给你写信,对我提高写作能力大有助益。望你回信时对我信中的错处多加指教。

得知贵校人才济济,不仅学业一流,足球、游泳等项目多有冠军相。我校足球队也历年在英国学生联赛上夺得桂冠,将来球队互访,我们可能会有见面的机会。在切磋球艺的同时交流学习心得,当是一大快事!

祝 进步。

伦雷中学 小龙
三月一日

190 字(不含标点符号)

三、A2 卷写作的新高度

同 AS 程度的写作要求相比,A2 部分的难度要大得多。它最大的特点是要求学生通过对所选课题的独立研究,查找有关的学术资料并合理运用,最后通过写作一篇 500—1000 字(不含参考文献、标点符号)的小论文来解答问题。课题的覆盖面很广,从历史、地理、社会、思想一直到文学、影视剧,社会科学内容已大部涉及。考生可在总共十个课题中自选一个题目作答,选择的范围是非常广泛的。

首先,考生选定自己想做的题目后,就可以开始在题目范围内选取参考资料,在参考前准备好一份 100 字左右的文章纲要(含参考文献)。纲要涵盖课题的背景、原因、内容/发展过程、结果、意义/影响等所有写作时可能涉及的部分,因此应尽可能做到言简意赅,从而在考场上最大限度地帮助考生发挥水平。

选用的资料既可以是已经出版的书籍、发表的论文,也可以是报刊杂志上的文章、互联网上的作品。引用时**必须注明**包括书(文章)名、作者名字、出版日期、(书刊)出版商、出版地点以及互联网网址的详尽内容。

使用参考材料的目的是支持自己所提出的观点,因此它们应该是有所选择的,而决不是大段大段地抄书。根据 Edexcel 教学大纲的要求,引用的材料**必须**加上引号,并在其后注明出处。

　　没有习惯英式教育方法的学生，常会不理解 A2 考试的要求。出现这一情况，还是跟东西方不同的教育制度有关。在英国，高等程度会考又叫做大学预科考试，考生的独立思考能力是一个被评价的重要方面。语言科目的作文考试题目，是最理想的测试区域之一。能否在这一从提出论点、有效论证到完美收官的过程中表现出色，是 A2 考试成功与否的关键。

　　在东方国家，学语言的学生哪怕进了大学，还是会被老师要求解释某段文字使用了什么修辞手法，这一手法对读者有什么特别的感染力，等等。虽然这些工作对学生学习写作确有帮助，但它们毕竟是相对死板的技巧。一个把修辞手法学得头头是道的人不一定能写出优美的文章；而另一个并未系统学习过倒叙、象征、对比等手法的学生，却照样可以在文章中将这些技巧运用得得心应手。

　　由此，西方的教育不太重视语法修辞，英国的汉语考试也基本不涉及文章的描写手法分析。而英国注重的独立评议和自主分析，恰恰是来自东方的学生普遍缺乏锻炼的。因此，常常有考生见到题目就产生畏难情绪，以致现场发挥受到严重影响。偶尔，学生甚至会这样发问：为什么高中考试就要做这样的题目？言下之意是题目的要求对他们这个年纪的人来说，超出了能力范围。

　　果然如此吗？一个已经可以学习数学微积分，并在自然科学领域独立解题的年轻人，当然也已经拥有了在语言、文学和历史诸方面的分析能力。问题还是在于学习和锻炼。西方学生上小学时就被要求在考场上读一段史料，看一幅图片，听一段讲话，根据自己平时学到的知识做文章。譬如，写英国人当年贩卖黑奴这段历史，既可从黑奴叙述亲身经历着手；也可从奴隶主认为黑人天性卑劣、做奴隶是天意使然的主张下笔；还有英国议员鼓吹/反对经营黑奴买卖的辩论，非洲部落头人出卖族人的动机等历史纪录，都是绝佳的写作背景材料。写人云亦云的东西，当然很简单，但是写作能力得不到提高。要写出一篇出色的文章，得拥有良好的观察力和独到的辨析力，使用好有关的参考材料，有理有据地严谨论证。经过不断的锻炼，在考场上写出一篇妙文，就不再是一件难事。

　　其实，读书有心得，再在心得上发展出自己的见识，并不是西方教育的专利。早在二千五百年前，中华教育界的祖师爷孔子，已经提出了"温故而知新，可以为师矣。"的道理。所谓温故知新，正是要求学生学习了老师传授的以及书本上的知识后，通过反复的温习领会，得出自己的认识和见解（新知识），才能成为一名合格的老师。从另一个角度来领会，孔老先生也是在告诫他的弟子们：

如果你们只会照书本一个字一个字地念，照讲义一句话一句话地读，那么你们就永远也配不上"老师"的称号。

必须注意的是，温故知新的"新"字，是学者经过反复思考、严密论证后提出的观点和见解。它们必须得到同仁的认同和现实的检验，被证明确实是正确而有益的，才是孔夫子所推崇的新知识。反之，只是为标新立异而胡乱推出的"新知"，不仅误人而且误己，只会成为学界的笑柄。

在教学过程中，编者常以对前中共领导人毛泽东的评价为例，向学生展示立论、论证和结论的写作过程。毋庸置疑，这三个步骤的每一部分都极其重要，一步走错即可导致全盘皆输。

当今世界的史坛上，对毛泽东的评价已经形成了截然对立的两派意见，走中间路线，试图两头不得罪的人已经几乎不能在严肃的史学界立足。出现这个情况，是因为毛泽东这个人物，对现代中国和世界的影响都是巨大的。他是 1840 年鸦片战争后中华民族中第一个真正敢于和列强碰硬的民族英雄，中国得以在世界上重新占据自己应有的席位，他功不可没；但他又是自 1966 年后造成中华民族灿烂文化坠入深渊的头号罪人，直至今天，中国人的精神状态仍然受其"斗天斗地斗人"思想的毒害。中华民族要想真正实现文化复兴，得先过了毛泽东这个不是皇帝却胜过皇帝的坎。

张戎和 Jon Halliday 在其携手推出的新作《毛 —— 不为人知的故事》（Vintage, London 2006 ）中，通过他们"独立开展并为时数年"的历史调查研究，言之凿凿地认定毛泽东当年领导的长征没有什么历史意义，因为蒋介石公子当时在苏联沦为人质，所以蒋介石不会对中共痛下杀手，云云（第二部分，第十二节）。

对国共两党合 — 分 — 合 — 分历史有所了解的学生，可能会提出疑问：如果蒋介石当真因此而放中共一条生路，那么该如何解释蒋政府先于长征的五次"围剿"？如何解释国军击破共区后的一路围追堵截？最后，怎么解释中共领导的红军被撵至地贫人少的陕北，不再成什么气候的时候，蒋介石还是决定亲往西安坐镇，指挥张学良、杨虎城向共方发动最后致命的攻击？

多一点心眼的同学，又会在查询一下历史档案后发现：蒋公子经国 1925 年前往苏联学习，是中共领导人邓小平的学弟，并在苏联加入了共产党。蒋介石如此亲子，岂不是应该在 1927 年北伐成功后就和中共进一步合作？而他恰恰反其道而行之，大肆分共清共，直至发展到"宁可错杀一千，不可漏过一个"的疯狂，又从何谈起呢？

　　作者似乎忘记了这样一个中国千百年来不争的史实：嗜权如命的统治者们，从来都狠毒过虎；为国之大宝而弑父杀儿，不足为奇。

　　作者更忘记了写史切忌猜测这一要则，在史料中他们竟使用"最可能"（most probable）这样的字眼，以至引发批评如潮。

　　因为要否定毛泽东，就以蒋公子为由，主观臆测地强行否定长征这段历史，结果作品"新意"确是有了，但这"新意"是建立在沙滩上的城堡，潮涨潮落都能在顷刻间引发它的崩塌。这样的伪历史学著作，不论出于何种目的，对史实滥加歪曲这一项行为就使它找不到史学殿堂的门。还要自我吹嘘什么"史无前例"的成就，只能是自找其辱，贻笑大方。

　　这一事例，同前一章中所举的翻译谬误一样，是专家学者们在他们专业工作中出现的大问题。由此我们可以看到，做学问是一件最严肃不过的事情，当中来不得半点轻率和冲动。专家学者尚且会犯错，青年学生在分析论证时就更应该战战兢兢，如履薄冰。

　　写作　A2 试卷里的议论文，首先需要我们在审题时对题目的要求作一番认真仔细的思量。对这段内容熟悉不熟悉？提出自己的观点后能够列举出多少事实来支持自己的论点？它们可以分成几个独立的部分？读者通篇阅读完自己的这篇文章，会不会觉得有所受益？如果对以上问题的答案是都积极、肯定的，就可以开始动笔写作了。

　　文章重在有观点、有论证，并不要求考生把细节悉数熟记于心，所以要真正做好这部份工作，难度在于独立分析和得出独到见解上，而不在于死记硬背。历史、地理、传统思想、社会和文学诸方面，下面的章节都会有具体论述；佛教思想不在其列，但佛教对中国社会的影响，从古至今都是有目共睹的。下面，我们就佛教与中国社会的互动关系这一课题展开一个举一反三的模拟练习，通过解答这类题目对实际过程有个了解。这样的话，临场做起来同类型的题目就不会手忙脚乱，出现既不知道该从哪里下手，也不明白该怎样分析写作的尴尬局面。

模拟题：

CHINESE GCE A LEVEL 6262 1B
CANDIDATE ESSAY PLAN AND REFERENCES

Centre name :   **Centre number:**

Candidate name: **Candidate number:**

Plan:

Title of essay: 谈佛教思想对中国普通人生活的影响。

1. 佛教传入中国的背景
2. 佛教与儒、道之间的互动
3. 中国普通人的宗教观：
   • 多神崇拜
   • 灵活机动
   • 洋为中用
4. 结论：重要，但无支配性影响

References/Sources:

任继愈 《中国哲学史》北京 人民出版社 1964 年
周胜鸿 《中华传统文化十日谈》上海 鸿文书屋 1996 年
刘泽华 《中国政治思想史》（隋—清）浙江人民出版社 1996 年
苏民 《禅语人生》珠海 珠海出版社 2001 年

Candidate signature:

谈佛教思想对中国普通人生活的影响。

东汉明帝时，印度佛教传入中国。不久中国各地战乱频仍，教人此世忍受苦难，最终就可往生"西天极乐世界"的佛教正好适合人们的需要，因此迅速在中国得到推广普及。到隋唐时期，它更受到皇室的推崇，俨然成了"国教"。

然而，儒家思想在当时早已通过汉武帝的"独尊儒术"政策，确立了它在中国思想界独一无二的主导地位；与此同时，道教也在南北朝时期被奉为御用国教。因此，佛教的传入，就同儒、道思想之间发生了冲突。大儒反对帝王信佛，历代都屡见不鲜。唐朝的韩愈就为反对皇帝供养佛骨而写下《谏迎佛骨表》，为此几乎丧失性命也在所不惜。（任继愈 第三卷 136 页）

对来自儒、道的废佛论，佛教高僧在反击的同时，也不得不看到佛教不事君父这一原始教义与中国传统忠孝观念多有相悖的致命弱点。结果，三家决定互通有无，"同归于善"。（刘泽华 92-93 页）于是，中国就出现了名教山峦上既有奉养佛祖的庙堂，也有供着孔圣人的大殿，还有道观相邻的奇怪现象。

佛教更大的妥协，表现在以惠能为代表的禅宗。跟他之前的宗师不同，惠能的顿悟说是"放下屠刀，立地成佛"，这样一条简单速成的道路，对社会各阶层都有着极大的吸引力。这不仅使禅宗到唐代后期逐渐遍及全国，远播海外；而且成为最重要的主流，使禅宗在中国内陆地区（青海、西藏地区的藏传佛教仍维持正宗）成了佛学的同义词。

所谓"成也萧何，败也萧何"，禅宗在中国的影响是迅速扩大了，但它为此所作的巨大妥协也为它日后的衰落种下了因缘。正因为中国人传统上的多神崇拜（从祖先的灵位、灶王爷、土地神的牌位，直到讲义气的关公、骁勇善战的张飞，中国人都可以拜），禅宗将佛教发展成"心诚则灵"的愿望。但心诚结果并不一定就灵，天怒人怨的时候，佛的法力就不再广大无边。

禅宗的灵活机动，正好适应了中国百姓多神崇拜的创造力。既然放下屠刀就可成佛，关公为贼所害杀后不会再举刀，因此成为佛堂中的守护神也就变得天经地义。至于关公最重是人世间的"义气"，而佛教的教旨恰恰极反对人世间的"义"，就谁也管不得那么多了。

　　最偏离原装佛教教旨的，恐怕还要算中国人引进后演化发展的观世音菩萨。据佛教经典，他原是阿弥陀佛身边的胁侍菩萨，宋朝以后其形象成了一个端庄美丽的仕女，民间广为传颂观世音送子的功德。东亚民间求子者、求美好姻缘者对这位菩萨趋之若鹜，对她的崇拜甚至可以超过对原装大佛的程度。

　　综观以上佛教在中国的适应过程，我们可以得出结论：佛教虽然在名义上是中国的第一宗教，但它在实际上对人们生活的影响，并不象想象的那么重大，更算不上一个能够支配人们意志转移的力量。

四、AS 写作练习

（一）

阅读下面的广告，写一封 180—200 字的报名信：

　　全英中文夏令营面向英国各地区 12 至 18 岁的青少年开放。今年的夏令营将扎营于英国著名的风景胜地——湖区。运作时间自 7 月 18 日下午一时至 25 日上午十一时，营地包括三个营区，年龄段各为 12 至 14 岁，14 至 16 岁和 16 至 18 岁。各营区的参加人数限 20 人以内，先报先得，额满为止。

　　除学习中文和中国文化外，今次夏令营还将包括中华武术、中餐烹饪和书法三个课外辅导班，欢迎大家踊跃报名参加。

全英华人中文学习促进会
2008 年 3 月

报名信内容应包括：
- 为何想参加这一夏令营？
- 想通过夏令营学到什么知识？
- 对课外活动的建议。

（二）

香港中文大学面向世界，招收 20xx 年度国际学生

全球化时代的环境　　　进入中国大陆的门户
世界学术领先的领域　　举世皆知的都市

欲知详情，请参阅 www.cuhk.edu.hk/adm/

　　写一封信（180—200 字）给香港中文大学招生部门的罗小姐，向她索取详细的入学和奖学金申请办法的材料，并简要说明你目前学习的科目，预计可以取得的成绩，想在香港中文大学主修的专业及原因。

（三）

阅读以下文化交流内容（部分）并作文：

为帮助学习汉语的英国学生更好地了解中国文化，英国文化委员会决定开展一项文化交流活动，资助在学的中学生（年龄在 15-18 岁之间）暑假期间前往中国，在普通的中国人家庭里生活。时间为每年的八月，在华生活的时间共四周。

来往的机票及在中国旅行、生活开支都由英国文化委员会承担，另外每一个得到资助的学生还将获得 200 英镑的日常开销费用。欲参加这一活动者，请速报名。

写一封报名信，介绍自己的个人情况，重点谈谈你为什么想参加这一项目，以及到中国后想和中国家庭一起做些什么（180—200字）。

（四）

给本校在中国的姐妹学校校刊写一篇文章（180—200 字），谈谈自己三年多来学习汉语过程中的苦和乐。

（五）

阅读下列广告后作文：

陈锦澜律师楼 为英国华人竭诚服务

商贸法律事务 警局 24 小时热线 移民法讲解/移民申请

劳工法 婚姻家庭法 遗嘱/遗产法

本律师楼历史悠久，拥有十余位资深律师，以代表上万华人客户利益为己任，展望为更多在英华人服务为目标。

给陈锦澜律师楼写一封申请信（180—200 字），申请在他们那儿做暑期工。注意在信中强调你的特长、学业成绩以及申请的动机/理由。

（六）

代表本校校刊采访来访的中国友好学校代表团，三问三答（180—200 字）。

问题可包括：参观我们学校后的感想，听了我们中文课后有什么建议，中国学生与英国学生之间的相同和不同，如何看待目前在西方国家兴起的汉语热，回去后会对加强两校交流做些什么工作，等等。

（七）

《母亲》是著名导演 XXX 的最新力作，影片讲述了一个平凡的女性在艰难时世中发挥自己最大的能量，将三个身世不同的孩子抚养成人的感人故事。作品不落俗套，刻画细腻，加上演员们的入戏表演，使该影片自首映即引起轰动。

爱好电影的朋友，请勿错过良机。

请充分发挥你的想象力，写信（180—200 字）给你的好朋友，谈谈你看了这部电影后的感想，并向他/她大力推荐这部影片。

（八）

伦敦大英博物馆将于年内推出一个内容丰富、文化底蕴深厚的中国历代文物展。其中的许多展品属新出土的珍贵文物，第一次步出中国国境在海外展出。此次文物展对深入了解汉字的变迁以及中国考古学的最新发展，有着很特殊的意义。

组织学校里学习中文的同学参观伦敦大英博物馆举办的中国文物展（180—200 字）。请列举：
- 参观的目的
- 集体参观的特别内容
- 同学习中文的关系

（九）

收到中国笔友来信，回信（180—200 字）。
（以下为来信内容）
天朔同学：
你好！

很高兴收到你的来信，看到你的汉语这么出色，很是钦佩。我学英语多年，自惭英语水平不及你的汉语。以后，得请你在语言学习方面，多多指教为上。

我今年已届高二，明年就要参加高考，近来的学习十分紧张。

但我始终也未放弃个人的爱好，在校参加游泳训练，回家得闲就弹琴自娱。这样学习生活有张有弛，才是提高学习效率的最佳途径。

得知你今年暑假期间会来中国游学，很是高兴。到时候请事先告知行程，希望我们可以有机会面谈一番。

祝好。

黄莱荫 上
元月三日

（十）

你是高年级学生，校长请你为新入学的华人学生写一份学校生活指南（180—200字），内容要求涉及以下几个方面：

- 学校的多元文化
- 英国学习的特点
- 课余活动及参加办法

Chapter Four: Modern Chinese History 第四章 现代中国史

A2 考卷的现代中国史只涉及指定的六大历史事件，它们分别是新文化运动（1915－1924 年）、军阀混战（1916－三十年代）、国共两党关系（1921－1949 年），以及 1949 年中共建国后的土改（1950－1952 年）、大跃进（1958 年）和文化大革命（1966-1976 年）。

以下，我们就按此划定的题目，分六个章节开讲。

一、新文化运动

新文化运动是中国五千年历史的真正分水岭，它建立起一个中国人向愚昧、迷信和专制告别的平台，是中国人开始接受科学、开明和民主政治的宣言书。

中国自汉武帝采纳董仲舒"罢黜百家，独尊儒术"的建议后，中国人从此就基本上失去了思想自由。到了隋唐为进一步巩固中央集权统治而在全国范围内定期设立科举考试，将天下英雄网罗到皇帝手心，知识分子成材的标准更是只有读书做官这唯一的路可走。家长对孩子的教诫是"万般皆下品，唯有读书高"，这里的书指的是圣贤书，而且只有圣贤书一种。中国历史上最伟大的医学家李时珍，年少时就有从父学医的志向，但他那看够了旁人鄙夷眼光的医生父亲，却几次三番劝说小时珍弃医学"文"。医术再精湛，在世人的眼中都不过是雕虫小技；读好圣贤书光宗耀祖，"学而优则仕"，才是成为人上人的光明大道。

在传统中国，研究科学技术和掌握专业技能的人是没有什么社会地位的，发明家、音乐家、作家等等，都是些不务正业的人。从"小说"、"艺人"和"戏子"这些名词的含义上，我们就可以看出用词者对这些人或事的极度轻蔑。再从社会阶层的划分看，所谓士、农、工、商，上面这些人士一层都算不上，只能给划到三教九流中的低层次当中去。

鸦片战争失败后，以曾国藩、李鸿章为代表的知识精英，认识到先进科技的重要性。在他们的推动下，清政府开始了学习西方的洋务运动。但洋务运动的内容只是"以夷制夷"，用西人的坚船利炮来和他们对抗。至于西方崛起得益于西人重视民主制度和科技发展这一事实，即便曾、李这样的开明派，也是不能置理的。

中国有了亚洲最强大的舰队，却还是在 1894 年的中日甲午海战中完败。这一结果，既宣判了洋务运动的死刑；也让年轻一代看到日本学习西方科技和思想方法而成功的范例。引进西方社会的先进思想，渐渐成为救亡社稷的必备内容；民国的成立和三民主义中对推动民权的鼓吹，也使知识分子探索新思想、追求新生活的尝试有了可能。

1915 年，《青年杂志》（后《新青年》）创刊，成为批判传统封建思想的主要阵地，新文化运动就此展开。北京大学校长蔡元培力倡学术自由，聘请陈独秀、胡适、李大钊和鲁迅等人担任教职，北大迅速成为新文化的摇篮，新文化运动进而以北大为中心，形成全国性的运动。

很有意思的一个史实是，刚开始向国民推广西方先进思想文化的陈独秀先生，介绍给国人认识的两位西方绅士是"德先生"和"赛先生"①。这两位究竟是何方神圣呢？当时的中国，根本就没有"民主"和"科学"这两个名词的存在。新青年们急着把西方的观念介绍给国内的听众读者，情急之下便来个音译，民主叫它德漠克拉西，科学则叫赛恩斯。但时间一长，就连发明者自己都觉得这些字眼太冗长太拗口，于是干脆就取头斩尾将他们变成俩先生了。

连这两个名词都不存在的中国传统文化，当然就不用谈什么对它们的认识。皇帝是天子，万众是草民，这是几千年来中国历史中从来不曾动摇过的既成事实。这里，特别值得注意的是"草民"这两个字：民众的生命不值钱也就罢了，用草来作定语，就把民众的生命贬低到了分毫不值的地步。草，是世界上所有生物中最易生长、最低贱的一种。日常生活中割草，谁也不会产生怜惜的感觉，因为它长得实在太快太猛；皇帝既然视民为草，高兴时不高兴时都可随意砍人的头，民众也将这样的荒谬视为天理。

民主，是人民当家作主的意思。从来被视作草芥的群氓，如今要翻身做主人决定他们自己的命运，这是中国历朝历代闻所未闻的事。科学，是要中国人把从来都不登大雅之堂的奇技淫巧当作学生学习的主课，这对"两耳不闻窗外事，一心只读圣贤书"的前辈来说，是绝对的叛逆行为。

正是因为它们的史无前例，民主和科学在中国现代史上的伟大意义也才能充分地显示出来。中国在十九世纪至二十世纪的履战履败，主要原因是体制不民主，产业无科学。体制不佳，即便国难当头人才也不能出头，军政领袖昏庸不堪，见到列强先失了气势，战事爆发后无论输赢都只会唯唯称臣。产业不强，则是因为科学作为生产力对现代经济极具重要性。英国之所以能从一个海岛小国迅速崛起，成为威震四方的"日不落帝国"，其率先开展工业革命，在生产能力上大幅度领先其它国家是首要原因。反观中国，只会买船置炮，亦步亦趋地跟着人家后面发展，而决不考虑思想更新。西太后为自己过寿而挪用海军军费，李鸿章将国家的海军当成自己的私产，这样的军队即便拥有再先进的武器，遇见强者也只有未战先怯、被动挨打的份。

自从新文化运动开了民主的先声以后，年轻一代的中国人思维方法迅速有了改变。同民主相应的平等、自由、女权等闻所未闻的观念，一下子都进入了人们的视野。政府再像以前那样随意跟外国政府签订丧权辱国的协定，就会受到国人的批评，甚至面临抗议示威、罢工罢课等各种形式的反对声浪。

有人将新文化运动等同于五四运动，其原因正出于此。一次世界大战后，中国作为战胜国，理应收回早年给德国强占的山东半岛；但由于日本的反对，西方列强竟在巴黎和会上决定同意日本的要求，而中国政府亦在压力下准备退让。消息传来，北京的大中学生首先起来向政府请愿，未获结果后转向社会，呼吁全国民众抗议政府的卖国行为。在学生罢课、工人罢工、商人罢市的全面反对浪潮面前，政府不得不接受民意，拒绝在《凡尔赛和约》上签字。战胜国拒绝接受和约，巴黎和会也就成了一个笑话。

由学生、市民联合而成的力量，迫使政府放弃既定政策，更在其后迫使世界列强重新在华盛顿开会专门讨论中国问题，这无论从哪个角度看都是空前绝后的成就。没有新文化运动传播民主知识，草民们根本不会具有"爱国人人有份"的认识，五四运动就无从谈起；而五四运动的伟大成绩，也反过来使新文化声名大振，使它对国人的吸引力日益增加。

科学作为生产力对中国社会的影响，是一个渐进的过程。中国人从不明科学为何物，到一个世纪后的今天渐渐走近世界科技领域的前沿，新文化运动当记头功。我们不能想象，一个只会朗读、背诵"圣人语录"，代古人立言的民族，能够学习科学、掌握科学并在激烈竞争的科学领域实现创新。

学习科学，首先就必须在语言领域实行改造工程。千百年来，中国的读书人都是读古文，白话文是那些不入流的市井俗人使用的语言。一个读书人如果在科举考试中用上一句白话，那么他的文章哪怕做得再锦绣灿烂，也会立时给考官满脸不屑地丢入垃圾桶。中国的统治者们，有意将文化阶梯铺设得这样艰难，使读书永远只是精英（统计数字是历代中国最多只有 5%的人口能够识字读书）的事情；闲杂人等既然读不成书，便只有埋头种地而不做他想。

以鲁迅、胡适等人为代表的新一代知识分子，开始用白话文写作新文学。鲁迅的《狂人日记》是中国文学史上第一篇登上大雅之堂的白话文小说，在他的带领下，白话文学迅速发展并占领了中国主要的文学阵地。尽管保守派对此极度不满，但他们所推崇的古文终究大势已去，1920 年，教育部明令小学教科书改用白话文。

白话文对普及文学的功绩当然不容否认，但它更大的功劳还在于它作为人与人之间交流的工具，为现代科学知识在中国的迅速推广创造了前提条件。艰涩拗口的古文，本来要读懂就难，让它来诠释数理化知识，无疑是在人为地跟学生过不去。有了白话文，中国的青少年可以开始用汉语在课堂上学习、探索自然；他们中间涌现出的人才，日后就成了中国科技进步的栋梁。

必须看到的是：反对儒家思想、批判封建纲常，是新文化运动中反对旧思想、旧传统的主要内容。但是，新文化运动的倡导者们对孔子及其学说从来没有完全否定过，陈独秀就肯定了孔子的历史地位和孔学的历史价值，表示"反对孔教，并不是反对孔子个人，也不是说他在古代社会无价值"，他认为孔子学说也有优点，不是"一无可取"。由此，我们可以看到新文化运动并没有完全否定传统，没有视中国传统文化尽为糟粕，更不是全盘反传统。如果说传统文化有所"中断"，那断掉的只是新儒学的独尊地位。

一言以蔽之，新文化运动使中国进入了新的时代，可在继承优良传统的同时，学习西方先进国家的路子，最终加入其行列之中。

拿破仑曾以巨人梦醒来比喻中国未来的崛起，新文化运动的开展，可以说是唤醒巨人的心灵闹钟开始鸣响。

思考题：
一 新文化运动和战国时代百家争鸣相对照，有哪些相同和不同？
二 为什么说新文化运动和五四运动之间有着重要的相辅相成关系？
三 鲁迅和胡适是新文化运动的两员得力干将，之后他们却走上了两条完全不同的道路，如何解释？
四 新文化运动的终结和国共两党开始合作的年份不谋而合，这是历史的巧合，还是历史的必然？

二、军阀混战

二十世纪上半叶的军阀混战局面，起因于清政府十九世纪六十年代不得已重用曾国藩、李鸿章自组的地方武装湘军、淮军来镇压太平天国起义。此后，两人势力日大，李鸿章担任北洋大臣后建起的北洋军，更成为全国独一无二的主导性军事力量。后继者袁世凯，在北洋军的基础上发展新军，势力影响直追朝廷。加上慈禧死后宫廷无人，1911 年辛亥革命爆发引发全国分裂后，中国的未来走向很大程度上得看袁某人的动向而定。

虽然袁氏的力量主要雄踞北方，但南方的革命势力非常松散，很多情况下都是临时拼凑而成的乌合之众。以武昌起义成功后出任中华民国军政府都督的黎元洪为例，他本人是一个典型的清军将领，连革命同情者都算不上。推举他为革命领袖，实在是因为革命领袖或躲避海外，或身在外地，不得已而为之。至于各省的"纷纷响应"，则多是见到帝制大势已去，总督们卸下顶戴花翎换上中山装的投机行为。以这样的"联合阵线"去跟袁世凯的百万雄师对抗，自是以卵击石，讨不了好去。

因此，以孙中山为首的民国政府无奈之下只好同意让权于袁氏，条件是他必须赞成共和，废除帝制。但袁是野心家，很快就翻脸不认帐，弃民国、建帝国。孙中山率各方结成讨袁同盟，北洋将领也为反对袁世凯的家天下而纷纷反戈，中央政府的号令成了可听可不听的一纸空文。

1916 年，袁在称帝 83 天后被迫放弃帝位，数月后因积气而突然死亡。群龙无首的将军们既没有凡事以国家民族为先的胸怀，也没有在领袖死后推选新人的习惯，他们在各自野心的驱使下，拥兵自重而自霸一方。形成以直系（冯国璋、曹锟以及后来的吴佩孚、孙传芳，控制直、豫、鄂等地区，以英、美为外援）、皖系（段祺瑞，控制陕、蒙、鲁、皖等地，以日本为外援）和奉系（张作霖，控制直、鲁等地，亦以日本为后盾）为主要派别的割据体系。

与此同时，南方边远省份如粤、桂、滇等，也开始先后形成自己独立的军政府（鼎盛期主要代表人物有陈炯明、陆荣廷、唐继尧等），表面上它们仍然隶属中央管辖，实际上却天高皇帝远，作为地方军阀割据该省地面的既成事实，已经昭然若揭。

因为是同属割据的军事集团，在触及到他们根本利益的问题上，军阀们就地不分南北，人不分洋土，同仇敌忾地一致对敌。这在孙中山先生组织护法战争一事上，表现得最为突出。

袁世凯撤消帝制后，命段祺瑞组阁。段跟袁一样，拒绝承认作为民国建国大纲的《临时约法》，拒绝召开国会。如此，中华民国成了一个有名无实的怪物。1917 年，孙中山先生抵达广州，成立"中华民国军政府"，倡导维护《临时约法》，举行护法战争。就在革命声势开始形成的时候，滇、桂军阀却为维护自身利益同段祺瑞政府勾结，对革命军临阵倒戈，成为护法失败的头号罪人。

军阀们对待革命事业出尔反尔，他们彼此之间的缠斗就更加无耻。二十年代初的军阀大战，从 1920 年的直皖战争到 1924 年的二次直奉战争，每每战事激烈时就会有出人意料的情况出埂。其原因是各军阀之间都在勾心斗角，尔虞我诈以得到优势：你背信弃义，他袒护亲信，我出尔反尔。打这样的仗，再伟大的军事家也没可能常胜，军阀们在位的时间多是短而又短的。

直皖战争爆发时，段祺瑞对胜利充满信心，原因是他明白奉系的张作霖跟直系的曹锟素来不和，战前又曾当面向他保证会严守中立。己方既无后顾之忧，皖军在人力、物力上又都大占优势，击败直军胜券在握。

岂料战争还未开始，张作霖已因为段祺瑞政府不让他在东北放手发展势力范围而背弃诺言，决定抛弃皖系而与直系联手。在前后两面同时应对直、奉两军夹击的情况下，皖军很快军心动摇而全线溃败。被迫下野的段祺瑞，面对前来"慰问"的曹、张使者②，真是不知该做何想！

接下来，直奉共执北京政府要权，但好景不长，不久便由于各自野心膨胀而分手，并继而在 1922 年爆发了第一次直奉战争。奉军大败，张作霖不得不带着满身的遗憾退回东北。

如果军阀们当真如其所言，目标是统一中国，使中国重新走向繁盛，1922 年后的直系新掌门人吴佩孚就掌握着天时地利人和的各项要素：天时是赶走了张作霖，地利是身在国都，人和则是人民早已厌倦了内战。倘若他此时能高屋建瓴地综观全局，重开国会并邀请全国政界人士到北京议政，他应该会成为中国历史上的新一代伟人。

但吴佩孚当权后的措施，是先用武力镇压工人罢工，再导演一出"贿选总统"的闹剧。结果，他不仅引起全国舆论的斥责，各派拥直势力也开始离心。1924 年 9 月，张作霖再度入关进攻直系地盘，直系第三军在冯玉祥率领下反戈一击，为大败吴佩孚立下汗马功劳。而吴佩孚的失败，同他的前辈袁世凯几乎同出一辙，他们的执政经历应验了古人的一句老话：自作孽，不可活。

从以上这段对军阀混战史的简述中，我们可以看到：所有这些军阀，绝大部分都是些卑鄙无耻、个人野心至上的小人。虽然他们在言谈中可以表现出感人的爱国情怀，但每当涉及到他们个人权益时，他们的选择总是惊人地一致。在他们心目中，普通民众的生命还是如同草芥，民众根本就没有权益来干预国是；孙中山先生倡导的国会、约法跟他们追求的独揽大权相抵触，他们只会口是心非地迎合；遇到扩大实地的机会，他们就会或"鹬蚌相争，渔翁得利"，或全力杀戮，不顾民生。总之，凡是能帮助他们夺得地盘，掠获财富的途径，便是他们应该奉行的最佳政策。

奉行如此强横政策的人，不能称之为人，而须斥之为贼。

军阀们可以说是先天不足，后天无义。他们继承的是袁世凯的衣钵，和中国社会已经开始的民主、进步事业背道而驰。身入歧途，本该多做善事，扬恶从善，但这些不仁不义之辈视民众苦难于无睹，只能是阻碍国家光复自强的挡车螳螂。他们爱兵如命，坚信唯有枪杆子才是最高原则；他们鼠目寸光，以为地域占得越广权力也就越大，无视得人心才能得天下的道理；他们自私绝顶，为个人得益卖国、卖家、卖友皆在所不惜。如此寄生于社会的恶性肿瘤，一旦面临社会健康力量的反击，结局必然是迅速的土崩瓦解。1926年国民政府领导的北伐开始时，北伐军的实力和军阀力量相比简直不能相提并论，但军阀势力却像面对秋风的落叶，顷刻间走向了灰飞烟灭，大小军阀们一无遗漏，纷纷成为历史的罪人。

思考题：

一 军阀割据是不是辛亥革命的必然结果？为什么？

二 有人说孙中山在南方积聚武装力量，同样是军阀行为，你同意吗？请详述你的理由。（可参考下一节）

三 吴佩孚在日本侵华后留住北平，但拒绝为日本人服务，结果疑为日本医生害死。抗战胜利后获国民政府褒奖并实行国葬，你怎么看这件事？

三、国共两党关系

孙中山几度征讨军阀失败，悲愤难抑而写下了如下文字："革命主义未行，革命目的未达，仅有民国之名，而无民国之实"。

要对付军阀手中的枪杆子，以暴易暴是唯一的途径。孙中山吃够了南方军阀今盟明叛的苦头，在参考了俄国十月革命成功的经验以后，认定中国革命需"以俄为师"，建立起自己的武装以后，才有可能争取国家的真正独立和统一。

当时的苏俄，革命成功后面临着美、英、日等国的敌视和封锁，因此也急需在国际上找到朋友，1918 年，宣布放弃沙俄政府在华的特权（之后并未执行），因此得到了广大中国爱国者的关注。

中国共产党于 1921 年在上海成立，既是新文化运动开始传播马克思主义的结果，也是苏俄革命成功影响到中国的余波所致。

1924 年 1 月，国民党一大在广州召开，会议确定开始实施"联俄联共扶助农工"的三大政策，国共第一次合作开始。中国共产党人以个人身份加入国民党，苏俄不仅送来财政、军火方面的支持，而且派出顾问团全方位协助国民政府和参与军事训练。1925 年，孙中山在北上商议和平建国期间，不幸病重去世，留下"革命尚未成功，同志仍需努力"的遗言。他的去世，使和平解决中国的统一问题不再可能，南方国民政府的北伐准备进入了紧锣密鼓的状态。

在 1921 至 1924 这段时间内，中共从成立到发展，取得的进展几乎微不足道。跟国民政府在南方已经拥有一个较稳固的立足点相比，中共经常处于被追捕、被剿杀的状态，对人民的号召力微乎其微。受着数千年儒家等级文化浸染的中国社会，对追求人人平等的共产主义思想有着天然的抵触。传统社会拜财神，今朝人人炒股楼。这种千年不变的拜金热，使得共产思想在中国大众的精神世界里并没有存在的位置。

历朝历代的农民起义，都是在没有活路的国情下才成气候。他们造反时大喊"均田地"，得了皇权后马上又是普天皇土。对传统中国人来说，生活温饱有些余钱，过上"老婆孩子热炕头"的生活就是人生的最高目标；有心向上的知、商阶层，目标是学业成就、财源滚滚。中共当政后也未能免俗，当权者夫尊妻荣，父权子贵，跟历代皇朝没有本质不同；在它的统治下，穷人患病拿不出现金同样会无人救治而惨死在医院门内。将这样的社会标榜为共产、平等的人士，不是一窍不通，就是有意为之。

如此，怎么解释共产党在中国的迅猛发展并最后夺取政权呢？

第一，中共本质上信仰的不是共产主义而是民族主义；第二，毛泽东选择的农民革命道路无比正确，中共鼓动人心导致将士合力的手法违背伦理却无比有效；第三，二十世纪中国政局和世界格局的演变都眷顾中共，屡屡在中共无计可施时为它带来生机；第四，对手太过愚蠢，蒋介石明知中共乃其心腹大患，却无手段应对，最后拱手将大好河山送上。

自 1840 年的鸦片战争至 1900 年的八国联军火烧圆明园，中国人的民族尊严被层层剥夺，有血性的中国人都希望有人能领导中国再生。中共从成立之日起，就以反帝、反封建、反官僚资本主义为纲领。率领中国反对帝国主义列强，中共当之无愧：从北伐、抗日到后来的反美、反苏，它始终一如既往，直至今日终于实现了工农业产品超英赶美的目标，功不可没；反封建反官僚资本，则完全是心口不一：毛泽东喜好游泳，在全国各地修建恒温游泳池供他专人享用，既是皇权也是资产阶级特权。

国民党"扶助农工"的政策，送给中共一个大发展的良机。短短几年，中共的力量从数百人迅速发展到数十万人。从国民党的角度看，国共合作让中共党人以个人身份加入，目的是渐渐融合、同化他们。但事情的演变却大出意料，共产党人不仅拒绝被同化，反而在国民党领导下的各部门、各机构内大肆发展。

以毛泽东为代表的中共人员极有远见地在农村发展势力，它极大地推动了中共的发展。毛不理会来自列宁的共产国际批评意见，认定农民是中国革命的一支生力军，在农村各地发展农会，采用严酷斗争的形式造成农民和地主、富农之间的对立。当这些做法遭到各方面的抨击后，他公开写文章为农村的"痞子"辩护，认为农村的形势不是批评者们所说的"糟得很"，而是"好得很"。

中共开展"批斗会"的方法日益多样，涉及的人也包罗万象。它不仅是有效煽动与会者情绪的极佳武器，而且能彻底根除斗争者回心转意的机会，从而将他们永久地捆绑到中共的战车上。一位中共高级将领在回忆长征途中的艰难里程时，坦承他在最艰苦的时候，同乡开小差回家并动员他一起回去时也很"傍徨"。但是，一旦想到家乡的现实情况，他不但不跑，反而做同乡们的工作："你们从革命队伍里跑了回去，那些土豪劣绅会轻易放过你们去吗？"他打消放弃念头，转而决定"死也要和军队死在一起"，③ 将革命的红旗打到最后。

蒋对农民的政策，正好跟毛完全相反。毛认定农民是中国革命的生力军，拒不理睬共产国际开展城市暴动的指示，将全部精力放到农村，成功地发展出"农村包围城市"的革命道路；蒋却拒绝了孙中山先生极其英明的民生政策，认为农民的力量不足为道，对农民的生计不理不睬，将大量有生力量推到共产党一边。如果蒋北伐成功后立即开始忠实执行孙中山"地租不得超过 33%，大地主的土地须拿出 30% 分给无地农民"的土改政策，国共之间的争斗谁胜谁负，结果就很可能会完全不同。

由于中共力量的日益坐大，1927 年 4 月，率军北伐成功的蒋介石决定实施"清党"政策，将不愿脱离中共的人员清除出国民党，并宣布共产党为违法组织，在全国范围内捕杀中共党员。7 月，早先反对蒋介石这一政策的汪精卫，也决定同蒋介石合作清共。至此，国共第一次合作宣告失败。

8 月 1 日，国民革命军中的若干部队，在贺龙、周恩来等人的领导下发动了南昌起义，建立起中共领导下的第一支独立武装力量，起名中国工农红军。九月，毛泽东则在江西井冈山发动秋收起义，逐步在江西、福建交接处建立起根据地，并于 1931 年 11 月在江西瑞金成立中华苏维埃共和国，毛任主席。

自 1930 年至 1933 年底，国军先后五次发动"围剿"，最后终于突破红军的防守，迫其向西撤退，开始行军路线极其艰苦的"长征"。红军从开始的十几万人，到一年多后抵达陕西省北部时，只剩下两万多人。其中战死者固然不少，更多的人却是在沿途脱队，或病死、饿死和冻死的。

1931 年 9 月，日本对华发动战争，占领东三省后一手策划建立起了"满洲国"；又在 1932 年攻占上海闸北，在上海建立起日军的桥头堡；同时向国民政府施加压力，实现"华北政权特殊化"。日军对中国的步步进逼，给本已处在生死线上的中共创造了生机。红军长征途中发表《为抗日救国告全体同胞书》，要求停止内战，一致抗日。到达陕北后，又与驻扎在西北地区的东北军（前军阀张作霖的军队，张作霖被日本人炸死后，长子张学良继任统帅，日本入侵东北后，撤至西北地区）取得联系，说服张学良和红军携手合作，共同抵抗日军的入侵。

蒋介石把东北军安置在地贫人少的西北，本来已经招致张学良及手下的不满。但蒋对此麻木不仁，手头没有任何东北军和红军串通的情报，只身来到西安督军，命令张学良和杨虎城的西北军联手夹击苟延残喘的红军，一举将此心腹大患彻底根除。

1936 年 12 月 12 日，中国现代史出现了转折。张学良、杨虎城二人下达命令，在西安兵谏蒋介石，酿成震惊中外的西安事变（或称双十二事变）。他们迫使他收回进攻红军的命令，同意两党重开谈判，实现第二次国共合作，停止内战，共同抗日。

次年 7 月 7 日，中日战争全面爆发，国民政府正式向日本宣战。根据国共双方谈判结果，中共接受国民党领导，但在陕西、甘肃、宁夏交接地带成立特区政府，行政上自主管辖。工农红军维持原编制，名衔则改成国民革命军第十八集团军和新编第四军，享有独立作战、独立发展的权利。

国共第二次合作的内容和意义，都与第一次合作迥然不同。首先，共产党有自己的区域作为大本营，同当年只能依附在国民党身上发展大不一样；其次，中共军队开入敌后，分成小分队开展游击战，逐步逐块地建立根据地，不断增加自身的影响力，地盘也随之扩大；第三，基于以上两点，共产党可随时主动出击，不必像以前那样时时被动地听令于国民党。如果说第一次合作是大哥照顾小弟的话，第二次合作则是已经成人的小弟和大哥平起平坐了。

八年抗战，中国四、五百万大军不能将区区百万日军赶下海去，非要等美国丢下原子弹，苏联出兵东北横扫关东军后，才"大张旗鼓"地开始全面反攻。

八年抗战的结果，国军表面上成为最大的胜利者，它接收了大部的日军占领区，蒋介石也成为全国军政当之无愧的最高领袖；但另一方面，中共却从战前区区数万人的武装力量发展到一百二十万人，统治区域的人口总数达一亿三千万。两相比较一下，谁是最大的赢家，应该是一目了然的事。

1944 年，日本败象已露，国共双方展开重庆会谈，希望通过和平协商解决两党间的争议。1945 年 8 月，毛泽东赴重庆会谈，同蒋介石共同签订的《双十协定》规定：双方应"坚决避免内战，建设独立、自由、富强的新中国"。随后，双方又于次年 1 月达成召开中国人民政治协商会议的协议，其重要内容有：未来的国民政府由四十人组成，国民党人二十名，共产党人十名，民主同盟代表四名，其他组织人员六名；制定并共同遵守和平建国纲领；召开国民代表大会制订宪法；以公平合理的原则整编军队。

具体执行方面，协议规定中共新四军方面在华南建立的根据地应予撤除，军队在规定时间内移至北方。中共方面很好地执行了这一规定，从而在国民心目中树立起"中共要和平"这一极重要的印象。相反，蒋介石却坚决要求重新树立他对整个国家的控制权，并于当年 11 月命令精锐国军北上，通过山海关进入东北。同时，在已达成的新宪法协议上出尔反尔：先是限制中共和民盟在国务院中的否决权，代之以蒋介石个人的总统决定权，从而否定了原定的内阁协商体系；继而又撤消早已协商定妥的省份自治权。④

另一方面，以毛泽东为首的中共领袖们，在夺取政权的整个过程中都表现得民主开明，他们不仅赢得了中共内部军民的支持，而且在国统区甚至美国顾问团当中也高调得分。中共的民主假象制作得高明之至，它在内部的思想整合过程中完全不容忍任何反对意见，而这一事实外界人士当时是看不到的。

共产党在其统治区域的控制力非常严密，与之相左的舆论基本不能存在；而国统区内，共产党的机关报《新华日报》每天都在堂而皇之地出版发行。加上国民党整治经济无方，贪污腐败事件层出不穷，滥发纸币造成恶性通货膨胀，之后又发行金圆卷，通令全国人民将家藏黄金悉数兑换，徒令民众损失全部积蓄，失尽民心。是故，国共尚未开战，人心的天平已倾向于共方。待到战事正式开始（零星的争斗即使在和谈期间也从未中断过），国军于 1946 年 7 月在东北发动全面攻击，中共和民盟等组织宣布退出国大，中共领导下的军队更名为人民解放军时，以蒋介石为首的国民政府已在国民的心目中背上了要战争不要和平的千古罪名。

内战刚开始时，国军在兵力（430 万）、人口（三亿多）、城市、交通线以及装备上占据全面优势，46 年 10 月即攻下中共手中唯一的大城市——张家口，次年春天更占领中共统治十年的都城——延安。但共军以运动战为作战手段，避开国军有生力量，专门寻找脆弱的结合部一举打击后转移。到 47 年夏，国共军力对比已变成 300 万对 200 万，三大战役（辽沈、平津和淮海）后，优势更彻底转向共方。1949 年 4 月共军渡过长江占领南京，10 月 1 日毛泽东在北京（原北平）宣布中华人民共和国成立；蒋介石也于同年离开大陆前往台湾。至此，国共两党间的合作-分手-再合作-再分手的关系，终于告一段落。

思考题：
一　如果孙中山不早逝，北伐成功后他会不会同样对中共大开杀戒？
二　毛泽东曾对日本来客说过"中共感谢日本侵华"的名言，试从国共对立的角度出发，分析他如此立言的缘由。
三　林彪、彭德怀等著名中共战将在八年抗战时期先后打胜过一些阵地战，但他们无功有过，都受到了毛泽东的严厉批评。为什么？
四　有人说笑：孙先生临终遗嘱"革命尚未成功，同志仍需努力"；三十年代它变成了"同志尚未成功，革命仍需努力"；四十年代更变成"革命尚未努力，同志仍需成功"。这些改动说明了什么？
五　国共内战期间，共产党将领多为万里长征的幸存者，这一事实同武力占极大优势的国民党军队短短三年内一败涂地有什么关系？

四、土改

土地改革运动是共产党发动农民没收并瓜分地主的土地、生产工具及其家庭财物，从而使占中国人口最大多数的农民阶级成为中共革命的积极参与者和中共执政的坚定拥护者的一项重要政策。

毛泽东熟读史书，他总结明末农民起义成功后又将政权得而复失的教训时，提出一方面共产党人入城后必须保持戒骄戒躁的精神，不能变质成为骑在人民头上作威作福的老爷；另一方面，他又清楚地看到李自成败走北京，很大一部分原因是城内的皇亲贵族、富人阔商都对李自成"均贫富"的做法不满，吴三桂的大军一到，城内这些不满分子就纷纷破坏防御，开城向进攻者纳降。

那么，中国大陆除了那些已经跑去台湾的人之外，还有谁是国民党的支持者、拥护者呢？

首先，鉴于没收封建地主阶级的土地归农民所有，是中共革命的一项基本任务。地主、富农阶级对自己家财无端被**全数**夺走，而且从此自己和家人就会成为人民**民主专政**（注意"民主"和"专政"这两个互相矛盾的用词。毛泽东对此的解释是占 95%以上的人民对不足 5%的敌人实行专政，是对人民的仁慈，对敌人的严厉。但在中共统治下，谁是人民、谁是敌人的决定权完全掌握在中共受上。）的对象，永世不得翻身（包括子女上大学、就业、婚姻等公民基本权利都被剥夺）的悲惨前景，当然会不满甚至抗争。国民党真有本事反攻大陆，他们中间的很多人会欢迎不迭，也是再自然不过的事。

其次，就是那些当年为国民党政权服务过的党、政、军、警等方面的骨干人士，这些人因为官阶不够高而不能前往台湾，但留在大陆不但不会得到中共政权的信任和使用，而且会长期被监控，生活水平相应大幅度下降，他们对中共心怀不满也顺理成章。

最后，就是中共初建政后欢迎加入"革命事业"的民族资产阶级，他们是中共赖以发展国民经济的主要力量，但长远来看，他们毕竟属于资产阶级，同中共代表的"无产阶级"之间存在着不可跨越的鸿沟（顺便说一句，大陆中国今天仍在使用的国旗——五星红旗——共产党领导工、农、知、资，早已成了历史的笑话，所以中共自五十年代中期以后就不再解释五星的由来和意义）。

后两种人，被中共在"镇压反革命"和"三反五反"运动中先后收拾了，因为他们不在教学大纲的范畴内，我们这儿就只是集中讨论土地改革问题。

国共内战阶段，中共就开始在它建立了政权基础的地区实行土地改革，这覆盖了东北、华北约一亿六千万人口生活的地区。1949年后，全国范围开始彻底实行土地改革，1950 年 1 月 24 日，中共中央发出指示，开始在新"解放区"实行土改运动的准备工作。6月 30 日，中央政府正式公布《中华人民共和国土地改革法》，决定从 1950 年冬季开始，用两年半或三年左右的时间，根据各地区不同情况在全国分期分批完成土地改革。

在土地改革运动中，中共规定的土改总路线和总政策是：依靠贫农、雇农，团结中农，中立富农，有步骤地有分别地消灭封建剥削制度，发展农业生产。鉴于当时中共初掌政权，各地反抗活动仍频的现实情况，中共当局不想树敌太多。因此，当时的《土地改革法》将内战时期征收富农多余土地财产的政策，改变为暂时保存富农经济的政策。此外，对小土地出租者也采取了保护的政策，不征收其出租的土地。

土地改革的基本内容，是没收地主的土地分给无地少地的农民，把中国千百年来奉行的封建土地所有制改变为农民的土地所有制。中共的明文政策是派出土改工作团深入农村，发动农民群众建立农会，组织农民向封建地主阶级开展斗争。具体手法是除个别罪大恶极、民愤极大的地主分子予以镇压外，其他的都应分给一定数量的土地，让他们在劳动中改造成为新人。

具体执行过程中，暴力行为却是整个土改工作的一个主要支点。根据一项历史统计资料，1945 年中共控制下的山东部分地区，就出现了 19,307 起暴力事件，其中很多起造成地主的死亡。对农村土改进行过程的描述，展示出全村村民如何被斗争大会上几个积极分子的现身说法激励起来，斗争如何从言辞的批判上升到对身体的攻击，地主及其家人在这样的情况下自然不许乱说乱动，但即便如此还是在很多情况下被打被杀。全国范围内，究竟有多少地主富农及家庭成员因此死于非命，至今没有确切的统计数字，但一般估计从 1945 年开始至 1952 年，直接、间接因土改而死亡的总人数在一百万人上下。

到 1952 年底，土地改革在中国农村基本完成。全国大约有 3 亿多无地和少地的农民分得了大约 7 亿亩土地和其它生产资料。土改工作的完成，使中共进一步在全国范围内得到穷苦民众的支持，为中共开始全面控制国民的经济生活创造了条件。

思考题：

一 孙中山先生的土改政策是三七制，即地主须拿出 30%的土地分给贫雇农，这一政策和中共的土改政策孰优孰劣？

二 中共在执行土改工作的过程中，官方的文件和具体做法之间有着巨大的不同，你认为原因有哪些？

三 中共在土改工作完成后，不久就展开了农业合作化运动，将土地收归国家控制，之后为发展工业奉行对农民实行掠夺的剪刀差政策（人为将工、农业产品价格变动趋势拉开，前者上升，后者下降）。你怎么看待这一政策变动？

五、大跃进

中共通过严酷手段，到五十年代中期已逐步消灭了一切可能对中共独裁统治不利的社会阶层。波兰、匈牙利等国发生反共起义及苏共二十大上赫鲁晓夫批判斯大林后，毛泽东采取引蛇出动的"阳谋"手法，欢迎知识分子及在国共内战期间对中共予以重要支持的民主人士对中共提出批评，然后在"百花齐放，百家争鸣"达到高潮的 1957 年间，将他们定性为反共、反社会主义的右派分子，九十万国家精英就此成为人民民主专政的对象。自此，中华大地上，不要说反共，谈到任何政治问题不噤若寒蝉的，也是少而又少。

如此，毛泽东便万事具备，只欠跃进了。他的人生梦想，是要成为秦皇汉武唐宗宋祖都自愧不如的"风流人物"！

1958 年 5 月，中共八大二次会议提出要使中国在十年内，在主要工业产品产量方面超过英国。十五年内赶上美国。毛泽东号召大家要破除迷信，解放思想，发扬敢想敢说敢干的精神。在他"人定胜天"的思想"鼓舞"下，社会上果然出现了"人有多大胆，地有多大产"的口号，全国各行各业开始进入大跃进时代。

八月，中共中央政治局北戴河会议，确定当年工农业生产指标，提出钢产量翻番，达到 1070 万吨；中共喉舌《人民日报》大肆报道"农业丰收"的神话，某地早稻亩产 36000 斤之后，中稻更上层楼，达到 46000 斤。农田里的稻谷排列得如此紧密，人都可以坐在上面。著名科学家钱学森在理论上为此做了解释，宣称亩产万斤在理论上是可能实现的。

接着，"大炼钢铁"的高潮在全国出现。根据毛泽东"以钢为纲"的指示，农村各地修建起土炼钢炉，田间炼钢铁的景象一时蔚为壮观。人们响应号召，把家里的炊具、农具都捐献出来炼钢铁，炼出一个个铁疙瘩后，欢呼雀跃，将它们抬送当地政府报喜。

毛泽东出身农民家庭，按常理他不可能不清楚一亩农田大致可以产出多少粮食。有人为他开脱，将责任推到钱学森身上：他是数一数二的大科学家，是他使得毛泽东相信亩产万斤的神话的。问题是：为什么一个物理学家要来探讨粮食亩产量的潜在可能性？是他"研究"在先，还是毛泽东要大家"敢想敢说敢干"在先？还有，钱学森不过是谈论理论上的可能性，数量也不过万斤，而《人民日报》的报道一下子就是三万六，接着马上再跃进成四万六。毛泽东何等人物，竟然不明白理论和实际之间的差异？

按照中共官方目前对大跃进的定论，问题出在毛泽东、中央和地方不少领导急于求成，他们没有经过认真的调查研究和试点就轻率发动大跃进，使得高指标、瞎指挥、浮夸风等错误严重泛滥开来。这一说法，违背了历史的真实面目，其目的在于避重就轻。然天网恢恢，疏而不漏，随着各类资料的重新露面，一幅完整的图画正日渐清晰地展现到了我们面前。

大跃进使全中国的人当时都在一段时间内热昏了头，如果像钱学森这样的科学家都会站出来鼓吹跃进，其他人当然也可能会真心相信中国人创造历史的时刻终于来到了。但是，不可否认的历史事实是：大跃进的根子在毛泽东身上。没有他引蛇出洞的"阳谋"，很多人一开始就会像王蒙的小说《说客盈门》中的丁一那样，站出来阻止这场胡编乱造的现场荒诞剧；没有他"人定胜天"的一相情愿，就不会有将胆子大小和产量多少挂起钩来的胡说八道；没有他那军事家"以钢为纲"的豪迈，当然也不会出现全国上下披星戴月，砍伐森林做燃料，砌起砖窑来炼铁这样的闹剧，

但毛泽东最大的罪过，还在他滥施淫威，迫使中共高层违心接受他对彭德怀的无耻攻击。随着大跃进产生问题的日趋严重，时任国防部长的彭德怀回到湖南家乡认真调查，并将结果以一个党员的身份向主席呈报。这本来是现代社会中最正常不过的交流方式，也是中共党章中明文规定的党员基本权利，但毛泽东认为这是彭德怀"反党"的铁证，在庐山会议上强令所有与会者批判彭德怀。他要挟众人的手段，竟是扬言要率军重上井冈山打游击！

毛泽东胜了这一回合，从此，他的威势不仅震摄住了中国绝大部分民众的灵魂，也震摄住了绝大部分中国领袖人物的灵魂。

人类具备理智，但仍旧是感情用事的动物。一个社会面临最大危险的时刻，就是情感全面覆盖理智的场合。大跃进期间，中国向世界展现的正是这样一幅画面。以大炼钢铁为例，本来希冀钢铁生产量快速赶超英美是件好事，但既然钢铁是英美作为工业化国家主要标志，那无论如何炼钢不会像做豆腐那么简单吧。再说就是做豆腐，新人总得先拜个师傅学他两天才能自己动手干的。当时中国虽然钢铁产的不多，知道冶炼技术和过程的人还是不少的，为什么不先让他们用报纸、广播等现成的传播工具向新手们做一番解释和辅导呢？总不见得，毛泽东就希望看着他精心发动的大炼钢运动只能产出一堆堆铁疙瘩废物！

这是个最简单不过的问题，但又是个最深奥不过的问题。

权力使人腐化，无节制的权力使人无节制地腐化。这是一条履经证明了的政治学定理。大跃进运动带给我们的思索是：权力还可使人疯狂，常胜将军手握无节制的权力，结果是不可救药的疯狂。

　　毛泽东是一个人类历史上数得着的军事天才，中共得以取得政权自始至终同他这个战神不可分开。先是他力排众议，否定列宁指示而大力发展农民运动，保证中国武装斗争有了源源不断的兵源；之后的反围剿和长征，更将毛泽东的指挥才干发挥到了极至，说他用兵如神并不为过；二战结束后，他又力排众议，以掌握原子武器的美帝国主义不过是个"纸老虎"的宏论震惊世界舆论，短短三年内将占尽优势的蒋家王朝赶出大陆；之后，更在斯大林惧怕美国而临阵退缩的情况下，坚持出兵朝鲜，以没有海空军力量支援，装备低劣的陆军迫使世界超强的美军退回三八线。用创下一系列惊世骇俗的奇迹来归纳他的征战人生，并不为过。

　　然而，军事天才不等于万能天才。在经济治国方面，毛泽东竟是个低能儿。上天不佑中华，毛泽东开始插手经济，正是他威望如日中天之时，全国上下，各行各业鲜少有人敢在毛泽东说是的情况下说一个非字。所以，铁疙瘩也好，亩产十万斤也罢，老人家喜欢，大家也就欢天喜地，共庆一番再说。

　　超英赶美，对毛泽东不过是一个战役，他真正的战略目标是取代苏联成为国际共运的领袖。见到提高钢铁和粮食产量这两大目标如此轻易就"心想事成"，他的战略部署也随之加速。粮食太多怎么办？他号召全国农村建设人民公社，使中国提前苏联而进入共产主义。具体做法是：农村以生产队（最基层组织）为单位建立食堂，所有家庭都停止炊烟，一律统一在公家食堂吃饭。粮食收成这么好，大家都可"放开肚皮吃饱饭。"

　　这一放开可不得了，当时，中国农民的生活水平仍是缺衣乏食。平时各家管各家，谁也不会神经发作，在三个月内把一年的口粮统统塞进肚腹，家家户户都会精打细算地作好安排。现在好，农民家中不能储粮，你看着邻家老张头每顿都吃五大碗饭，怎么着也得硬撑下三碗才不觉着吃亏。与此同时，公社是共产主义了，劳动不再算什么报酬，干多干少一个样，拼命干活的成了傻瓜，劳动效率大幅度下降。一进一出，粮食储备立马就出了问题。

　　中共通过农业合作化运动，在农村施行统购统销，农民除留下口粮、种子和饲料以外，粮食必须全部按低价向政府上缴。由于前面虚报产量的关系，地方官员为尽可能填补缺口，就命令农民将原该留下的"三留"也悉数上缴。

　　如此，社会就在自己邀请魔鬼登门了。

　　问题一：人们开始饥饿难忍时，为什么不向外跑？答案：中国政府历来用户籍制度将全国居民牢牢拴死在出生地，未经允许而离乡背井的人会受到严厉的处罚。同时，中共的宣传部门一直在向大家许诺，党和毛主席最关心人民，决不会看到人民受难而不理会。等到大家真正饿得头昏眼花时，想跑也跑不动了。

问题二：这场导致三千多万（中共统计）至五千多万（国际统计）人口死亡的灾难，是否如中共所言的"三年自然灾害"？答案：否！中国地大物博，几个不同的气候带使自然条件多种多样，连续三年的全国性灾害不仅前所未有，理论上也不可能。事实情况是：当时很多省区粮食丰收，但大家为响应大炼钢铁号召而不敢下田收割，以致暴殄天物。天灾乎？人祸乎？

问题三：怎么看城市少人死亡的现象？答案：这一情况恰恰揭示出中共当局当时并非不知道农村的严重情况，而是为保存工业力量，牺牲农村人口而采取的措施。最高领导层这一轻描淡写的牺牲（至今中国官方还在宣传毛当时不吃肉的伟大）不打紧，结果却造成了一场人类历史上最严重的人为饥荒事件。

问题四：苏联强逼中国在困难时期还债是否饿死人的原因？答案：否！毛欠债必还，原本可以理解，但在国人食土抵饿的悲惨年月，还要打肿脸充胖子，就再不是好汉而是民贼。同一时期，中共当局始终没有停止对"兄弟国家"的经济援助，为自己做"二哥"（老大当不成）而草菅国人性命，除了无耻，再无词可用。

问题五、问题六……

1960 年，中国大陆的粮食产量较 1957 年降低了四分之一；粮食、棉花产量皆跌落到 1951 年的水平。

1961 年的中共八届九中全会上，刘少奇制定"调整、巩固、充实、提高"方针，大跃进运动宣告结束。毛泽东辞去的国家主席职位已由刘少奇接任；毛泽东退居二线，新一轮权力斗争开始。

思考题：
一 什么是"超英赶美"的具体内容？毛泽东发动大跃进运动有哪些动机？
二 批判彭德怀的庐山会议是中共历史上的一个转折点吗？
三 "一位老贫农给我们忆苦思甜时讲道：'我过去生活那个苦呀！没房子没地，吃不饱穿不暖……解放了就更苦了！连粥都吃不上了，最苦也苦不过那 1960 年呀……'"请对这段话加以分析。
四 大跃进的后果是什么？为什么会如此严重？

六、文化大革命

毛泽东是个嗜权如命的人，刘少奇取其国家主席职位而代之，却又惧其战神之威，不但让他保留中共主席职位，而且公开声言"将菩萨供养起来"。言下之意是只让毛高高在上享福，国计民生就不要让他再插手了。这正是"机关算尽，反误了卿卿性命"！毛泽东一世枭雄，怎么会甘心受他一手提拔起来的刘少奇摆布！1962年 9 月，他就在中共八届十中全会上提出"千万不要忘记阶级斗争"，指出革命的敌人是资产阶级及反革命修正主义分子。文革的前哨战开始打响。

自反彭德怀后步步紧跟毛泽东的林彪，出任国防部长后授意编写了一本《毛主席语录》，解放军将士人手一册，日日诵读。毛泽东在他们心中的形象，不是刘少奇希望的慈善菩萨，而是号召他们"与天斗、与地斗、与人斗"皆斗无不胜的万能上帝。军中"涌现"出的"英雄"雷锋，在生前日记中写下"读毛主席的书，听毛主席的话，照毛主席指示办事，做毛主席的好战士。"⑤ 并立志永做一颗党拧向哪，就在哪安身的螺丝钉。他将人异化成绝对忠诚、毫无生命活力的螺丝钉，比封建时代皇帝将人民当做地上随处蔓延的野草，真是时代的"进步"了。毛在他因公死后当即投李报桃，号召全中国人民"向雷锋同志学习！"

作为大军事家，毛深知"哪儿跌倒，哪儿站起"的道理。他读到山西大寨人"战天斗地，靠自己力量使农产品增加五倍"的报道后，立刻精神抖擞，向全国发出"农业学大寨"的最高指示。大寨经验是对大跃进的直接肯定，毛以此向刘邓为首的"资产阶级司令部"发起了反攻。刘的反应，是让他妻子王光美带领工作队进驻河北桃园，他们以响应毛泽东清理阶级队伍，走群众路线的号召为由，在农村开展"四清"（清工、清帐、清财、清库）运动。经过查证，发现桃园人民公社里四十七名干部中，四十人有贪赃枉法等问题。通过"桃园经验"，间接揭示出大寨有报假帐的问题。至此，毛刘双方的争斗正式从幕后转到了台前。

63 至 65 年，毛展开"社会主义教育"运动，目标直指"党内走资本主义道路的当权派"，"走资派"这一新名词开始进入人们的视线。当时，中共党内的当权者是刘少奇和邓小平，他们掌控着国家政治、经济、文化各部门的管理。毛泽东身为党的主席，文章却不能在党报、党刊上随意发表。这对向来自谓文武全才的毛泽东来说，无异是对他最大的人身侮辱。

虽然毛口头上一向高喊"党指挥枪"，但中国的事实从来是

"人指挥枪"。毛在反彭德怀的庐山会议上公然扬言"重上井冈山"，正是他视党纪军纪为无物的铁证。倘若毛决定动用军队，他可以轻易夺回大权，刘邓等人根本不是对手。但两人为一事争执，动用武力的一方即便完胜，在旁人的眼中总归是个令人不齿的玩意。所以，不到绝望时，毛泽东不会搞军事政变。绝顶聪明的他，决定从文化上下手，来一场从戏台上发动的革命。

刘邓心里对毛当年处理彭德怀的手腕很不服气，当权了就通过演戏来评古论今。北京副市长吴晗写了一出历史剧《海瑞罢官》，以明朝的昏庸皇帝罢免清官海瑞这一段历史来影射毛泽东的荒唐治国。这正好给毛发动文化攻击找到了缺口，他让妻子江青指使姚文元在上海写文章批判吴晗，矛头直指北京市委及其背后的刘邓。

一个文人，能在中国写出如此犯上的文字，已经很不寻常；接着，没有什么职权的江青又在上海召开文艺工作座谈会，号召人们展开文化革命，反对当时的文艺路线。联系到她身后的背景，明眼人马上看到了形势险恶，已是"山雨欲来风满楼"。刘也明白，他即时"响应"毛的号召，指定北京市长彭真出任文化革命五人小组组长，希望以此换来毛的谅解。

但毛是何等样人，刀枪既已出库，不获全胜就是耻辱。亲自出马撤消彭真的小组后，他任命陈伯达（毛的政治秘书）、江青等人建立中央文革小组，直接受自己指挥，权力凌驾于党和国家一切组织之上。1966 年 5 月 16 日中共中央发出"五一六通知"，明令全党遵照毛泽东指示，清除混进党、政、军及文化领域的走资派，文革正式开始。毛支持北大聂元梓张贴大字报，并以《我的一张大字报》号召全国基层造反。8 月，戴上学生造反组织红卫兵的袖章，在天安门广场接见来自全国各地的红卫兵。受此鼓舞，全国大中学校停课闹革命，校长、教师等普遍被批斗、虐待甚至毒打至死，各地学生开始免费串联，以交流造反经验为名而四处周游。与此同时，他们响应毛泽东"破四旧（思想、文化、风俗、习惯），立四新"的号召，到处随意抄家、摧毁文物古迹。

1967 年 2 月，上海工人造反派成立"上海人民公社"，将夺权提到了一个新的层次。市委、市政府先后被替代，新班子经毛指示改名为"革命委员会"，上海经验迅速向全国各地推广，国家领袖级人物也从接受批斗发展到被停职和遭非法监禁（刘不向毛认错，要求回乡不得要领，最后被虐待至死；邓受胯下之辱，要求回乡获准，毛死后焕发政治第二春）。国家机器陷于瘫痪，发展到武汉军区陈再道将军逮捕中央文革成员，红卫兵冲击英国驻华使馆，夺权成功后的造反派则为争权而开始武斗，死者成千上万。⑥

毛泽东对此的反应，口头上满不在乎："我才不怕打，一听打仗我就高兴。北京算什么打？无非冷兵器，开了几枪。四川才算打，双方都有几万人，有枪有炮，听说还有无线电。"实际上却马上命令军队卷入，九月开始反极左思潮，冷落并囚禁文革小组中的年轻出头人物，以平息军方的愤懑情绪。

1968 年 10 月，中共决议将刘少奇永远开除出党。毛泽东文化政变成功，至此他不再需要为他立下头功的红卫兵小将了，如何处置这数百万的功臣，成了令人头痛的大问题。

回去读书，不成，造反反走了学术权威，现在不见得请他们回来打自己嘴巴；再说，小将们下面的小小将们还没着落呢。分配工作也不成，造反反得国民经济濒临瘫痪，还在开工的企业都半死不活，能让现有职工都有口饭吃就该谢天谢地。自找生路更不成，这批造过反的年轻人，闯过了世界，任其自由发展，接下来造反的目标就是毛泽东自己。

毛泽东不愧是战略家兼诗人，愣是给他想出"农村是个广阔的田地，在那儿是大有作为的"这诗一般的语言，活生生地将功臣们打发到农村去修理地球，还让他们发不出半声怨言。

1969 年 4 月，1958 年以来第一次召开的中共党代会在北京开幕，毛泽东重掌一切权力，为此立下汗马功劳的林彪则史无前例地被党章指定为接班人。主席台上的毛跟他的亲密助手们都身着军装，向世界展示枪杆子对毛抢班夺权的重要性。

但好景不长，毛林之间的蜜月仅仅维持了数月，毛泽东便对林彪开始不满。起因是林彪在毛 1970 年 3 月决定不设国家主席职位后，几度三番地要求重新设立国家主席，并要求毛泽东出任。无奈毛对此毫不领情，他的老年偏执狂症状使他对林的不信任一经产生便不可收拾：林称他是天才，他认为林是以奉承作隐蔽，以便日后突然袭击；林为紧跟毛而提出要提防政变，他疑神疑鬼地认定林自己要政变，使他"非常不安"；⑦ 林要他党、国主席一起当，他断定林口是心非，实际目的是"（自己）急于想当国家主席"。

真是欲加之罪，何患无辞！以林对毛的紧跟和他对毛的了解，他完全明白毛为何不惜打烂全中国也要把刘少奇拉下台的原因，政变成功后，他总想着将毛的这块心病去除。他在卧室挂的条幅是"克己复礼"，提醒自己必须随时注意克制，礼对毛泽东为上。但神鬼难测，原求自保的殷勤反而给他带来了灾难。

按官方解释，林彪最后是政变失败，仓皇外逃苏联而在蒙古坠机身亡。这里面的漏洞可谓数不胜数：从他布置杀毛的拙劣手法，到手下大将吴法宪（空军司令）不知道他动用飞机的情况，外逃苏联，又始终未跟苏联取得联系…… 事件的真相，相信终有一天会大白于天下。

最荒唐不过的，是毛泽东发现林彪真有胆量跟自己翻脸时，悔不当初又不知道该如何向全党全国交待才好。林是自己发动文化革命的铁哥们，现在给他戴上顶反革命的帽子，这反革命编撰的"红宝书"就该付之一炬，文化革命也就成了文化反革命了。最后，毛决定拿林彪悬挂孔夫子言论说事：这个平时喊万岁的野心家，暗地却朝思慕盼着孔孟之道的卷土重来。于是，全国上下响应伟大领袖的号召，一场轰轰烈烈的"批林批孔"运动开始了……

林彪事件引发出大规模的清洗，党政职位出现许多空缺，二十一人的政治局只剩十人。中央文革小组在毛的支持下登台亮相，江青、张春桥、姚文元和王洪文"四人帮"形成新的极左势力，取代林彪集团的位置，确保毛泽东发动的文革路线继续不变。

1972 年，中共建国后一直担任总理的周恩来罹患癌症，次年邓小平复出担任副总理。复出前他公开承认错误，毛则以"人才难得"的评价来宣布对他的谅解。表面上毛维护了发动文革的正确性，实际上重新使用邓小平本身就证明了文革的彻底失败。

果不其然，邓很快在他主持国务院日常工作中，同四人帮为首的极左势力针锋相对，在经济建设事务上开始逐步奉行文革前刘邓政府推行的政策。1976 年初周恩来病逝，清明节前后天安门广场上聚集了十万名借悼念周为名的抗议群众，他们高呼"秦始皇时代一去不复返了"的口号，影射毛的暴政，张贴支持周和邓的传单、标语。示威很快被驱散，毛在身死之前，再度将邓定性为"死不改悔"的走资派，解除一切党内外职务。

虽然毛此时已经言辞不清，病入膏肓，但其威势尤在，被他压制的各方面力量对他以及他庇护的四人帮皆敢怒不敢言。九月毛去世后，江青以毛弥留之际胡言乱语，指定江青、侄子毛远新、护士张玉凤等人担任中常委为理由，不知天高地厚地要求自任党主席。她的手下是些会耍嘴皮子而不会枪杆子的秀才，中国自古就是"秀才遇见兵，有理说不清"，她却自己找上门去跟大兵讲理，在大兵翻脸抓人的当儿叫嚷什么"主席尸骨未寒，你们竟敢造反！"很显然，江青的宿命在她成为寡妇的那一刻就被决定了。⑧ 四人帮的倒台，也就给十年文革划上了句号。

对文革的评价

十年文革，给中华民族造成的伤害，最主要不在物质而在精神，它的实质是反人类、反文化。

首先，中国文化的精华是含蓄、谦虚，孔子提倡"过犹不及"的中庸思想充分反映在人们的日常生活中，张扬、狂妄是文化人物不屑一顾的小丑性格。文革鼓吹大斗特斗，还要其乐无穷，整个中华大地充斥一片戾杀之气，至今仍阴气不散，余音绕梁。

第二，中国人始终看重人伦关系，尊老爱幼和家庭亲情是历朝历代都鼓励提倡的传统。毛泽东为个人权力不择手段，鼓动丈夫揭发妻子，子女批判父母，朋友同事之间相互告发，以致人人自危，正常的人际关系受到了严重的摧残。

第三，文革美其名曰文化革命，事实上则是完全的文化反动。运动过程中，毛在破四旧的基础上提出立四新，固不论他的新思想值不值得立，风俗、习惯也可以从新的开始，就不只是匪夷所思，而是丧失理念的征兆。以个人妄想加到全民身上，造成全民在精神信仰和追求方面失去方向，其危害的严重性和长期性，在未来相当长的一段时间内都很难作出全面的评估。

物质生活方面，学生、工人造反和军人干政使全国陷入混乱，国民经济濒于破产；而精神生活方面，它使一代人失去了正常发展的机会，国家政治、思想、外交、民族关系和宗教活动皆无一例外地被破坏、被摧残。中共的统治失去了民心，以致今天只剩下民族主义牌和经济牌可打；换句话说，毛泽东通过文革，名曰"反修防修"，结果却亲手将中共"修正"成了一个四不象政党。

对文革的反思

之所以文革能在中华大地上如此肆虐，除了中共领导方面的问题（包括政策的伤害性和领袖的权威性），中华文化本身所具有的种种消极因素也是我们必须考虑的原因。

中国对大众的教育，一向从仁义道德出发，不管是国民党的新生活，还是共产党的为人民服务，口号念起来好听，应用到现实生活中却功效全无。究其原因，无非是掌权者将好的标准颁发给国民，自己却根本不参照执行。国民在高压统治下唯唯听命，心里却是不服甚至愤恨的，遇到发泄机会，有胆识的匪类就能够在短时间内以巨大的能量对社会造成重大破坏。

西方人常批评中国人缺乏诚信和道德观念，没有社会责任感，心中牵挂的只有家庭和亲属，对不相干的人受苦受难视而不见。与此相应，中国人自私、无情，没有基本的礼貌和优雅的举止，而在对物质的追求方面，却有着不顾一切的热情和欲望。

对任何一个华人来说，这样的批评都是刺耳的，其中关于物欲方面的话更不公正，环顾全球，财迷心窍的人到处都有。但静心而论，当今时代的中国人，确实在诚信、礼貌和责任感方面有着这样那样的问题。"衣食足而后知荣辱"固然是部分原因，但绝对不是主要因素。中共夺取政权前后，生活水准较今天贫乏许多，最高领导人带头执行的延安精神却使得当时的社会风气焕然一新；文革产生的种种精神毒素，以及上层腐化生活的不断曝光，才是导致社会丧失精神追求，道德水准大幅跌落的本质原因。

许多华人对批评毛泽东的言论也难以接受，因为毛为中华民族重新屹立于世界民族之林中作出了莫大的贡献；现代中国成为世界强国和他奠定下的基础也分不开。这些功绩是铁的事实，谁也不能抹杀，但问题在他的功劳是否足以抵罪。一个年轻人见到一个女子落水，奋不顾身地将她救上岸来，使之死里逃生，理所当然地赢得了人们的盛赞。但年轻人以后居功自傲，对女子任意蹂躏，甚至在女子不从的情况下予以强奸。对这位英雄加奸雄，法律是不会，也不能因其功而赦其罪的。

现在，胡锦涛、温家宝政府呼吁建立"和谐社会"，是十分及时而必要的举措。然而要真正去除中国社会上存在的种种不和谐因素，得先从根子上去除文革这颗毒瘤，不然的话，政策还会像以前那样只停留在表面文章的层次。毛泽东迫害国人的时候，中国知识分子虽身陷灾难却仍能遇见到他"身败名裂、遗臭万年"的结局，⑨ 今天看来，这一预言不仅准确，而且正在一步一步地向我们走近。否定毛泽东，中国才可真正同专权时代分道扬镳；对文革实行全面彻底的反思，和谐社会才会真正可望可及。

老子名言"塞翁失马，焉知祸福"，如果能应用在这儿，当为中华之幸，和谐之幸。

思考题：

一 你认为毛泽东发动文革的原因是什么？他成功地做到了"反修防修"了吗？为什么？

二 毛泽东鼓动红卫兵的一句名言是"造反有理"，这是否他的真实信仰？

三 一群造反的年轻人，可以将国家主席及夫人拉出来围攻批斗，说明当时的中国社会有哪些问题？

四 毛泽东和林彪是一丘之貉还是伟人与小人之间的关系？

五 江青为什么那么自信有资格担任最高领导人？毛泽东在她背后起着怎样的作用？

六 据中共宣传部长张平化的陈述，邓小平 76 年被解除职务后在叶剑英保护下逃往广州，秘密商定如江青篡权，则以南方三大军区建立联盟，成立第二中央与之抗衡。⑩你如何看这一史实？

注：

① Jonathan D Spence The Search for Modern China W.W.Norton & Company New York p304.

② 陈风《八大军阀秘闻》北京 2003 年 第 103 页。

③ 黄永胜 上将《跟毛主席上井冈山》北京《红旗飘飘》第 13 集，1959 年

④ Jonathan D Spence p462-464.

⑤《雷锋日记》1960 年 12 月 X 日。

⑥ 陈若曦《文革杂忆》台北 洪范书店

⑦ 1966 年 7 月 8 日毛泽东致江青的信，1972 年公开发表。

⑧ Immanuel C Y Hsü The Rise of Modern China Oxford University Press New York 2000 p772.

⑨ 章诒和《往事并不如烟》北京 2004 年 222 页。

⑩ Chen Yung-sheng The October 6th Coup and Hua Kuo-feng's Rise to Power *Issues & Studies,* XV:10:85-86 (Oct. 1979)

Chapter Five: Geography　第五章 地理

地理方面，A2 考试的内容范围包括：（一）、长江**或**黄河在现代中国社会中所起的作用；（二）、以北京、上海、广州、香港或台北五个城市中的一个为例，分析它在环境保护、经济发展和文化领域诸方面的情况，以及面临的问题和挑战。

这两类题目虽然文字不多，覆盖的内容却非常广泛。很显然，我们在这儿讨论的不是自然地理，而是包括了人文、社会、经济、文化各方面的课题。以黄河这条中国的母亲河为例，黄河文化对当今中国人思维方式的影响就是一个可以写一本书的题目。现在，我们在这个小小的章节里，只能挂一漏万地从总体上出发，提纲挈领地谈一下所涉及的内容，希望读者能够从中得些启发，然后温故知新、举一反三，做好自己选择的地理题目。

长江（扬子江）

长江发源于青藏高原唐古拉山脉，由西向东流经青、藏、蜀、黔、渝、鄂、湘、赣、皖、苏、沪等十一个省（区）、市，注入东海，全长 6300 多公里，为中国第一、世界第三长河。加上长江水系众多的支流、湖泊，它在水利、运输、农渔业等方面都对中国现代经济起着巨大的作用。

长江上游，河水从源头沿高原而下，经过横断山区冲向四川湖北平原。这一段河道落差巨大，水流湍急，既有极大的旅游开发价值，也是利用水力发电的天然处所。世界上发电量最大的三峡水电站，就是在这一地区建成发电的。

长江出三峡后，进入中游的平原地区。这里江面变宽，水流减缓。多曲流、多支流、多湖泊是这一段的主要特征。中国自古以来，就有"两湖熟，天下足"的说法，湖北、湖南两省在农业生产上受惠长江极多，但同时又因为水流从高原地带直冲而下的特征，遇到山洪爆发时受害的可能和程度也极大。近在 1998 年的特大洪灾，就使主要生活在这一地区的百万人口受到了生命财产上的巨大损失。

长江下游地区地势低平，江阔水深，是著名的鱼米之乡。长江入海口处江面宽度达 80 至 90 公里，极适合航运。随着三峡水库的建成，这条"黄金水道"的运力得到进一步的发挥。仅一条长江，运力就相当于十四条铁路。而长江沿岸居住着三亿多人口，物产丰富，城市集中，素来是中国经济最发达的地区之一。随着中国现代化经济发展的加速和人民生活水准的日渐提升，长江水道运力的加强更显重要，"长江走廊"的说法开始不胫而走，这寓示着长江流域在未来中国经济中的地位将不断增强。

下面，我们主要就长江水利方面的功能和作用，并着重以三峡水库为案例，讨论一下长江对中国经济发展和环境治理的重要性。

长江上游的水电开发，已经在为中国现代经济做出了重大的贡献。冷战时期，中国政府为避免沿海地区遭受袭击后工业毁于一旦，将不少重工业转移至西部地区，位于四川省的攀枝花钢铁生产基地就是其中的一个例子。由于当地能源不能自给，生产钢材需要的能源如果通过运输而来就势必要耗费大量的人力物力；就地开发水电不仅轻而易举地解决了这一问题，而且还一揽子解决了当地的矿石开采、运输等一系列生产问题。

在三峡修建一个 175 米深，660 公里长的巨型水库，是一件耗资巨大，关系到生态、环保、移民甚至气候变化的大事，因此对建与不建，支持、反对的声音至今不绝于耳。

首先，我们来说说修建三峡水库能给社会带来的利益。其一，水电是最干净、无污染的能源，三峡水电站全负荷运行时，装机容量为 1820 万千瓦的电站一年可为长江走廊提供 847 亿千瓦小时的清洁电力，这相当于每年燃烧 5000 万吨煤的消耗量；其二，水库的建成，使 11500 吨的船只可航行至重庆，长江的运输能力一下子提高50%，航运成本降低 35%；其三，水库巨大的蓄水能力，既可使5000 万人免受洪灾之苦，又能提供大量的灌溉水源，对当地的农业生产是一个巨大的福音；最后，"高峡出平湖"的局面，使三峡库区成为旅游热点，渔业生产因此兴旺，水库造成的气候变化还对当地的柑橘生产有益。

但另一方面，水库也有许多无从避免的问题。其一，巨大的投资对国家财政是个重大负担，联系到世界各国兴建巨型水库财政上皆得不偿失的结局，令人担心；其二，水位的大幅度提升，造成人数高达 100 万的移民，他们不得不离开世代定居的故土，耕种的农田和诸多历史古迹也将被水永久淹没；其三，水库蓄水量对地脉造成的重负，可能会引发地震，上游河水带下的泥沙沉积问题，似乎也没有一个好的解决办法；最后，大坝阻断了长江上下游之间的自然畅通，一些如扬子鳄之类的珍稀动物，本来就已濒临灭绝，现在就更难在自然环境中生存了。

　　潜力巨大的水力资源、适合运输的黄金水道，再加上它对农业、渔业、旅游业这些提供大量就业机会的部门所作的贡献，长江对现代中国的发展具有着极其重要的作用。如果再联系到世界水资源的日益不足，那么我们就无论怎样去评价长江的重要性都不会过分了。对人类的生存来说，水和空气一样重要，两者缺其一的结果是生命必然的终结。如此，长江简直可以直接被称之为中华大地上的"黄金道"。

黄河

　　说到"黄金道"，黄河更名符其实，这倒不是因为它的水色更黄些，而是中国北方地区水资源问题正在变得日趋严重。历史上黄河是中国的一条大河，今天却日益在向名不符实的情况发展，问题的严重性正与日俱增。

　　理论上的黄河，是中国的第二长河，全长 5400 多公里，流经青、蜀、甘、宁、蒙、晋、陕、豫、鲁九省区，注入渤海。从地图上看，黄河的流经路线，呈一个巨大的汉字"几"字形。

　　同长江一样，黄河上游水力资源丰富，龙羊峡、刘家峡、青铜峡等许多峡谷使这一带地区成为中国西北水力发电最密集的地方。已经建成的水库和水电站不仅为兰州、西宁等大城市的工业和人民生活提供了水和能源，而且对西北地区的农业灌溉起到了至关重要的帮助。西北地区降雨量少，沙漠化情况日趋严峻，如果没有来自水库的供水，农业收成就可能会受严重影响，当地人民的生活情况也会发生重大变化。如果缺水的情况不断严重，人们最终就不得不离乡背井，移民至更适合人类居住生活的其他地区。

　　黄河和渭河相交的三门峡地带，建有一系列的水坝，它们是控制、调整整个华北平原的水利枢纽。由于近年来中国北方地区缺水情况的日益严重，目前这些水电站的年发电量已经远远低于设计的发电量。这一事实，最直接地反映出了黄河水量严重不足的状况。

　　黄河中游穿行于山西省和陕西省之间的峡谷地带，两岸大部分为黄土高原，奔腾而下的河水一刻不停地冲刷着两岸，导致水土流失严重，河水泥沙含量大，形成一条满目黄水的滚滚"泥河"。到了下游，黄河主要经过低缓的华北平原，流到这里的河水，水流明显放缓，它带下来的泥沙在此大量沉积，形成了河床比两岸平原地区高出一截的"地上河"。遇到决堤而洪水泛滥，当地人民的生命财产就会被从高处倾流而下的大水席卷一空。十九世纪末的一次惨烈洪灾，受灾人数高达七百万人，因此，中国自古以来就以"治黄"的成效来观察某朝某代的政治清明与否。这表面上看来有些牵强附会，实际上却是一语中的：政治清明的年代，国力较少受贪官污吏影响，上下齐心治河，抗洪能力自然比较强；贪污腐败风行的年月，即便中央政府下令治河，做好的工程也因为偷工减料而有名无实，大水一来，河堤很快就会顶不住压力而崩塌，造成家破人亡频频发生的惨况。

但是，今天的黄河下游已经很少有机会见到当年河道宽阔的场景了。北方地区沙漠化的日趋严重，导致黄河从上游开始就被大量地截流取水；中下游地区工农业远比西部地区发达，人口又多，对水的需求量更大。自 1972 年黄河首次出现断流后，水源枯竭的情况正在不断严重。1996 年，黄河全年的断流时间竟高达 140 天。黄河，这条孕育了中国五千年文明的母亲河，在中国高速发展，进入现代化社会的当口，却陷入了可悲的存在危机之中。

水资源问题，并不是仅仅中国北方所面临的问题，而是一个世界性的潜在危机。不谈什么航运、水电，黄河只要能够为华北地区的经济生活提供足够的水源，就起到了保证该地区经济可持续增长的作用，而这一点正是它目前自身所处的困境所在。

为增加水量，中国政府拟议将南方丰富的水源部分地引往北方，即"南水北调"工程。这一工程的意义是再明显不过的：北方缺水的情况，已经成为经济发展的瓶颈，制约着未来进步的步伐；华北地区的沙漠化，已经影响到首都北京，要反制沙漠化，根本的解决办法是向沙化地区供水；南方水源相对丰富，适量地从南方水系取水，全局观念上看是绝对可行的。

计划引水的水道分成三部分，青藏高原一条，华中和华东各一条。其中华东地区已经有隋朝开设的南北大运河，要解决的问题比较简单，只要能将水从地势较低的长江中下游平原往相对较高的华北平原输送上去就行了；华中地区有山峦阻挡，开山凿洞都比较费力费时；最难的是西线，高海拔使施工条件非常艰难，建成以后需要常年进行的维修工作都是一项巨大的使命。

更大的担心是：源头出自青藏高原的众多水系，除了黄河、长江以外，还有诸多流向印度、缅甸、越南等国的国际河流。引取长江水源之水的成功让人们尝到南水北调的甜头后，很有可能会一发而不可收，进而也去引雅鲁藏布江、澜沧江和怒江等源头在华，河流主干却在邻国的这些国际河流的水。如此，旨在改进中国北方人民生活的南水北调工程，很可能会引发中国和西南邻国之间的国际纠纷。

　　此外，工程对环境的影响，也是一个必须考虑的因素。南方水资源尽管丰富，却也不是取之不尽、用之不竭。工业化的迅速进展，已经使水污染成为一个日趋严重的问题，北方地区从中下游取的水本身已经被污染；而长江水系水量的相应减少只会使水污染情况更加严重。这对三亿多居住在长江沿岸的居民生活，显然会造成负面的影响。当然，事物总是有得必有失，有失又有得：如果因为水源污染浓度增加迫使人们加大力度治理污染，那倒会是件治标又治本的大好事了。

五大城市

　　五大城市包括北京、上海、广州、香港和台北，它们之间既有很多共同点，也有各自独特的一面。其首要的共同发展趋势，是它们吞并相邻地区的扩张势头。这些城市本来已经拥有大量人口，所处的地理位置又都近海，属于经济繁荣的地带，未来的发展方向跟日本的东京-横滨城市联合很类似。北京-天津、上海-昆山-苏州、广州-佛山-顺德-中山、香港-深圳-珠海都是如此，台北地处外岛，情况比较特殊，目前的规模尚不能跟上述四个城市相比，但也已经在扩大城市面积、加大城市功能方面作出很多努力，提出化台北为北台，正是这一努力的体现。

北京

　　北京市是中华人民共和国的首都，是全国的政治、信息、文化中心，也是全国的交通和国际交往中心。目前北京市的常住人口在1600万上下，定于2008年在北京举行的第29届奥林匹克运动会，大大加速了北京经济发展的步伐。以交通为例，1950年代北京市开始沿古城墙修建环城公路，称二环路（一环是绕帝王居所紫禁城的路），七十年代修建三环，后渐发展成封闭型高速环城路。八十年代以后，修路的工作开始跃进：四环、五环直至六环，都是全封闭型的高速公路，它们对北京市的经济发展起到了极大的促进作用。

　　自蒙古入侵在中国建立元朝并定都大都起，北京便在绝大部分时期内成为中国的政治中心，元、明、清历代的统治，为北京地区留下了丰富的历史文化遗产。从明朝修建的故宫、天坛，到清朝的颐和园和圆明园遗迹等，都是无与伦比的文化丰碑。加上北京地处中国北方，自战国时期即开始修建的万里长城就在离北京市中心不远的北部郊县地区留存有大量遗迹；明朝以北京为国都后，又大力修复长城以抵御满清军队的入侵。所有这些，使北京成为举世少有的一个集古今为一身的大都市。

北京科技文化力量强大，工业基础也十分雄厚。中国科技院、北京大学、清华大学等世界著名的科研机构和高等学府，使人才密集的中关村享有开发利用新高科技的独特优势，近年来取得的成就已经给这个地区带来了中国"硅谷"的声誉。根据统计，占中国就业人口总数不到 1%的高科技产业人员，创造的产值竟相当于工农业产值的总和。北京若能保持其高科技发展的势头，经济发展的前景不可限量。

环境方面，北京正日渐增多地受到沙尘暴气候的影响，这主要是北方地区缺水造成的后果，沙尘暴对北京市民的生活质量影响很大。近年来北京的交通设施得到了大发展，但与此同时私家车也在大幅度增长，高速公路上的堵车景观已成为日常生活中的一部分。与此相关的空气污染，已经使北京成为世界上空气质量最差的二十个城市之一。当年，人们在北京、河北交界处的司马台长城烽火台上可以见到故宫太和殿顶；如今，由于空气污染的缘故，这样的场面只能作为历史现象而存在于人们的记忆之中或书页上了。

上海

如同其名，上海是建立在仅高出海平面一米左右的长江冲积平原上一个城市。当年只是一个小渔村，由于它位于长江入海口，优越的地理位置使它成为鸦片战争后"五口通商"的城市之一，经过一个多世纪的发展，变成了中国最大、最繁华的都市。九十年代开始的浦东新区开发，是上海市在短短百余年内经历的第二次大发展。一段时间内，面积并不大的浦东新区，竟集中了全世界六分之一的大型起重机；如今，上海东方明珠电视塔、金茂大厦等一批新建筑，已经成为上海市的标志性景观。

上海是中国最大的经济中心，人口在 1800 万以上，是全国最重要的工业基地，也是重要的贸易、金融和文化中心。随着近年中国经济的高速发展，上海港得到了超高速发展，港口吞吐量迅速增加，目前已经成为世界集装箱运输第一大港。

上海的现代化工业包括宝山钢铁总厂、金山石化总厂等世界级企业，它们是中国工业步入现代化的象征，也是带领中国经济向世界水平靠拢的领路人。中国大陆对外开放后，德国大众汽车公司率先同上海汽车业合作，经过二十多年的努力成绩斐然。在此基础上，上海汽车业也开始了自创品牌的努力，类似汽车、航天、造船

77

等涉及高新科技的产业，正在成为上海工业的新支柱。

进入二十一世纪的上海，开始在金融方面下工夫，冀图在商业服务方面成为覆盖中国大陆的服务中心。上海所处的地理位置，正好在整个大陆的当中部位，身在华东，上顾华北，下及华南，后有华中；水运、空运、陆运（含铁路、公路）各方面的条件都一应俱全；而上海最大的优势，还在于市外东海海岸线所提供的天然港口。相对以前所用的黄浦江，东海港口不但进出方便，而且数量上几乎是取之不尽，水深程度更是黄浦江所不能比拟的，适合大吨位船舶停靠。

货运业务繁忙了，金融保险等服务内容就需要跟上，不然的话就等于是推却掉已经走上门来要求提供服务的客商。在上海经营运输业务的公司，当然希望能够直接在上海办理好从汇款（收款）、运输费用到货物保险的一系列手续，而不需要专程前往东京或香港这些国际金融中心的额外麻烦。有了规模货运这一条件，金融中心就有了成功运行的保障；在此基础上进一步发展股市、基金等其它业务，上海金融业的发展前景也是十分可观的。建设浦东新区的意义，就是将眼光放在长远处，使上海迅速成长为亚太地区的三大金融中心之一。

相对国内众多的历史名城，上海在这方面就显得没有什么资历，最富盛名的历史景点也就是些私家花园、寺庙等等，连邻近地区的杭州、南京都比不上。但是，近年来上海努力开发了它的人力优势，在服务业方面努力学习香港的经验，使得"购物天堂"的美誉迅速形成。跟香港一样，上海的地理位置适合洲际旅行的人士作短暂停留，他们一般事业成功，消费力旺盛，能够吸引这些人前来，本身就是城市建设成功的一个符号。

广州

广州是广东省的省会，中国大陆自八十年代实行改革开放的政策以后，广东身为香港、澳门的腹地，率先建立三个经济特区，在经济发展的各项指标中大幅领先其它省市，广州也因而迅速成长为中国经济最发达的城市之一。

说到广州，就不能不提广交会，它的全名是中国进出口商品交易会，自 1959 年春季在广州举办以来，至今每年春季和秋季都定期举办。广交会是中国历史最长、层次最高、规模最大、商品种类最全、到会客商最多、成交效果最好的综合性国际商品交易会。广交会对中国经济的最大贡献是在冷战时期为中国和世界经贸交流创造出了一个新的渠道；冷战结束后，中国经济和世界的交往全面展开，各种商品交易会在全国各地举办，但广交会这个品牌已在世界叫响，至今仍然是中国向世界推销产品的头号橱窗。

同北京、上海和香港、台北相比，广州处在相对的弱势地位。北京虽然不直接靠海，但它对比邻的天津据有着压倒性的全面优势，京津合并的话，主导者北京莫属；上海、香港和台北本身具有的经济规模，使得周边城市无从挑战，而对广州来说，和香港之间距离太过接近是经济大发展的最大障碍。香港在世界经济地图上的位置已经确定，近年发展的深圳、珠海两个特区都紧邻着香港而不是广州。

但是，弱势从来是暂时的，而且只要有心，弱势很快可以化为优势。广州-香港的情况正是如此，从距离上看，广州和香港之间的直线距离不过区区两百多公里，两者之间的城市群已经包括了高度发展的深圳、珠海、佛山等，横亘在它们之间的，是新兴城市中山。随着这一地区的协调发展，化港、穗为一体并非不可想象的事情。而类似这样的发展，对当地的经济发展、环境保护以至人文和谐，都是利大于弊的大好事。

与经济发展相比，广州的人文发展似乎更引人注目。广东开始建立经济特区时，舆论自由的发展得到了同步进行，《南方周末》、《21 世纪世界经济报道》等在广州发行的报刊，在大陆舆论界起着先导的作用。2003 年 3 月，大学毕业生孙志刚因随身未持有暂住证明被警方拘留，并在三天后被殴打至死。广州舆论报道后，全国范围内掀起了一场轩然大波。孙志刚的死，直接原因在执法人员的滥施刑罚，背后深层原因却是当时全国通行的《收容遣送办法》，正是它限制公民行动自由的条款，使得警方随意拘押孙志刚的行为成为可能。

舆论压力的结果是国务院在三个月后即颁布法令，《遣送办法》成为非法条例，取而代之的是《救助管理办法》。自此，警方人员不准拘禁外来流浪人员。中国社会自秦汉以来就厉行户籍制度，将人民牢牢禁锢在所属地方以便控制。孙志刚的无端惨死，唤醒了社会的进步意识，广州舆论对此案的广泛报导直接推动了这一中国历史上的重大社会改良，其功至伟。

香港

香港是目前唯一扮演国际金融中心角色的中国城市，亚洲经济的兴旺、中国经济的腾飞，使它在进入二十一世纪后的今天持续得益，作为国际经济贸易交通等方面的枢纽，地位愈显重要。

中国经济的蓬勃发展，对香港的影响非常深远。一方面，上海、深圳等城市挑战的呼声不断增强；另一方面，香港作为外资通往中国内地市场的桥梁，正继续发挥着重要的作用。跨国公司纷纷把它们在亚太地区的总部设在香港，就是利用香港人才充足、和大陆联系广泛等方面的便利，以便它们在内地寻找商机的明证。虽然香港在可预见的将来会难以抗衡上海在华东、华北地区的优势，但华南地区的广东、福建等省份的经济已经充分发展。香港立足华南，放眼东南亚，它的国际金融中心地位就不但不会动摇，反会日趋重要。

目前阶段在英国参加中文高等程度会考的学子，十之七八来自香港。不少同学在看到有关香港的考题时，常常会跃跃欲试，他们的理由是：我来自香港，当然对香港的情况有足够的了解。在这个基础上加把力，文章是很容易做的。

事实果然如此吗？恐怕不见得。比如，我们以香港的城市布局为例，讨论它的最新发展对市民生活的影响，就可以看到做好这个题目的难处。首先，考生应该明了城市布局的含义；其次，应该熟悉香港城市规划的新进展；第三，在它们对市民生活有些什么影响和如何影响这些方面做到心中有数，才可以说自己比较有把握做这个题目。在广泛阅读参考资料的基础上，选择好可以为自己所提论点提供有说服力的论据，一篇好文章才会成为可能。

城市布局是指在一个作为居民集中、商务繁忙的地区内，各类建筑和公用设施的地域性位置安排。它对市民生活有着至关重要的影响：城市布局好，市民的生活就会方便、舒适；反之，则会对民众的日常生活造成影响，甚至会影响到人们的健康。

香港城市布局的现代化进程，总体上对市民的生活是积极的。这可以从以下四个方面来分析：

一、香港地少人多，人均居住面积小。如果一味在城市的中心地带发展，势必会造成该地区的日益拥挤；相反将住宅开发商引到外围的新界甚至外岛地带，则对交通、环境和住房质量都会产生正面的效应。香港和珠海（澳门）、深圳两市的联合发展，具体表现在港珠大桥的计划兴建，大桥建成后，将极大地方便两地之间的人员交流和来往，也就在无形中大大扩展了香港市区的地域。

二、中心地区人车分道，大楼之间都建起带顶棚的人行通道，表现了政策制订者对行人的善意。政府既然要限制私家车的流通量，就应该在方便市民出行这个问题上拿出办法。人车分道和人行通道，都是香港政府在推进城市现代化过程中的好政策。

三、新机场的建设，完全改变了以前大型客机起降启德机场对临近居民生活的巨大干扰。将机场位置迁到外岛，机场规模可大幅增加，香港因此可成为国际航空的重要枢纽之一；客源增加，对促进市民生活水准有积极影响；市内交通的繁忙程度因此得以缓和，城区可以重新开始规划全新的布局。一举三得，何乐不为。

四、类似迪斯尼乐园、跨海大桥等现代化项目，都为香港步入国际都市创造了积极的形象。城市布局更合理，市民生活也更丰富多彩。

台北

1946 年台湾光复时，台北市的人口仅 27 万。国民党从大陆撤出后，以台北为台湾地区的政治、经济和文化中心，加上六、七十年代台湾经济起飞因素，台北人口逐年稳定上升，1994 年的统计数字为 261 万，人口密度则为每平方公里 9626 人，远高于东京、香港、新加坡、上海等亚洲城市。极高的人口密度，造成都市规划的高度复杂性和困难性，也使市民生活的舒适度大受影响。

八十年代大陆开始改革开放后，人力资源昂贵的台湾跟香港一样，大批生产厂商纷纷将工厂迁往大陆。目前台北留下的工业主要以都市轻工业和服务型工业为主，产品在国际市场上有竞争力的高科技密集性工业，也能继续生存。主要服务台湾地区的金融、保险业，都大量立足台北；其它的服务型行业如教育、文化、休闲和旅游等，也自然而然地选择在台北发展。

台北对外来游客最大的吸引力恐怕莫过于台北故宫。国民党1949 年从大陆撤至台湾前，就开始其有步骤、有计划地将北平（北京当时的叫法）故宫内收藏的珍宝运往台北。今天，人们在参观北京故宫时，仍然能够看到数量上令人叹为观止的宝物，但如果从精华角度看，北京就会给台北比下一个头去。

随着世界进入全球化时代，以大都市为牵头、周边地区为依附的城市区域（City Region）成为新的趋势和潮流。面对亚洲城市的激烈竞争，台北认识到不能在这股潮流中被边缘化，要再创经济奇迹首先就要突破行政界限，变"台北"为"北台"，整合资源，互利共荣。北台包括宜兰县、基隆市、台北市、台北县、桃园县、新竹县和新竹市。总面积 7353 平方公里，人口 989 万（占台湾全部人口的 41%），拥有台湾 82.6% 的电子工业和高素质的人力资源。建立北台市的目的，正是希望能以此实现建设"台北科技走廊"的目标，在电脑升级、生物科技及产品研发等高新科技领域打开新局面。

思考题：

一、为什么目今中国有"长江走廊"之说而不闻"黄河走廊"、"珠江走廊"？

二、除了"南水北调"工程，还有什么其它途径可以促进黄河的水资源利用，使它更好地为华北地区经济发展服务？

三、为什么说北京是全中国的文化中心？

四、随着经济的高速发展，上海市内的各种民居正在被摩天大厦迅速取代，这样的安排是否合理？

五、香港、深圳互为比邻，却同时在发展港口、金融市场甚至在航空业并行扩展，它们这样做有什么合理性和不合理性？应该怎样解决相互间的竞争发展？

六、以上讨论的五大城市，每一个都在不断扩张地盘和兼并邻近的小城市。以其中一个城市为个案，分析它这样做的必要性。

七、城市取代乡村是社会进步，但中国急剧发展的城市化也随着人口增加而带来就业、医疗和交通等一系列问题，以五大城市中的一个为例，讨论该如何使其均衡发展。

Chapter Six: Philosophy & Culture 第六章 思想文化

一、孔孟的仁义原则和新儒学

千百年来，以孔、孟思想为根本的儒家思想，对中国社会乃至日本、韩国、越南等东方国家发生着巨大的影响。它的原因是多方面的：儒家思想宣扬的"仁义忠孝"思想，比较符合东方农业社会以家庭为中心的生活方式；自汉武帝以后的统治者将"改革"后的新儒学作为社会唯一的指导思想，使社会成员人人对儒学观念耳濡目染，日常生活中的行为都会自觉地以其纲领为准；中国繁盛朝代对周边国家的控制/影响力，是让孔孟思想走出国界的主要原因。

仁义这两个字，可以说是儒家思想的根本所在。自孔子（公元前 551-479 年）以来，儒家学派一直把仁义看作是一个人做人的基本准则：一个人如果不仁不义，就不能算作一个高尚的人；而只有具备了仁义之心，才能成为一个真正的人。后来的学者，或将儒家道义发展成以仁义礼乐为基准的一套程序；或在仁义的基础上将儒家思想扩展成仁（孝）义礼智信"五（六）项基本原则"。这样的发展或解释，都有它们各自的理由；但万变不离其宗，它们的根本，都建立在仁义这两个字的基础之上。

在我们对儒家思想以及以后的新儒学作出解释和讨论之前，我们似乎应该先对儒家的定义有一个明确的理解。儒家究竟是一种指导思想，还是一种宗教？持后一种见解的人士，常常因为在东方世界大量孔庙的存在，以及确实有人在孔庙对孔夫子塑像顶礼膜拜，就认为儒学有着类同于宗教的功能。这样的看法，其实是将问题表面化了。中国人不仅在考试前拜孔夫子，他们也在新年拜灶神，为求子女美满婚姻而拜月老，但既然我们从来不谈论什么灶教、月老教，似乎也不应该见到几个孔庙就认为有一个孔教。更何况孔夫子自己在这方面对学生的教导，是"未知生，焉知死"，"敬鬼神而远之"。对他来说，充分探讨现实生活中存在的种种问题，提出加以解决的办法，才是社会发展的首要任务。

"仁义"是儒家思想最重要的道德标准，它的内涵十分丰富，很难用一两句话概括出它的全部含义。简单地说，"仁"是要对人友善，有爱心；"义"是要遵循一定的道义。历代儒学大师都对仁义二字做过不少精辟深刻的阐释，使仁义的内涵不断地得到丰富。

孔子言："仁者莫大乎爱人。"这就是说：仁就是要爱人，对人友善，必要时为之牺牲自己的利益。孟子言："老吾老，以及人之老；幼吾幼，以及人之幼。"意思是说一个真正的仁者，会尊敬照顾自己的老人，也会尊敬照别人的老人；会爱护抚养自己的小孩，也会同样爱护抚养他人的小孩。

什么是仁的标准？孔子的原话是："仁人志士，无求生以害仁，有杀身以成仁。"这就是说：一个高尚的人不能为保存自己的生命而放弃道德，他只会为维护道德而不惜牺牲自己的生命。仁作为一套道德规范，是一个极高的人生目标。暂不谈什么杀身成仁，就是简简单单的"老人之老，幼人之幼"，社会上能做到的人就属凤毛麟角。

继孔子提出"杀身成仁"的做人标准之后，孟子又加上"舍生取义"的道德理想。于是，仁义一起成了儒家学派几千年来奉行和鼓吹的最高思想准则。

孟子在齐国时，齐王曾经问他："人该有怎样的志趣？"孟子答："人应该使自己的志向和行为高尚。"再问："怎样才算高尚呢？"答曰："行仁义就是品德高尚，杀一个无罪的人，不管什么理由都是不仁；不是自己的东西，却要占为己有，就是不义。比如说，鱼和熊掌我都喜欢，两样东西只能得到一样，我就会舍弃鱼而要熊掌。生命对我是宝贵的，道义对我是重要的，不能同时具有它们的时候，我就宁愿舍弃生命而追求道义。虽说我珍爱生命，但我不会为保存生命而苟且偷生；虽然我厌恶死亡，但如果有比死亡更让我厌恶的事，我就宁愿选择死亡。如果人们把生命看得高于一切，把死亡看成最可怕的事情，那么他们为保存生命、逃避死亡就会为所欲为，社会也就会不仁不义、尔虞我诈。"

同仁、义遥相呼应的是"乐"和"礼"。仁带给人的印象是慈和、祥平，古代中国的"乐"正好给人这样的感觉。孔子研习尽善尽美的《韶》乐，全身心投入其中，以致"三月不知肉味"；而礼讲的是秩序、尊卑，它跟讲究善恶、是非的义正好相配。乐也要归礼管制，再美好的音乐同样可以和犯上联系起来。既然讲尊卑，什么人可听什么样的音乐就有严格的规定。孔子听说有贵族人家开庆典时跳起天子才可欣赏的八佾舞，当场大发雷霆，指责这样行事犯了"是可忍，孰不可忍"的破礼大忌。

今天的青少年朋友，会怎么看古代中国连听一点音乐，听什么音乐都要严格遵守规矩这条史实呢？

通过礼对音乐的分类以及严格执行的规则，我们可以看到，礼不是什么虚无缥缈的东西，用一个简单的字来总结，"礼"就是"理"。孔子认为：礼的最高境界是"非礼勿视，非礼勿听，非礼勿言，非礼勿动。"（《论语·颜渊》）这句话的意思是说，不符合礼的事情，不能去看，不能去听，不能去讲，不能去做。前面我们谈到：凡事奉行"仁"这一原则，是难上加难的事；而生活中要执行好"礼"，又何尝容易半分半点！

再来看和"仁"密切相关的"孝"，孝顺这个字眼，可以说是东方文化最具特色的名词之一，西方文化中没有这样的概念。对儒家思想来说，仁孝两字是形影相随的。孔子的弟子有子说：孝顺父母、尊敬兄长这两条准则，是行仁的根本。原因是一个做到这两点的人，不可能喜欢犯上，当然也不会喜欢作乱。一个做好了为人处世基本的人，他的道德秩序也就已经形成了。

孔子把孝提到了与仁义平行的高度：父母健在时，应随时按礼节侍奉他们，不单单要供养，更重要的是要具备发自内心的敬意，时常做到和颜悦色；平时为人必须谨慎处世，各方面都表现出色，使父母可为自己担心的事情只有身体的健康而已；父母去世后，必须按礼节安葬，按礼节祭奠他们。

最后的"智"、"信"，是儒家思想中最少争议的部分。孔子作为中国历史上最伟大的教育家，其"有教无类"、"勤习六艺"和"温故知新"等教育思想不仅开创了历史的先河，放到今天和世界各国教育制度比较也不居人后。孔子自己亲身奉行的"活到老、学到老"，"不知老之将至"等学习观念，永远都是世人的学习原则。他言行身教，为学习弹琴技艺和乐曲就远赴他乡向师襄子学习音乐。（《史记·孔子世家》）虽然他以博学多识知名，但在两小童争论太阳何时离我们远，何时离我们近时，因为对自然了解不足就坦承自己不能解答。这同那些不懂装懂、学术造假的人比起来，永远都是一个值得钦敬的智者形象。

做人要讲信义，这对一个追求仁义的君子来说是最基本的要求。孔子在这方面的论述极多，如"主忠信"，"与朋友交，言而有信"和"信近于义"等都是思想深刻的名言。在和学生讨论治国安民的问题时，他认为要使国家富强，必须具备军队、粮食和人民信任这三个条件，而三点中最重要的是一条是取信于民。人没有军队保护会被杀，没有粮食会饿死，但人早晚总是要死的。如果他们和统治者之间互有信义，他们就会战死到最后一人。相反，如果人民内心里憎厌统治者，那么再多的军队，再丰富的粮食储备都会在顷刻间成为敌国的战利品。

　　孔孟之道博大精深，中国历代皇朝都有"半部《论语》治天下"的说法。遗憾的是，孔孟之后，他们的思想就开始被修正、被歪曲、被篡改。到明清时期推行的新儒学，早已经和孔孟最初的思想面目全非，重要的地方甚至背道而驰。

　　以孔孟为代表的正宗儒家思想，具备着一种朴素而基本的人权思想。当然，这里所说的"人权"跟今天的概念有本质上的不同，因为古代中国的"人"和"民"之间是有着天壤之别的：前者是学而有成、效力宫廷的"仕"，后者则是"可使由之，不可使知之"的普通大众。

　　虽然这种人权只是在上层贵族圈子内奉行的精神、人格平等，它的意义却无论怎样高度评价都不过分。孔子说的"君使臣以礼，臣事君以忠。"孟子说的"君之视臣如手足，则臣视君如腹心；君之视臣如犬马，则臣视君如同人；君之视臣如土芥，则臣视君如寇仇。"即便在两千五百年后的今天，仍然具有非常重要的意义：孔孟们固然将君王的地位放在首要，但并不认为君王可以为所欲为，相反却主张君王必须同样遵守仁义原则。君王施行仁政，臣子们自当付出全力，忠心为国效命；但若君王为非作歹，臣子们则不仅有拒绝服从的权利，而且可化主为敌，反叛而新立明主。

　　这样的思想，在春秋战国时期是可以存在并得到传播的，各诸侯在时刻面临强邻窥探的情况下，需要最好的谋士为他们出谋划策。国王们即便对某人某派毫无好感，甚至屡被冒犯也不会轻动杀机，那样不仅会使天下名士对之鄙弃，更可能成为邻国出兵攻击的口实而招来大祸。但秦汉统一中华后，中央集权制度被牢固地建立起来，皇帝"神明盖世"，再不用担心他国攻击，孔孟思想中这些最伟大的部分就再也不能为皇帝们接受了。

　　孔子的名言"君君臣臣父父子子"，在这方面是最好的例子。

　　按普遍接受的解释，孔子这句话是在宣扬典型的社会分层论。因为它的现代译文应该是："君王就是君王，臣子就是臣子；父亲就是父亲，儿子就是儿子。"天理已定，臣子就该服从君王，儿子就该遵从父亲，绝对没有什么挑战的余地。

　　但这一解释，显然和孔孟的君臣平等高论是背道而驰的。

　　孔子之后的"新儒学"，巧妙地利用了古文字词既可作名词，也可作动词的特点，彻底篡改了孔子的原意。

　　如果我们将第二个重复的字当动词来用，那么这句话应该译成："君王有君王的仁德，臣子就有臣子的忠信；父亲有父亲的慈爱，儿子就有儿子的敬孝。"换句话说，君王要有臣子的忠信，父亲要儿子的敬孝，就必须先做出表率，以仁德和慈爱来赢得他们的心；否则臣子和儿子就没有必要一味地愚忠、愚孝。

如此，孔子才是个言而有信、始终一贯的仁义君子。

孔子一生，屡出仕屡失意，最后终于告别宫廷，专心著述授业，期望弟子能在未来将他的政治抱负发扬光大。他明白这条路的艰难，却坚持"知其不可而为之"，这跟他随时以积极、肯定的态度来对待生命息息相关。对他来说："生命"本身是向上的，个体生命应该努力奋斗，自强不息。"日日新，又日新"。

然而，对于那些自负"受命于天"的"真龙天子"来说，个体生命可以努力自强，但这必须建立在唯天子之命是从的前提条件下。拒绝天子的意见甚至反叛，是绝对不能允许的大逆不道，因此，对孔孟留下的儒学思想加以彻底的改造，"取其有益（对君王统治），弃其肆谈"，进而"罢黜百家，独尊儒术"，建立起维护中央集权统治的精神武器，就是绝对必要的步骤。

为适应专制统治的需要，董仲舒在《春秋繁露》一书中用天人感应来解释孔子学说，对君权神授作出新的论证，把灾异学说系统化、理论化。反对暴君任意施行苛政的孔子，现在摇身一变成了主张皇帝就是接受了天命来到人间统治万民的主子，即使贵为"一人之下，万人之上"的宰相，在"万岁"的眼中也不过是个高等奴才。于是，就有了皇帝可以对不喜欢的臣子加以"诛九族"甚至"诛十族"的滥杀，就有了"君要臣死，臣不得不死"的荒谬。

董仲舒在理论上将皇权提升到至高无上的地位之后，进一步根据当时社会普遍接受的阳尊阴卑思想建立起"三纲五常"的道德观念（君为臣纲，夫为妻纲，父为子纲；仁义礼智信），将尊卑等级观念制度化，从而成为中国历史上将政权、夫权、族权的合理性、永恒性作出理论上论证的第一人。从他而起的新儒学，自然大得皇帝们的欢心，孔子家族因此成为两千五百年中国历史上唯一不倒的家族，其后人不仅享有世代统领曲阜县城的世袭权，而且在连当朝宰相进入以后都得步行的皇家宫殿内可以骑马代步。但孔夫子九泉下有灵，不会感谢董仲舒，反会大声咒骂这个"身后弟子"，他对孔学的篡改，使孔子以身力行的仁义原则化成了虚伪点缀，从此匮乏了儒学促人上进、表里如一的核心内容。

将董仲舒尊卑等级思想发展到极限的，是北宋的二程（程颢、程颐兄弟俩）和南宋的朱熹。二程把君臣之道、父子之道说成是不以人意志为转移的、万古长存的天理（礼），它是不可感触的，本体叫做易，原则叫做道，表现叫做神（神妙不可测）。按此天理做人，人就有了人性，反之则人不为人。如此，人欲就被看成为罪恶，凡是私欲，即便本意是善良的，也是非礼。"无人欲即皆天理"（《二程遗书》卷十五）！

二程自己，是否真正在推崇"天理"呢。有人问程颐：一个无依无靠的孤独寡妇是否可以再嫁？他回答道："只是后世怕寒饿死，故有是说。然饿死事极小，失节事极大。"（《遗书》卷二十二）倘若这人再问：一个失去了妻子儿女的孤单鳏夫是否可以再娶？他的回答又会是什么，我们应该都心知肚明。

朱熹是程颐的四传弟子，是孔子以后最博学的学者之一。他的思想直接继承了二程，和孔孟思想也有直接的渊源关系。在他的学说中，孔子是一位革尽人欲复尽天理的"天下大圣"："孔子之所谓克己复礼，《中庸》……《大学》……《书》…… 圣人千言万语，只是教人存天理，灭人欲。"（《语类》卷十二）表面上看，朱熹是孔子的忠实门生，但实际上却是将孔子的儒学歪曲到极端的叛逆。的确，孔子说过：吃粗粮，喝白水，弯起臂膊当枕头，人生乐趣丝毫不减。但他在这里告诫人们的是不要去追求不义之财，而决不是二程、朱熹灭人欲的弃精粮吃粗粮；恰恰相反，他在食物方面的教导是"食不厌精，脍不厌细"。

当然，我们必须同时看到：孔庙能历经两千余年不倒，董程朱诸人能自称为孔子的衣钵传人，跟孔子思想中严格等级、视女子如小人这些内容有着密切的关系。孔孟大力推崇的父慈子孝，本意是希望社会能从家庭做起，建立起美好的道德观念；但正如有子所说，在家孝顺的出外必定不会犯上作乱，对统治者们来说，这正是他们求之不得的民风。所以，后来的儿童启蒙读物《三字经》中有了"养不教，父之过"的父权，有了"有父子而后有君臣"的教训。父子关系成为家庭、宗族以至社会的主轴，"孝父母"成了"忠君主"的基础，为政府大力提倡，历代君王都以"举孝廉"制度来鼓励表彰孝子，让他们成为朝廷官员来维护皇权。

二、老庄的无为和道教

虽然孔子一生极力鼓吹的"仁义"在中国思想界长期占据着主导的地位，对之大不以为然的人却也从未间断过。和孔子同一时代的老子，就对他的仁义思想嗤之以鼻。

道家思想的创始人老子（约公元前 580-500 年），传说姓李名耳，做过周朝史官，后退隐。孔子三十四岁时曾向他请教过古礼的问题，《老子》（后称《道德经》）是他唯一的传世之作。

春秋时代，普遍流行将"天"视为有人格有意志的神，它创造和支配自然界和人类社会。老子反对天道有知，针锋相对地提出天道无为的思想。他认为天只是与地相对的物质，并没有什么意志，他推崇的"道"才应取代天神上帝。道对于万物，"生而不有，为而不恃，长而不宰。"（《老子》第十章）生长了万物而不据为己有，推动了万物而不自鸣得意，滋养了万物而不主宰专横。道是构成世界万物的基础，它无所不能，无所不为；但道又不是有意志有目的地在主宰着世界，所以它又是"无为"的。

对今天的年轻人来说，"无为"常常是一个深奥难懂的概念，因此我们这儿有必要在此多花些笔墨解释一下。

出现这个问题，常常是因为今天的人们片面理解了老庄无为的内涵。老子说：道之所以对世界重要，德之所以对万物珍贵，就在于它们让万物自己生长、发展，而不发号施令。从老子的这句话中，我们可以看到他主张的"天道自然无为"这一原则中，无为决不能简单、片面地理解成"无所作为"，而是十分微妙的"不发号施令"。两者之间的区别是巨大的，以老子提倡的"无为之治"为例，他说"我无为而民自化，我好静而民自正，我无事而民自富，我无欲而民自朴。"（五十七章）统治者虽然无为、好静、无事、无欲，却始终坐在统治者的位置上统治着人民；他不轻易发号施令，并不等同于永远不发号令，正好比一个人好静，并不能要求他从此不能发出一点声响一样。

因此，无为不是无所作为，而是有所不为，在有所不为的基础上有所为。用老子的话，就是"无不为"以"无为"为条件。

西汉初年，国家经过长年征战，国力十分衰落，百姓生活困苦不堪。汉高祖之后的文帝、景帝，先后奉行道家的"无为"政策，文帝连修建祖庙这样的要事都一推再推，遇到大臣以后人必须佑护祖先创下的社稷江山来敦促时，他的回答是社稷依靠民心，在人民生活万般艰难的情况下扰民，祖先又怎得安心？文景之治虽然没有创下高祖和武帝那样盛大的军功，但它使国家经济得以快速恢复，人民得以休养生息，其功绩实过于高祖、武帝而无不及。

文帝不修祖庙，看起来是什么也没做，但这没做事恰恰又是在做大事——让人民得以避免多余的劳役，缴纳额外的租税；为此，他拒绝了大臣们的上谏，并以理服人，让他们收回谏书。所有这些，都是"无为"条件下的"无不为（有为）"。

另一方面，很多人批评老子过多强调无为，不敢主张有为，过分的消极，`使之带有走向宿命论的倾向。更有人认为老子"有之以为利，无之以为用"（十一章）的说法，是将"无"放到比"有"更为重要的位置，因此是典型的虚无论。这里我们限于篇幅，没有可能去讨论虚无论究竟是否合理这样的哲学命题；但是"无"比"有"更为根本，却是毫无疑义的。根据我们今天对自然的了解，生命所依赖存在的太阳系，不过是茫茫宇宙中的沧海一粟，地球则更加渺小，小小粟米中的一个分子而已。宇宙是空无的，太阳、地球等星体依托着无边无际的空间存在，"无"比"有"更关键，更紧要，已经是现有知识证明了的事实。

再看"有为"，毛泽东的"人定胜天"是最典型的大有作为。在这一"伟大理论"的基础上，他"带领"中国人民开展"大跃进"运动。时代虽然已经全新，人类对自然的了解已经大幅度进步，但毛泽东对世界万物的态度，却全然不能跟老子"无为"的方法相提并论。一个自以为是的狂妄后生对一个深明世事的年长智者滥加嘲笑，扬言会以奇迹来证明智者守旧观念的错误，结果奇迹没有发生，后生却从高处跌下，摔得头破血流，狼狈不堪。

大跃进运动的失败，归根结底在于"人定胜天"观念的荒谬。同老子所注重的天道相比，人力永远是微不足道的：且不说人类在可预见的将来，始终都要依靠太阳这颗星球散发出的能源赖以生存，没有太阳就没有人类存在这样一个基本事实；一场自然力作用下产生的飓风，在宇宙这个大环境下根本是微不足道的，但人类面对它时却是除了逃命再无他法，任由它在刹那间将一切荡为平地。人力在自然力的面前，就是如此地渺小；连识天都做不到的我们，何来资格奢谈胜天？

所以，老子的结论是："天下万物生于有，有生于无。"（四十章）从无形无象到有形有象的过程是："道生一，一生二，二生三，三生万物。万物负阴而抱阳，冲气以为和。"（四十二章）用今天对宇宙自然的理解，道就是宇宙，是浑然一体的存在，也是最根本的存在。在得道的基础上（地球即是最佳例证，它距释放巨大能量的太阳位置适中，会自转也会绕太阳公转），世界万物得以生长进化；万物的发展都是相对的，它们之间有正反两方面互动（有生就有死，有欢乐就有哀伤），又在对立的过程中实现统一（和谐）。

老子在简朴之至的条件下，既看到了自然界独立于人的意识之外不停运动，也认识到人类贪欲对自身的摧毁性作用。他既攻击鬼神宗教迷信思想，否认上帝创造万物的最高精神地位；也批判那些人为塑造出的"圣人"。他毫不留情地指出："天地不仁，以万物为刍狗；圣人不仁，以百姓为刍狗。"（第五章）自然没有什么仁爱的心，将万物看作草扎的狗；圣人也没有什么仁爱的心，将百姓看作草扎的狗。对于所谓的"天下大同"，老子明显不感兴趣。对他来说，强行将千差万异的世界规划成一个以仁义道德为基准的社会，是最明显不过的生硬勉强。

老子的政治理想是"小国寡民"。他认为民众的灾难多由统治者贪得无厌而起，贵族实际上同盗匪无异；他反对战争，"兵者不祥之器"；他也反对商品经济，"不贵难得之货"。天道本来是"损有余而补不足"的，但"人之道"却偏偏反其道而行之："损不足以奉有余"，极不合理。（七十七章）他认为人应该向"天之道"学习，建立起如下的理想社会：国小民少，大家衣食住行都能得到满足，生活过得无忧无虑，根本不需要什么兵器，也不需要使用交通工具。彼此虽然住得很近，鸡鸣犬吠的声音都可以互相听见，但直到老死也可以不相往来。

联系到今天人们对全球变暖的担忧，老子描绘的这幅图画，简直就是直接针对病根的药方！

老子在概括了当时的自然、社会现象后，指出事物都向着相反的方向运行。"祸兮福之所倚，福兮祸之所伏。"（五十八章）事物的存在都是相互依存而不是孤立的，美丑、难易、长短、高下、前后、有无、损益、刚柔、强弱、荣辱、智愚、巧拙、大小、生死、成败、攻守、进退、静躁、轻重等等，都是对立的统一。一方不存在，另一方也就不存在。他通过耕种，看到植物的幼苗虽然柔弱，但它能从柔弱中壮大；相反，等到壮大了，反而就接近了死亡。任何有意造成事物强大的行为都是违反天道的，因此只会促进它早日结束生命。他教人向柔弱的水学习，水看来柔弱，却可以冲决一切比它坚强的东西。由于水不争，"故天下莫能与之争。"（六十六章）因此，祸莫大于不知足，知足者才能常足、常乐。

老子之后，所创道家思想的继承人当首推庄子（庄周，约公元前355-275年）。庄子对"道"的解释，使"道"成了一种可脱离一切事物的神秘精神。"夫道有情有信，无为无形。可传而不可受，可得而不可见。自本自根，未有天地，自古以固存。神鬼神帝，生天生地。在太极之先而不为高，在六极之下而不为深，先天地生而不为久，长于太古而不为老。"（《大宗师》）道的高深，至此已经达到了无往而不至的地步。

庄子追求的是精神自由，楚王仰慕庄子的名声，礼聘他出任宰相，但却被庄子辞却，理由是"无污我"，"无为有国者所羁，终身不仕。以快吾志焉。"（《史记·老庄申韩列传》）这"以快吾志"，正是庄子所要的个人精神自由。

后期庄学在面对没落社会的现实时，认为一般人所以不自由，是由于他"有己"；真正的人格自由，是首先能够不感到自己的存在（无己），如此就不会有所积极建树（无功），可以不顾别人对自己的毁誉（无名），因而得到完全意义上的精神自由。《大宗师》中描绘的"真人"是"其寝不梦，其觉无忧，其食不甘，其息深深。"和一般人相比，他不仅在生活方式上不同，而且更主要的是对待生活的态度不同。对待生他说不上特别高兴；对待死也无所谓难过。这种超凡入圣的"真人"，现实世界里是不存在的，而只能存活于虚构的精神世界里。

庄子擅长用诗一般的语言，将鲲鹏展翅振飞宇宙的精神力量，淋漓尽致地表现出来。"北冥有鱼，其名为鲲。鲲之大，不知其几千里也；化而为鸟，其名为鹏。鹏之背，不知其几千里；怒而飞，其翼若垂天之云。……鹏之徙于南冥也，水击三千里，抟扶摇而上者九万里。"大鹏冲天一飞九万里的那种自由潇洒，千百年来都是有志者的一种精神追求。

历史车轮的运转常常可以是一种自我否定的循环。老子曾是周王朝精通周礼的专家，愤于礼坏乐崩而成为激烈抨击周礼虚伪的叛逆。老子思想以反对天神、鼓吹天道为核心，到庄子这一代加以改造变化，为追求无限的精神自由而创造出来的得道"真人"，实际上却又成了超凡入圣的"天仙"和"天神"。

正是由于这一层缘故，道家思想在东汉时开始被改造成追求成仙的道教，老子也被道教徒推奉为道教的祖师，他的新身份是"太上老君"，是大道降世传教时的化身。道教有一套完整的宗教创世神学理论，"大道"的神秘性和超越性被大大强化，成为具有无限威力的宗教崇拜偶像和具有人格的最高神灵。道教认为："大道"不仅在先天混沌时代化生了天地万物，而且在后世（人类文明时代）不断变化其身形名号，降临人世传经布道以教化民众。

传说东汉顺帝时，老君降临四川鹤鸣山，以"正一盟威之道"传授天师张道陵，创立道教的第一个道团——五斗米道。这实际上是一个主张推行平均主义的农民政权，它奉老子为"五千文使都习"，反映社会底层对道家思想推崇平民社会的呼应，并迅速向各地发展。

道教很重视修炼、炼丹、食丹和法术变化的神仙方术，通过信奉"大道"和个人的修炼，信徒可以得"道"成仙。这一对社会大众极具吸引力的法道，使道教在短时间内得到空前的发展。而东汉以后，国家频临战乱，人民流离失所，生活艰难，对修炼得道的热情大增，道教的影响力不断上升。待到隋、唐一统江山后，帝王也纷纷大力提倡。唐朝中宗命令贡举人都习老子，唐玄宗贡举则加试《老子》，又下诏士庶家都必须收藏《老子》一本。在官方推动下，道教同佛教一样成了中国社会普遍尊奉的宗教。

三、儒道之比较

儒家和道家，在百家争鸣的年代脱颖而出，更在之后的数千年历史中长期占据着思想界的领袖地位，其中自有它们成功的原因。道家虽在汉武帝采纳董仲舒"罢黜百家，独尊儒术"的政策建议时吃了点亏，事过境迁之后通过道教的创立又使它在民间的地位更胜于儒家思想。

儒道两家相辅相成，正是老子说的互相对立、互相依存关系，两方面少了哪一个也不行。这是因为：儒家思想讲的是仁义道德、礼仪廉耻，是一种主动的目标追求，它要求社会成员积极进取，为政府运行提供济世良方；道家思想则是讲的无为无欲，小国寡民，是一种被动的生活方式，它既不给社会成员树立什么道德准则，也不追求什么政策目标，对政府的唯一要求是"简单"二字。

两种学说都是思想巨匠们经过他们对世事的反复思考后提出的救世法。虽然两者之间互相不以为然，作为一个不失公允的观察者来说，结论必然是两者各有所长。这就是为什么数千年来，推崇执行儒家思想而成功的皇帝有之，偏爱道家无为政治而建立德行的皇帝也有之。尽管它们在治国问题上的理论内容大不相同，但理论是需要人来掌握的武器，使用得正确妥当，它就能发挥出好的功效；反之，再好的理论也是废纸一堆，将人事引入歧途。

以孔子语录"克己复礼"为例，我们可以从老子"无为"的角度出发，将"克己"作为驱除欲望的一个良好途径；而老子鼓吹的"鸡犬之声相闻，老死不相往来"，又何尝不是一种"礼制"呢？伟大的理论和思想总是触类旁通的，儒、道之间也是这样，一条像"克己复礼"这样引人向善的道理，应该是任谁都可以坦然接受的教导。

儒、道两种思想比较起来，儒家思想被作践得更多，它毕竟是绝大部分君王袭用的正统思想。出现这样的情况，跟孔孟自身热衷于推崇社会等级观念也分不开。儒家思想可以更方便地被拿来改头换面，但我们不能因为这一事实就去苛求孔夫子和孟夫子，他们的本意不是为中央集权鸣笛开道，而只是如实地反映了社会的真实情况罢了。事实上，他们要求君王以实际行动爱民，是始终一贯而彻底的。我们不能因为一个有着国色天香的女子遭贼人凌辱，不去严惩歹徒，反而责怪姑娘长得太漂亮；对历朝历代的窃国盗贼，我们应该同样去谴责他们的恶行，而不是去埋怨儒家思想鼓励盗窃行为。那样的话，就是真正地本末倒置了。

道家思想的被动消极态度，以及它要求社会停止发展的主张，使得它对那些喜欢横征暴敛的民贼没有什么吸引力。但我们也不能根据这一事实，就断言还是道家思想于国于民更有益好些。这是因为，人类不懈追求美好事物是他的天性。这种追求既包括物质生活上的不断占有，也包括精神生活的满足和愉悦。世界上的资源有限，物质供应的不足和精神竞争的压力使人们的生活常在得意失意之间徘徊。人生不得意时，道家思想的机锋和明智的言辞都是耳畔美好的音乐；但一旦事业出现转机，**99.9%**的人又会忘记这美好的音乐，去马不停蹄地攻克事业上的下一个高峰。

这就是为什么今天的人们，随时可以夸夸其谈他们对环境问题所抱的忧虑；但一旦我们建议他们减少用车、用电，他们马上就会或沉默无言，或"王顾左右而言他"了。

这也是为什么中国传统的知识分子，仕途得意时个个是努力进取的儒生，被皇帝冷落时就摇身一变，成了"欲说还休，却道天凉好个秋"的道士。

儒家思想将社会划分成不同的等级，可能要以孔子"民可使由之，不可使知之（老百姓是让统治者使用的，统治者完全不必去教化他们）"这句名言来得最有争议。在今天的民主时代，他这样的话无论从哪个角度看，似乎都是没有理由继续存在下去的糟粕。

但如果我们对今天民主社会所面临的问题作番深入的思索，便会觉得问题其实不那么简单。综观当今世界各国，民主政体其实并不民主，执政者们专横跋扈，选民对他们无可奈何。以伊拉克战争这一重大政府行为为例，英国民众的反对意见占大多数，但却无法使政府改变政策，因为不管你投票选哪一个主要政党上台，它们在这一关系到"国家利益（实质是统治国家的上层精英利益）"的问题上采取的政策是必定相同的。由此，年轻人干脆失去了投票的兴趣，成年人也纷纷以废票来表达不满，民主政治成了一场没有实质意义的空谈聚会。

出现这样的情况，正是因为西方实行的是典型的"使知之"式政治。为什么当今民主国家的政客们都要对舆论予以高度的重视呢？因为谁掌握了舆论，谁就掌握了选票。美国每四年一次的大选，总统的宝座是以谁手中的银子多来决定的。大量的金钱被消耗在购买舆论的竞赛上，钱多的一方能对选民实施信息轰炸，使选民投票时自动在"最熟悉"的候选人名下打钩。

英国的情况比美国好，但根本上看也不过是"五十步笑百步"。观察一下政客们百般讨好小报舆论掌控者的程度，以及近千万计的小报读者们受舆论导向的影响程度，我们就不难发现两者之间的内在关系。小报读者们大部分文化水平较低，对政治经济情况了解有限，但又偏偏很有"爱国心"，在报纸编辑的鼓动下会积极参加投票。所以，小报编辑们的政治好恶在极大程度上影响到了国家政治的风向标。

这样的情况，对国家治理是祸不是福。真正了解国家实际情况，对解决社会问题有独立见解的人士在任何社会里都是一个相对少数的存在。他们势单力薄的选票，跟那些接受了舆论导向后作出"选择"的选票相比，只是一个可怜的少数。政客们既然以掌权为从政的首要任务，他们唯一的目标是赢得选举。踢开那些多事的知识分子，将舆论拉拢到自己一方，就是赢得大选的最佳捷径。长此以往，实际问题势必越积越多，民主政治反而成了"好政治"的阻碍；所谓的民主选举，实际上在渐渐沦落成跟毛泽东通过"反右"取消反对意见而异曲同工的政治手法。

千年历史的积淀，使得儒、道两家在中国的土壤上扎根极深，其中又尤以前者为甚。佛教传入中国后，一时风气大盛，但它敬佛不敬人的宗教本质，很快就和儒家思想礼敬帝王、孝顺长辈的传统产生了矛盾。"沙门不敬王者"，是佛教思想区别于中国传统的底线，能否突破这条底线，实际上也是佛胜还是王胜的分水岭。经过多年的争论，最后还是以王者的胜利告终。"佛以孝为至道之宗"（《灵奉宗论》），将儒学思想放到了至尊的位置。中式佛教赞赏病人死在家属怀中，肯定了以家人为核心的儒学人际关系，而不是佛教传统的看破红尘，六亲不认。这样，原装进口的佛教就被"改革"得面目全非，成为儒、佛结合的全新产品。

二十世纪前，儒学与登陆中国的思想逐一交锋，保持了全胜的成绩。中共在大陆夺取政权后，全面推行所谓的"共产主义"思想教育，对宗教传统思想皆予以压制，文革十年更达到疯狂的地步，任何敢于散布不同于中共政策的人士，轻则接受批判，重则坐牢、丧生。一时间全国上下万马齐喑，似乎所有人的脑筋都接受了洗涤，无人再谈孔孟，全国皆读《毛选》。然而，当毛泽东批林批孔需要把孔夫子"反动言论"拿出来批判时，被批判的东西却立即被如饥似渴的人们当作了最好的精神食粮。这是自命为"今朝风流人物"的毛泽东始料未及，却又最自然不过的结果。

再看未来，随着全球化进程的不断加速，中国的传统文化能否适应时代的变革而继续存在发展？一方面，年轻一代在大量吸收着西方的物质、精神文明；但另一方面，再没有什么人鼓吹"全盘西化"了。中共建国以后走的弯路，正是因为执政者背离了儒道思想的精华。儒家讲"使民以时"，道家说"无为而无不为"，本质上都在要求统治者按天道行事（今天叫做按科学规律办事）。背离了这条人生原则，结果只有失败；而按照它们的处世原则行事，则"治国如烹小鲜"（老子语）。治国如此，处世亦如此。

令人振奋的是：今朝中国大陆的执政者们，似乎正在亲力而为，让中国文化传统中符合时代进步的精华部分来作为政治经济文化诸方面发展的指南，"和谐世界"、"和平崛起"都强调"和"字，跟数十年前处处风行的"斗"字截然相反。这，应该是中华文化复兴的一个良好的预兆吧。

思考题：

一、很多诺贝尔得奖者在讨论人类未来时，结论是人类社会要应付未来的挑战，必须从孔子的智慧中寻求答案。你同意这一观点吗？为什么？

二、"孝顺"文化在现今的社会还有无存在的必要？

三、我们今天应该怎样理解"无为"？这一原则是否仍然适用于今天紧张繁忙的现代生活？

四、道家思想和道教之间有什么相同和不同之处？

Chapter Seven: Women & Equal Rights 第七章 妇女及平权问题

一、历史传统的负担

不容讳言的是：中国妇女在中国千百年的历史上，所承担的重压无论横向还是纵向都是无人可比的。今天，社会的进步使她们的社会地位同百年前相比有了前所未有的改善，但即便如此，男女平等仍然是困扰着当今中国社会的一个重大问题。也许，这就是为什么汉语高等程度考试主办者将妇女及平权问题作为讨论中国社会问题的出发点的原因。

综观中国历史，我们可以很轻易地发现这样一个事实：帝国的覆灭，王朝的崩溃，很多时候史学家们将罪责归咎到帝王身边的女人身上。从夏桀因宠幸妹喜亡国，到商纣为妲己建酒池肉林而亡于周，再到周幽王为博妃子褒姒一笑而不惜"烽火戏诸侯"，最终失去了大好的江山，无论史学家们是否直接将罪责定在这些绝代美人身上，她们的名字已经给钉死在历史的耻辱柱上。酒池肉林也好，烽火戏诸侯也罢，反正没有这些女人作怪迷惑了圣主，堂皇的王朝似乎就不会灭亡。

到唐朝中叶杨贵妃集唐明皇的"三千宠爱于一身"时，她就更成了全国军民的众矢之的。安史之乱使唐朝兵败国危，她是导致危机出现的罪魁祸首。平叛开始时，从来都敬奉皇帝为天子神明的兵士们居然公开抗命，非要老人家先处死"害人精"后，才肯为之效力，帮他夺回失去的江山。

诸如此类的故事，史学家笔下的正史也好，说书人口中的唱词也罢，千百年来不断地重复。从来不曾有人想起来质问一句：

不是皇帝爱美人爱得误事，美人又怎有能耐让皇帝误国？

不会有这样的问题，因为男人们高高在上，享受着女人们无条件的侍奉；他们不会良心发现，为女子的权益呐喊，因为那等于是自我剥夺一份无比美好的特权。至于弱女子们，她们根本无权说话，即便偶有才女可以弄笔作诗，所能做的也就是哀怨一番深闺中的凄楚罢了。

之所以中国传统社会中男女之间的地位差距会如此之大，孔老夫子"功不可没"：在教导子弟的过程中，他公然提出"唯女子与小人为难养也。近之则不孙，远之则怨。"（只有女人和小人是最难

于相处的。太亲近了，他们就会对你无礼；跟他们疏远了，他们又要怨恨。(《论语》阳货第十七，二十五章)

孔子关于小人的议论，是极其精辟而准确的，从古到今，小人们都改变不了他们得意时骄狂，失意时怨怅这一脉相传的心性。女人中间有没有这样的小人呢，当然无庸质疑。

但是，女人中间有小人，跟女人人人是小人，是根本不同的两件事。正如男人中间有君子有小人一样，女人当中同样有惊天动地的巾帼豪杰。孔老夫子一世英明，许多卓论放到今天，仍然不失为真知灼见；他最大的错误，也可能是他一生著述中唯一的一个本质性错误，就在他对女性的侮辱上。

当然，我们今天评论孔老夫子，尽可从事后诸葛亮的角度来对他横加指责。但倘若我们平下心来，仔细考虑一下中国当时的环境，便又可看出老夫子之所以得出如此偏激结论背后的大环境。

同样是在他教导学生的过程中，孔夫子不遗余力地强调侍奉父母必须竭尽全力，甚至要求人们做到"父母在，不远游，游必有方"（父母健在时，不要进行长时间的远行。如果不得已要远行，也一定要有明确的去处。）（同上，里仁第四十九章）。

这里，孔子对父母双方怀着同等的孝敬之心，而不是"父在不远游，父去游四方"的父尊母卑心态。遗憾的是，对父母的尊崇未发展到对男女的一视同仁；相反，中国社会中女性作为二等公民而存在被视为天经地义。前面提到的妹喜、褒姒等人，出现在史书上只能是奸邪；女人要出面同男人平起平坐是绝对不能容忍的事。孔子在他的言行中流露出对女性的不屑，只是他对当时普遍流行的社会道德观的一种肯定。

孔老夫子身后，一部《论语》成了中国的圣经。他这句名言不仅使中国社会对妇女的歧视名正言顺，而且引发出后来者孟子"男女授受不亲……嫂溺，则援之以手。"(《孟子》离娄章句上，十七章）的高论，引发出专为女性所写的《女论语》、《女儿经注》、《女千字文》、《女诫》等等，按封建礼教来培养女性规范。到宋朝理学推崇妇德，宣扬女性在丈夫死后应该"守节"，更使中国妇女的地位降到了最底层。宋朝的女性开始裹脚，口笔不离"仁义道德"的君子们，用一条又长又臭的裹脚布将他们的姐妹捆绑成残废人，供他们把酒和诗时欣赏玩弄。这样的仁义，无疑是世界上最空前绝后的虚仁和假义；宋朝这些读书读出歪理的"才子们"，直到今天还在让中国的男人蒙羞于世。

二、不平等的延续

所谓"矫枉过正"，其实在现实生活中并不尽然。中国妇女千百年所受的苦难，可谓人世间最大的"枉案"之一；但尽管反封建的新文化运动有"打倒孔家店"的豪迈和勇气，却不具备将有着巨大惯性的男权社会彻底推倒（矫枉）的力量，更不用想从头来过建起一个女性超越男性（过正）的社会。

新文化运动给中国妇女带来的新天地，是对几千年来旧传统的一个巨大颠覆。妇女从此不再裹小脚，天足使她们可以走出门外，跟男子一样闯荡天下。妇女可以参加考试，可以升学读书，可以像男子一样管理国家。妇女甚至还可以做造反的先锋，可以作为国家的特使扬名世界，可以上天入海，扬名立万。

但所有这些，终究只是男女平权的曙光。观察一个社会的发展，首先得看其首领的动向。民国成立后的中国，自孙中山、蒋介石至毛泽东，再到今天的胡锦涛，治国的女性有是有了，但多是装饰点缀。宋家三姐妹权倾一时，托的是夫君的福，宋家真正握有实权的还是家中的男丁宋子文；毛泽东时代的江青，位极人臣时可谓威震四方，但老毛一死就人走茶凉，抓到法庭上"审理"时连一声"我是毛泽东的狗，他叫咬谁就咬谁"的委屈也只说出半句就被堵了嘴；今天的中国有吴仪，论才干和德行，她比大陆领导核心九常委的哪一位都只高不低；论位置，那就哪一个常委出面，她就都得乖乖地跟在后面。原因？她是个女人。

再看看以华人社会为主而已经迈进发达社会，经济、政治都有相当自由的台湾、香港和新加坡。如果说前两者还都有女性参政的话，号称民主社会的新加坡就不得不让人气馁了：不用说政治舞台上看不到什么女性的身影，连执政方法都还是传统的"老子英雄儿好汉，老子升天儿接班"。总理李光耀退休后，公子李显龙稳当接班。也许将来李显龙让长女接班，对新加坡来说就是个巨大的进步了吧。

过去的百年里，中国社会在推动男女平等问题上取得了翻天覆地的进步。包括科研、学术和社会管理各领域的中高层位置上，妇女占的比例同世界上大多数国家相比都毫不逊色。考虑到这一变化只是在短短百年内发生的，男女平权方面取得的成绩确实不容否认，也无从否认。

即使从社会学的角度来考察，中国社会中妇女地位的提高同样显著。从现代人的角度来看，素来重视家庭团聚，推崇孝敬父母的中国男子，竟然在家宴上将老母、贤妻以及所有女性统统排斥到厨房里去吃饭，可说是荒唐透顶。但这样的荒唐，百年前还天经地义地在中国大地上普遍存在着！

今天，人们每每听到这样的述说时，眼中会流露出莫名的惊诧。这份惊诧，正是社会进步疾速的最好反映。

然而，老母、妻女可以堂而皇之坐上家宴的饭桌，并不是什么了不起的成就。同样，中国女性结婚后，再不必卑躬屈膝地随夫家姓叫做什么王陈氏，而是干脆把王姓丢在一旁，理直气壮地保持自己的原名，也不是本质意义上的妇女解放。最重要的地方，还在于看她们能否真正跟男人一样，凭借自身的能力，随意做自己想做、自己能做的事情。

当代中国男女平权的现实，是同国家最高领导层的"男天下"相一致的。科研、学术和社会管理的最高层，基本是清一色的男人世界。女省长、女部长和女院长不是没有，而是在一个号称"妇女顶起半边天"的社会里显得太稀罕、太珍贵。倘若中国妇女当真如政府当局所声称的那样顶起了半边天，那么人们就该在见到顶起另一半边的众多男性同胞的同时，也该看到相当数量（暂时不指望相同数量吧）的女性容颜才是。

莫不是，有人不喜欢见到她们涂脂抹粉、花枝招展的样子，愣是命令她们学做花木兰，女扮男装了吧。

或者，顶天立地的工作也确实让她们做了，只不过让她们更多些立地，少来些顶天？

看来，西方社会流行的"玻璃天花板"（指看不见、觉得着的人为阻碍，使女性升至高层的困难大大增加），并不是什么西方国家的专利。中国将男女平等写入了宪法，这是理论上的突破；中国在三月八日给所有妇女放上半天假庆祝三八妇女节，这是现实生活中的惠顾。但我们如果仅仅看到这些表面上的进步，就会失去问题的方向。理论必须有实践的证明，才是真正经得起考验的理论，否则就还是舞台上作秀的花架子，并无力量去捅破"玻璃天花板"。至于一年放上半天假，并没有多少实际意义。刻薄的男人们就说：今天给你们半天假是应该的，咱爷们一年可是有三百六十四天半的假呢！

虽然是玩笑，这句话反映出的内在意义却是真确的。没有实际保障的男女平等，社会不过是在画饼充饥式地自我感觉良好。平等入宪，跟现实生活中是否实现平等，甚至跟社会是否开始去追求这一目标，都是截然不同的事情。要真正做到男女平权，人们应该从社会的每一个细微处出发，从各个不同的角度来考察、衡量男女不同的位置和待遇。

三、社会个案分析

下面，编者从几个侧面来分析讨论现代中国社会中的妇女问题和男女平等问题。

从男女分做家务看女权

传统的中国男子是不做家务的，孔子对君子的指导性建议是不下厨不做饭，但他对饮食的要求又极高，所谓"食不厌精，脍不厌细"是也。如此精细的制作，需要很多的时间和精力，所以"女子无才便是德"就是件自然成章的事了。女子无才，是不需要读书治国的才，下厨房准备食物的才，则是多多益善。

相对传统习俗而言，今天的中国社会在家庭分工方面已经取得了巨大的进步。一般来说，男性承担支撑家庭经济的主要责任，女性承担家庭的内务责任。虽然具体的家务劳动没有绝对的分割，男性也做家务，女性也外出工作，但是彼此最终的责任是明确的，持家是"女人的事"，养家是"男人的事"，这就是性别角色的"边界"。社会上出现的一个特别的"独居才女"阶层，就是这一角色划分的结果。女子现在可以奋斗成功，读书读到博士，生意做到老总，但事业成功的另一面，却使她们在感情生活上屡遭挫折。男子及其家人内心里不能接受"靠老婆养活"的概念，即便是夫妻同时工作但女子赚钱赚得更多，也是男人失败的表现。这一荒唐的社会理念归根究底还是男尊女卑这一旧传统思想的反映。

塞翁失马，焉知祸福，世事本来一贯如此。前文对六、七十年代大陆开展的文革进行了彻底的批判，但即便丑恶如文革，结果也会产生些好处。文革摧毁了中国社会很多优良的传统，但与此同时也开始从根本上动摇了男尊女卑这一恶习，女孩子在"江青同志"的带领下开展斗争批判，不仅巾帼不让须眉，甚至有过之而无不及。文革后江青虽然倒了，但"男人可做的事，女人也同样可以做"这股风气，却也成了社会普遍接受的现实。

文革造成的经济失败，使大陆再也无法承受庞大人口带来的负担，1979 年开始推行每户人家只生育一个孩子的独生子女政策。重男轻女的传统习惯，迅速使男孩子在新生人口中的比例远远高过女孩，渐渐产生女子"供不应求"的局面。如此，思想开放并不如香港、台湾的大陆地区，却在男女平等方面很快实现了反超。

九十年代末，在欧美地区生活了二十年，并走遍世界各地的台湾著名作家龙应台，来到上海后亲眼目睹上海人家庭中下厨烧饭洗碗以男人居多，家里请客吃饭男人去市场买了带鱼拎着回来，再接着洗鱼煮鱼而女人却在化妆打扮这样的"台湾作家想编都编不出来的故事"，将上海男人调侃成大陆"自成一体"的"世界稀有品种"。（龙应台《啊，上海男人！》《文汇报》1997 年 1 月 7 日）

但事实上，有着"马大嫂"（上海话"买、汰、烧"的谐音）、"气管炎（妻管严）"和"床头柜（床头跪）"诸多形象的上海男人，在家庭两性角色分工上，和全国平均数字比较并无原则上的差异。统计结果显示：中国已婚女性平均每天在家务劳动上花费的时间为 4.36 小时，是男性的 2.8 倍；上海妻子为 3.67 小时，是丈夫的 2.1 倍。也就是说，上海男人做家务的时间仅是妻子的 47%，家务总量的 32%，根本还谈不上什么家务的主力军。（孟宪范《转型社会中的中国妇女》北京 2004 年）

与世界上其他地区比较，瑞典、美、英、法、德等国家"模范丈夫"很多，他们不仅跟上海男人一样做饭、购物、照料子女，而且瑞典男人在分担家务方面的程度，大幅度超过了上海同行。反观日本、韩国和菲律宾等亚洲国家，"甩手丈夫"的比重又大大超过上海人，其中以日本为最，只有 4%的日本男子曾经下过厨房。台湾的情况和日本差不多，所以龙应台女士看到上海男人如此努力为老婆效劳时，就狠狠地吃了一大惊。

上海男性在做饭、饭后整理洗刷、洗衣、打扫卫生和照料孩子等最费时、琐碎的家务领域承担主要责任的比重，分别占 21%、28%、12%、16%和 14%，他们包揽的家务则是非经常性的重活如买米、搬动家具等。在大多数的日常家事上，作出主要贡献的依然是女性；这也就是说：即使在男女平等问题上走在前列的上海家庭，也并未实现两性均衡分配家务的模式。

以上所引统计结果，是以上海的情况为据，上海是全中国在这方面做得相对最好的城市，但其它城市也有迎头赶上的气势，如成都男子在夫妻共同承担做饭这方面，就以 50%的高比例，远远超过了上海 28%的水平。究其原因，还是应该看到中国大陆在男女平等问题上已经取得了长足进步，过去五十多年发生的变化已经令人瞠目，未来这一改变的步伐还会不断加快。

农村妇女面临的困境

目前，中国农村地区还有将近 4000 万人在贫困的痛苦中挣扎，按政府统计数字，中国农村贫困人口（按每天 0.66 美元的标准计算）由 1978 年的 2. 6 亿下降到 1998 年的 4200 万，从占农村人口总数的 1/3 下降到 1/20。

"外来妹打工"是中国大陆实行改革开放后出现的新情况，它也是迅速改变农村贫穷面貌的一个重要组成部分。中国农村劳动力大量过剩，早就是一个不争的事实；传统上男尊女卑的观念，又使很多农村女性很早就被剥夺了受教育的权利。她们的青春活力，随着中国经济开放，海外投资涌入而得到了突然迸发的机会。大量外商投资的劳动密集型工业急需有能力学习基本技能、既能吃苦耐劳又对工资要求不高的劳动力，农村年轻妇女则渴望着能到大城市做工赚钱，双方各得所需，一拍即合，打工的外来妹很快成为中国经济发展中的一支庞大力量。

很多西方人士对外来妹们每天在工厂里超时工作，业余生活没有什么色彩却并无多少埋怨疑惑不解，这是因为他们不了解农村贫困生活的严重性。的确，外来妹离乡背井，在城市的工作也极辛苦，但比起她们冬春季节光脚下水田插秧，这份辛苦根本算不了什么。她们辛勤工作的回报，在西方人眼中不值一提，对她们来说却是可因此改变命运的一个台阶。

正因为从乡村来到城市的青年女性要求很低，资方对她们的剥削就非常苛刻。既然 150 元的基本工资已经达到了国家规定的贫困线标准，惟利是图的资本家在劳工资源充足的情况下就不会开出更高的工钱招工。另一方面，想趁着年轻多赚一些的外来妹们则"愿意多上班"，靠加班费来增加收入。有调查发现打工妹们认为一天工作八小时不正常，相反工作十二小时甚至更多才是应该的。常常有女工每月工作 30 天，每天工作 11 个小时，一个月下来净收入也就是三、四百元（1994 年情况）。过度劳累，造成打工者因"过劳死"或疲劳后发生工伤事故而失去年轻的生命。工作环境的安全保障要求，对高污染、高毒性加工业的管制政策，以及过量工作对打工者的身心损害评估，都是政府的正常工作范围和责任，但打工妹身上却鲜少见到这样的人文关怀。

打工妹的遭遇，既是男女不平等的切实反映，也是一个社会尚不具有人格平等观念的标志。

并不是所有的农村女子都愿意牺牲身心去换来一份收入，于是城市里就有了另一道风景线："保姆村民的聚会"。

城乡收入的巨大差异，使得很多城市居民有能力支付保姆服务。农村一些地区的妇女，则集中在一起去一个城市做工，如此一方面可以互相介绍工作，一方面也可建立起一种原始工会组织来自我保护。周末或节假日，她们就可以聚在一起聊解乡愁，彼此之间帮助解决新产生的问题。

首先，如何称呼保姆，在大陆这个理论上处处讲平等的社会就成了一个问题。传统习惯上，雇主与保姆的关系是"主子—家奴"之间的关系；但既然大陆已经"共产"，叫"家奴"肯定不行，于是就改叫成"家庭服务员"。明明是给人端屎拉尿，却偏要挂上个"平等"的名誉，真是要多别扭有多别扭。

之所以拿这个并不重要的头衔说事，原因是保姆这份工作的位置处在社会最底层。很多女性宁愿每天工作十二小时也不愿做保姆，原因正在于此，男性宁愿去街上扫大街而不愿做保姆，原因也在此处。大陆社会充斥年轻女性做保姆，这一事实本身就是评定它在男女平权方面进展的一个依据。

有鉴于此，绝大多数保姆从业者都说自己不想做保姆，而是"迫不得已，只能做这个"，"暂时先做着，有了机会再说"。究其原因，一致的说法是保姆"没身份、没地位、没发展"；工作环境和方式上，则是"在人家家里，端人家饭碗，寄人篱下"。

大陆五十多年理论上开展的平等教育，可以成为保姆们反击侵权雇主的有力武器。一个四十多岁，没什么文化的保姆在"老头子"（男雇主）不吃她做的饭，而且让她倒掉时，也来了脾气，真的去倒掉了。老头刚说："你他妈的——"，保姆就回应说："你骂人？你是共产党你骂人？国民党才骂人，我不伺候你！"他说："我出了钱……"保姆说："出了钱就可以骂人？我出了力，我不干了……"这个事例，一方面说明今天的共产党已经变质，再没有当年将军民鱼水关系放在政策第一位的观念；另一方面也说明做保姆的女性即便在共产党人眼中也是低贱的角色，根本没有地位可言。所幸这位妇女懂得捍卫自己的人格平等，换一个不会讲话的女性，就只有将苦楚往肚里咽的份了。

农村女性社会地位较城市姐妹低下，一项统计有力地道出了差别程度。五十年代中国大陆地区孕产妇死亡率高达 1500/10 万人，2000 年下降至 53/10 万，世界排名第 55 位。婴儿死亡率也从 1970年的千分之五十五下降到千分之三十三，但城市和农村之间的情况，却有如发达国家和发展中国家之间存在着的巨大差异。前者城市和农村的情况分别是 29 和 70；后者差异更明显：全国平均值33，城乡的数值竟分别为 12 和 37，相差 3 倍以上。

造成同一个"社会主义国家"内城乡之间怀孕妇女命运有着如此巨大差别的原因，当然先要归溯到"一国两制（国家对城市和农村实行人为的不同管理）"，乡村经济条件差，在妇女保健、妇科病治疗、孕育教育和医疗、性病防治等方面都远不如城市开展得好。另一方面，在一个整天宣传"儿童是祖国未来"的国度，政府理论上重视妇婴健康、儿童教育这些和祖国未来有着直接关系的地方，实践上却资金不能到位。口惠而实不至的现象，展示出社会对贫穷地区农村妇女所处窘境的麻木不仁心态。

"性骚扰"概念的提出

"性骚扰"这一概念的提出，可以说是中国社会近年来在推动男女平等方面迈出最具实质意义的一步。进入二十一世纪以后，媒介不断传出女职员控告经理性骚扰，女教师不堪学校高层管理人员言辞挑逗等个案；法院受理审判后认定侵扰事例成立，判决支持女方的情况也不断出现。性骚扰问题在中国历史上刚浮出水面就赢得支持，成为全体社会公众关注的社会问题之一。

毛泽东时代推行的男女平等，主要体现在社会公共领域如就业、教育、政治等活动过程中，在家庭、性等私人领域则沿袭了男人控制女人的传统。任何与人性色彩有关的东西，尤其是身体欲望和性关系，在传宗接代以外只能是资产阶级的腐朽思想和行为，必须加以摒弃。这种近乎禁欲主义的氛围使性成为大逆不道的丑恶事物，任何两性间的非礼行为对个人来说都是见不得人的，因此性骚扰现象只能隐藏在地下，即便男教师诱奸幼女这样的刑事案件，也只是以"生活作风问题"轻描淡写地处理一下就算了事了。

在工作场所对年轻女性进行语言骚扰；酒席宴会上"黄段子"满天飞，毫不在意女性的反应；老板上司以加薪升职为要挟，迫使女职员满足其性要求等都是东方社会比较普遍的性骚扰现象。随着农村女性到城市工作的增加，她们相对更严重的弱势地位使她们极易成为性骚扰的对象。将这一问题提上法律解决的高度，实在是大有必要的一件事。

中国乡间还很少存在保护妇女权益的思想基础。2001年中国法学会在北京郊区召开村民座谈会，向他们调查是否存在家庭暴力时，回答是异口同声的"没有啊！"；将问题转换成"有打老婆的吗？"他们笑着说："那太多了，老婆不听话就打呗！"在他们的观念中，打老婆是一件普普通通的家务事，是解决家庭矛盾的一种"合理"方式！

中国妇女界开始关注针对妇女的家庭暴力问题，还是在 20 世纪的 90 年代初。但由于中国社会的转型，这一问题一经提出很快就成为社会关注的一个重点，并被迅速提高到妇女人权的层次上来。中国社会因重男轻女传统而比较多见的溺杀女婴、产前性别选择现象，也因为新修订的《家庭暴力防治法》而成为违法行为，证据确凿者将被送上法庭审理定罪，接受法律制裁。

按照中国传统，男主女从是天经地义。《礼记·昏礼》就有"妇人，从人者也，幼从父，嫁从夫，夫死从子"的记载，因此丈夫打妻子并不是什么大不了的事。家庭暴力常常被冠以"家庭纠纷"、"夫妻矛盾"，以"清官难断家务事"为由而置之不理，改变这一现状，尤其在广大农村地区，仍是一件任重道远的事。

再来看农村妇女被拐卖问题，我们对提高中国农村女性地位这一任务的艰巨性就会有更清醒的认识。中国政府曾在 1991、93 和 95 年连续三次开展大规模的"打拐"行动，但问题不仅没得到遏止，反而立案数连年上升。这里最值得关注的，是这样一个大活人突然从远方来到新地方安家，从当地政府到左邻右舍竟没有一个人查问她的来路，之后"新娘子"抱怨哭诉，面对的也常常是无动于衷。人们对受难女性处于困境中的冷漠反应，不肯伸出援助之手，既是世风不佳的表现，也是女性地位低落的结果。

思考题：

一、"中国妇女今天在社会上的地位，相对其西方姐妹来说只高不低。"你同意这一定论吗？为什么？

二、龙应台女士对上海男人帮忙做饭大表惊异，说明什么问题？

三、从"外来妹"这三个字上，可以在哪些方面看到中国女性社会地位的低落？

四、中国政府应在改善农村妇女生活保健方面做哪些什么工作？

五、中国城市女性开始将"性骚扰"问题诉诸法律，这一现象跟农村妇女的生活地位相对照存在着怎样的反差？

Chapter Eight: Literature　第八章 文学

第一节 鲁迅的《故乡》 My Hometown

编者按：

　　鲁迅（1881-1936）原名周树人，浙江绍兴人，中国现代文学家、思想家。1902 年赴日本学医，因感慨国人思想愚钝，认定救人身体不如教人思想，遂弃医从文。新文化运动期间在北京参与《新青年》杂志的编辑工作，为新文化运动的主要倡导者和领导者之一。1927 年移居上海，成为中国左翼作家联盟的领军人物，作品有散文诗集《野草》、散文集《朝花夕拾》、短篇小说集《呐喊》、《彷徨》等。

一、原著(1)：

　　我冒了严寒，回到相隔二千余里，别了二十余年的故乡去。

　　时候既然是深冬；渐近故乡时，天气又阴晦了，冷风吹进船舱中，呜呜的响，从蓬隙向外一望，苍黄的天底下，远近横着几个萧索的荒村，没有一些活气。我的心禁不住悲凉起来了。

　　阿！这不是我二十年来时时记得的故乡？

　　我所记得的故乡全不如此。我的故乡好得多了。但要我记起他的美丽，说出他的佳处来，却又没有影像，没有言辞了。仿佛也就如此。于是我自己解释说：故乡本也如此，——虽然没有进步，也未必有如我所感的悲凉，这只是我自己心情的改变罢了，因为我这次回乡，本没有什么好心绪。

　　我这次是专为了别他而来的。我们多年聚族而居的老屋，已经公同卖给别姓了，交屋的期限，只在本年，所以必须赶在正月初一以前，永别了熟识的老屋，而且远离了熟识的故乡，搬家到我在谋食的异地去。

　　第二日清早晨我到了我家的门口了。瓦楞上许多枯草的断茎当风抖着，正在说明这老屋难免易主的原因。几房的本家大约已经搬走了，所以很寂静。我到了自家的房外，我的母亲早已迎着出来了，接着便飞出了八岁的侄儿宏儿。

　　我的母亲很高兴，但也藏着许多凄凉的神情，教我坐下，歇息，喝茶，且不谈搬家的事。宏儿没有见过我，远远的对面站着只是看。

但我们终于谈到搬家的事。我说外间的寓所已经租定了，又买了几件家具，此外须将家里所有的木器卖去，再去增添。母亲也说好，而且行李也略已齐集，木器不便搬运的，也小半卖去了，只是收不起钱来。

"你休息一两天，去拜望亲戚本家一回，我们便可以走了。"母亲说。

"是的。"

"还有闰土，他每到我家来时，总问起你，很想见你一回面。我已经将你到家的大约日期通知他，他也许就要来了。"

这时候，我的脑里忽然闪出一幅神异的图画来：深蓝的天空中挂着一轮金黄的圆月，下面是海边的沙地，都种着一望无际的碧绿的西瓜，其间有一个十一二岁的少年，项带银圈，手捏一柄钢叉，向一匹猹(2)尽力的刺去，那猹却将身一扭，反从他的胯下逃走了。

这少年便是闰土。我认识他时，也不过十多岁，离现在将有三十年了；那时我的父亲还在世，家景也好，我正是一个少爷。那一年，我家是一件大祭祀的值年(3)。这祭祀，说是三十多年才能轮到一回，所以很郑重；正月里供祖像，供品很多，祭器很讲究，拜的人也很多，祭器也很要防偷去。我家只有一个忙月（我们这里给人做工的分三种：整年给一定人家做工的叫长工；按日给人做工的叫短工；自己也种地，只在过年过节以及收租时候来给一定人家做工的称忙月），忙不过来，他便对父亲说，可以叫他的儿子闰土来管祭器的。

我的父亲允许了；我也很高兴，因为我早听到闰土这名字，而且知道他和我仿佛年纪，闰月生的，五行缺土(4)，所以他的父亲叫他闰土。他是能装〔弓京〕捉小鸟雀的。

我于是日日盼望新年，新年到，闰土也就到了。好容易到了年末，有一日，母亲告诉我，闰土来了，我便飞跑的去看。他正在厨房里，紫色的圆脸，头戴一顶小毡帽，颈上套一个明晃晃的银项圈，这可见他的父亲十分爱他，怕他死去，所以在神佛面前许下愿心，用圈子将他套住了。他见人很怕羞，只是不怕我，没有旁人的时候，便和我说话，于是不到半日，我们便熟识了。

我们那时候不知道谈些什么，只记得闰土很高兴，说是上城之后，见了许多没有见过的东西。

第二日，我便要他捕鸟。他说：

"这不能。须大雪下了才好。我们沙地上，下了雪，我扫出一块空地来，用短棒支起一个大竹匾，撒下秕谷，看鸟雀来吃时，我远远地将缚在棒上的绳子只一拉，那鸟雀就罩在竹匾下了。什么都有：稻鸡，角鸡，鹁鸪，蓝背……"

我于是又很盼望下雪。

闰土又对我说：

"现在太冷，你夏天到我们这里来。我们日里到海边捡贝壳去，红的绿的都有，鬼见怕也有，观音手(5)也有。晚上我和爹管西瓜去，你也去。"

"管贼么？"

"不是。走路的人口渴了摘一个瓜吃，我们这里是不算偷的。要管的是獾猪，刺猬，猹。月亮底下，你听，啦啦的响了，猹在咬瓜了。你便捏了胡叉，轻轻地走去……"

我那时并不知道这所谓猹的是怎么一件东西——便是现在也没有知道——只是无端的觉得状如小狗而很凶猛。

"他不咬人么？"

"有胡叉呢。走到了，看见猹了，你便刺。这畜生很伶俐，倒向你奔来，反从胯下窜了。他的皮毛是油一般的滑……"

我素不知道天下有这许多新鲜事：海边有如许五色的贝壳；西瓜有这样危险的经历，我先前单知道他在水果电里出卖罢了。

"我们沙地里，潮汛要来的时候，就有许多跳鱼儿只是跳，都有青蛙似的两个脚……"

阿！闰土的心里有无穷无尽的希奇的事，都是我往常的朋友所不知道的。他们不知道一些事，闰土在海边时，他们都和我一样只看见院子里高墙上的四角的天空。

可惜正月过去了，闰土须回家里去，我急得大哭，他也躲到厨房里，哭着不肯出门，但终于被他父亲带走了。他后来还托他的父亲带给我一包贝壳和几支很好看的鸟毛，我也曾送他一两次东西，但从此没有再见面。

现在我的母亲提起了他，我这儿时的记忆，忽而全都闪电似的苏生过来，似乎看到了我的美丽的故乡了。我应声说：

"这好极！他，——怎样？……"

"他？……他景况也很不如意……"母亲说着，便向房外看，"这些人又来了。说是买木器，顺手也就随便拿走的，我得去看看。"

母亲站起身，出去了。门外有几个女人的声音。我便招宏儿走近面前，和他闲话：问他可会写字，可愿意出门。

"我们坐火车去么？"

"我们坐火车去。"

"船呢？"

"先坐船，……"

"哈！这模样了！胡子这么长了！"一种尖利的怪声突然大叫起来。

我吃了一吓，赶忙抬起头，却见一个凸颧骨，薄嘴唇，五十岁上下的女人站在我面前，两手搭在髀间，没有系裙，张着两脚，正像一个画图仪器里细脚伶仃的圆规。

我愕然了。

"不认识了么？我还抱过你咧！"

我愈加愕然了。幸而我的母亲也就进来，从旁说：

"他多年出门，统忘却了。你该记得罢，"便向着我说，"这是斜对门的杨二嫂，……开豆腐店的。"

哦，我记得了。我孩子时候，在斜对门的豆腐店里确乎终日坐着一个杨二嫂，人都叫伊"豆腐西施"(6)。但是擦着白粉，颧骨没有这么高，嘴唇也没有这么薄，而且终日坐着，我也从没有见过这圆规式的姿势。那时人说：因为伊，这豆腐店的买卖非常好。但这大约因为年龄的关系，我却并未蒙着一毫感化，所以竟完全忘却了。然而圆规很不平，显出鄙夷的神色，仿佛嗤笑法国人不知道拿破仑(7)，美国人不知道华盛顿(8)似的，冷笑说：

"忘了？这真是贵人眼高……"

"那有这事……我……"我惶恐着，站起来说。

"那么，我对你说。迅哥儿，你阔了，搬动又笨重，你还要什么这些破烂木器，让我拿去罢。我们小户人家，用得着。"

"我并没有阔哩。我须卖了这些，再去……"

"阿呀呀，你放了道台(9)了，还说不阔？你现在有三房姨太太；出门便是八抬的大轿，还说不阔？吓，什么都瞒不过我。"

我知道无话可说了，便闭了口，默默的站着。

"阿呀阿呀，真是愈有钱，便愈是一毫不肯放松，愈是一毫不肯放松，便愈有钱……"圆规一面愤愤的回转身，一面絮絮的说，慢慢向外走，顺便将我母亲的一副手套塞在裤腰里，出去了。

此后又有近处的本家和亲戚来访问我。我一面应酬，偷空便收拾些行李，这样的过了三四天。

一日是天气很冷的午后，我吃过午饭，坐着喝茶，觉得外面有人进来了，便回头去看。我看时，不由的非常出惊，慌忙站起身，迎着走去。

　　这来的便是闰土。虽然我一见便知道是闰土，但又不是我这记忆上的闰土了。他身材增加了一倍；先前的紫色的圆脸，已经变作灰黄，而且加上了很深的皱纹；眼睛也像他父亲一样，周围都肿得通红，这我知道，在海边种地的人，终日吹着海风，大抵是这样的。他头上是一顶破毡帽，身上只一件极薄的棉衣，浑身瑟索着；手里提着一个纸包和一支长烟管，那手也不是我所记得的红活圆实的手，却又粗又笨而且开裂，像是松树皮了。

　　我这时很兴奋，但不知道怎么说才好，只是说：

　　"阿！闰土哥，——你来了？……"

　　我接着便有许多话，想要连珠一般涌出：角鸡，跳鱼儿，贝壳，猹，……但又总觉得被什么挡着似的，单在脑里面回旋，吐不出口外去。

　　他站住了，脸上现出欢喜和凄凉的神情；动着嘴唇，却没有作声。他的态度终于恭敬起来了，分明的叫道：

　　"老爷！……"

　　我似乎打了一个寒噤；我就知道，我们之间已经隔了一层可悲的厚障壁了。我也说不出话。

　　他回过头去说，"水生，给老爷磕头。"便拖出躲在背后的孩子来，这正是一个廿年前的闰土，只是黄瘦些，颈子上没有银圈罢了。"这是第五个孩子，没有见过世面，躲躲闪闪……"

　　母亲和宏儿下楼来了，他们大约也听到了声音。

　　"老太太。信是早收到了。我实在喜欢的不得了，知道老爷回来……"闰土说。

　　"阿，你怎的这样客气起来。你们先前不是哥弟称呼么？还是照旧：迅哥儿。"母亲高兴的说。

　　"阿呀，老太太真是……这成什么规矩。那时是孩子，不懂事……"闰土说着，又叫水生上来打拱，那孩子却害羞，紧紧的只贴在他背后。

　　"他就是水生？第五个？都是生人，怕生也难怪的；还是宏儿和他去走走。"母亲说。

　　宏儿听得这话，便来招水生，水生却松松爽爽同他一路出去了。母亲叫闰土坐，他迟疑了一回，终于就了坐，将长烟管靠在桌旁，递过纸包来，说：

　　"冬天没有什么东西了。这一点干青豆倒是自家晒在那里的，请老爷……"

我问问他的景况。他只是摇头。

"非常难。第六个孩子也会帮忙了，却总是吃不够……又不太平……什么地方都要钱，没有规定……收成又坏。种出东西来，挑去卖，总要捐几回钱，折了本；不去卖，又只能烂掉……"

他只是摇头；脸上虽然刻着许多皱纹，却全然不动，仿佛石像一般。他大约只是觉得苦，却又形容不出，沉默了片时，便拿起烟管来默默的吸烟了。

母亲问他，知道他的家里事务忙，明天便得回去；又没有吃过午饭，便叫他自己到厨下炒饭吃去。

他出去了；母亲和我都叹息他的景况：多子，饥荒，苛税，兵，匪，官，绅，都苦得他像一个木偶人了。母亲对我说，凡是不必搬走的东西，尽可以送他，可以听他自己去拣择。

下午，他拣好了几件东西：两条长桌，四个椅子，一副香炉和烛台，一杆抬秤。他又要所有的草灰（我们这里煮饭是烧稻草的，那灰，可以做沙地的肥料），待我们启程的时候，他用船来载去。

夜间，我们又谈些闲天，都是无关紧要的话；第二天早晨，他就领了水生回去了。

又过了九日，是我们启程的日期。闰土早晨便到了，水生没有同来，却只带着一个五岁的女儿管船只。我们终日很忙碌，再没有谈天的工夫。来客也不少，有送行的，有拿东西的，有送行兼拿东西的。待到傍晚我们上船的时候，这老屋里的所有破旧大小粗细东西，已经一扫而空了。

我们的船向前走，两岸的青山在黄昏中，都装成了深黛颜色，连着退向船后梢去。

宏儿和我靠着船窗，同看外面模糊的风景，他忽然问道：

"大伯！我们什么时候回来？"

"回来？你怎么还没有走就想回来了。"

"可是，水生约我到他家玩去咧……"他睁着大的黑眼睛，痴痴的想。

我和母亲也都有些惘然，于是又提起闰土来。母亲说，那豆腐西施的杨二嫂，自从我家收拾行李以来，本是每日必到的，前天伊在灰堆里，掏出十多个碗碟来，议论之后，便定说是闰土埋着的，他可以在运灰的时候，一齐搬回家里去；杨二嫂发见了这件事，自己很以为功，便拿了那狗气杀（这是我们这里养鸡的器具，木盘上面有着栅栏，内盛食料，鸡可以伸进颈子去啄，狗却不能，只能看着气死），飞也似的跑了，亏伊装着这么高低的小脚，竟跑得这样快。

老屋离我愈远了；故乡的山水也都渐渐远离了我，但我却并不感到怎样的留恋。我只觉得我四面有看不见的高墙，将我隔成孤身，使我非常气闷；那西瓜地上的银项圈的小英雄的影像，我本来十分清楚，现在却忽地模糊了，又使我非常的悲哀。

母亲和宏儿都睡着了。

我躺着，听船底潺潺的水声，知道我在走我的路。我想：我竟与闰土隔绝到这地步了，但我们的后辈还是一气，宏儿不是正在想念水生么。我希望他们不再像我，又大家隔膜起来……然而我又不愿意他们因为要一气，都如我的辛苦展转而生活，也不愿意他们都如闰土的辛苦麻木而生活，也不愿意都如别人的辛苦恣睢而生活。他们应该有新的生活，为我们所未经生活过的。

我想到希望，忽然害怕起来了。闰土要香炉和烛台的时候，我还暗地里笑他，以为他总是崇拜偶像，什么时候都不忘却。现在我所谓希望，不也是我自己手制的偶像么？只是他的愿望切近，我的愿望茫远罢了。

我在朦胧中，眼前展开一片海边碧绿的沙地来，上面深蓝的天空中挂着一轮金黄的圆月。我想：希望本是无所谓有，无所谓无的。这正如地上的路；其实地上本没有路，走的人多了，也便成了路。

一九二一年一月。

二、注释：

(1)本篇最初发表于一九二一年五月《新青年》第九卷第一号。

(2)猹：作者在一九二九年五月四日致舒新城的信中说："'猹'字是我据乡下人所说的声音，生造出来的，读如'查'。……现在想起来，也许是獾罢。"

(3)大祭祀的值年：封建社会中的大家族，每年都有祭祀祖先的活动，费用从族中"祭产"收入支取，由各房按年轮流主持，轮到的称为"值年"。

(4)五行缺土：旧社会所谓算"八字"的迷信说法。即用天干（甲乙丙丁戊己庚辛壬癸）和地支（子丑寅卯辰巳午未申酉戌亥）相配，来记一个人出生的年、月、日、时，各得两字，合为"八字"；又认为它们在五行（金、木、水、火、土）中各有所属，如甲乙寅卯属木，丙丁巳午属火等等，如八个字能包括五者，就是五行俱全。"五行缺土"，就是这八个字中没有属土的字，需用土或土作偏旁的字取名等办法来弥补。

⑸鬼见怕和观音手，都是小贝壳的名称。旧时浙江沿海的人把这种小贝壳用线串在一起，戴在孩子的手腕或脚踝上，认为可以"避邪"。这类名称多是根据"避邪"的意思取的。

⑹西施：春秋时越国的美女，后来用以泛称一般美女。

⑺拿破仑（１７６９—１８２１）：即拿破仑·波拿巴，法国资产阶级革命时期的军事家、政治家。一七九九年担任共和国执政。一八零四年建立法兰西第一帝国，自称拿破仑一世。

⑻华盛顿（１７３２—１７９９）：即乔治·华盛顿，美国政治家。他曾领导一七七五年至一七八三年美国反对英国殖民统治的独立战争，胜利后任美国第一任总统。

⑼道台：清朝官职道员的俗称，分总管一个区域行政职务的道员和专掌某一特定职务的道员。前者是省以下、府州以上的行政长官；后者掌管一省特定事务，如督粮道、兵备道等。辛亥革命后，北洋军阀政府也曾沿用此制，改称道尹。

三、分析与评论：

《故乡》发表后不久，茅盾在《小说月报》上著文写道："过去的三个月中的创作，我最佩服的是鲁迅的《故乡》。"他认为《故乡》"是悲哀那人与人中间的不了解，隔膜"的，而造成这种隔膜的原因"是历史遗传的阶级观念"。当然，《故乡》也描写了当时农村的经济破产和农民生活的困苦。反映农村凋敝的景象和农民挣扎在饥饿线上的文学作品，在当时并不罕见；但是在描写农民穷困的同时，又深刻揭示出他们精神上的痛苦和创伤，以及由此而导致人与人之间产生隔膜的，就只有鲁迅的《故乡》了。

小说的故事情节很简单，人物形象也为数不多，但作者通过寥寥几笔的刻画，却能将他们的面貌和在苦难生活中的挣扎活灵活现地表现在读者眼前。故事情节中人物面貌和处境的变与不变，是读者需要着重把握的关键。

小说的开头就将一幅凄凉的画面呈现在读者的面前，客船经过的途中，看到的只是"几个萧索的荒村，没有一些活气"。隐约之中"我"觉得当年的故乡要比这好得多，虽然具体说不出来好在哪里，但至少有一点是可以肯定的，家乡经过了这么些年来，"没有进步"！

当时的年月，是处在国家大变动的时代。辛亥革命的成功，共和国的建立，新文化运动的推广，都给国家带来了一种全新的气象。五四运动中学生罢课、商人罢市和工人罢工，更使变化深入到普通人的生活当中。在这样的大环境下，"我"从城市回到阔别多年的乡下，内心里也很自然地希望看到一些健康积极的变动迹象。"萧索而无活气"的景象，顿时使"我"的心也变得悲凉了。

到得老屋，"我"和母亲之间的闲聊，开始向读者透露出些许乡间生活萧索的原因。老屋离外间寓所相距很远，不便搬运的木器已经就地卖出，但却"收不起钱来"。

细心的读者，当可从这"收不起钱来"五个字上看出蹊跷：木器卖是卖得出手的，可见不是什么无用的玩意。但既然是双方两相情愿的买卖，成交后自然就有个钱币易手的过程。所谓"一手接钱，一手交货"，就是这个道理。不然，物件易主就不能叫做"卖出"而应该改叫"送出"。而"收不起来"所传达的意思，明显是说主人并不想白送木器给人，只是想收钱而收不到的苦。

是民风刁蛮，还是别有原因？但不管怎样，这乡间的生活大不美好，已经是明摆在眼前的事实了。

接下来，"小英雄"闰土登场。当年的闰土，虽然只是个农家孩子，却很会做事也很会玩：夏夜他会帮助父亲管西瓜地，拿着叉子去驱赶来偷吃西瓜的野物；冬天则自己在雪地上抓鸟玩。这些事情，是整天住在高墙内的"我"从来未曾听过的，因此在"我"的心里闰土是个英雄人物，想到这位儿时的朋友，似乎"美丽的故乡"也回到了眼前。到此，"我"已经很明白：儿时的故乡要比现在的景况好得多；"母亲"出去提防那些说是来买木器，实际是顺手牵羊的人时，简单地说了一句"闰土景况很不如意"的话，进一步证实了"我"心中的这个念头。

顺手牵羊的人当中，有一个是住在斜对门的杨二嫂，当年人叫她做"豆腐西施"，应该是个天生丽质的人儿。岁月的沧桑，使她失去了往日的美丽；但不仅如此，她现在站立的姿势也甚不雅观，说话的怪声怪气更吓了"我"一跳。她是打定主意来拿些东西的，现在看到"我"在场，干脆就拿出"当年我抱过你"的长辈架势，让已成为"阔人"的"我"将木器送给她。听到"我"声辩自己并没阔的话后，她又立即换了腔调，"有证有据"地指出我在外头已经做到道台的高位，"姨太太"、"大轿"都不在话下；进而将"为富不仁"的帽子扣到"我"头上，在"我"无言以对的情况下，愤愤不平地顺手拿走了"母亲"使用的一副手套。

故乡变了，变得很糟糕。这样的故乡和乡邻，叫人无论如何也喜欢不起来了。

终于轮到闰土正式登场了，但闰土的登场，带给读者的却是更大的悲哀。

三十年过去，闰土从孩童成长到壮年，身材增高了，儿时的紫脸膛变黄且布满皱纹，眼睛周围也因海风而肿得通红，红活圆实的手则变成粗笨开裂。最让人惊讶的，是这位当年家境尚好的人，现在头上的毡帽是破的，他浑身瑟索，身上穿的棉衣极薄，明显不能御寒。

在"我"一声"闰土哥"的亲热称呼后，闰土的反应却是"欢喜和凄凉"，他动着嘴唇却作不出声，态度"恭敬"起来后终于叫出一声"老爷!"。

这声"老爷"的叫唤，顿时使"我"感受到了两人之间已被一层"可悲的厚障壁"阻隔起来。对闰土来说，童年的友情早已成为"不懂事"时的过去；现今两人之间所处地位的差别如同天壤之分，物质上还在其次，精神地位的卑下使闰土无地自容，并将这种感觉连带地传达给了儿辈。

"我"不过是出去闯荡了三十年，回到故乡后也并未显示出什么特别的成就，为什么在乡邻们的眼中会如此高人一等呢？

原因并不在于"我"有没有八人抬的大轿坐，而是在于乡民们的生活每况愈下，已经到了衣食不足的地步了。既然人生是"衣食足后知荣辱"，生活到了"吃不够（不够吃的意思）"，也就是不能自保的悲惨地步，人对面子和尊严也就再无所谓。在这样困苦捱生的年月里，突然见到一个离开故土三十年，现在竟有本事将老母接出去一起生活的人，他这一典型的光宗耀祖行为，在乡人心目中就是做人极大成功的标志。既然大家都是乡里乡亲，做些善事也就是应该的本份。于是，杨二嫂前来巴结奉承，希望能换到些许好处；话不投机则在翻脸责骂之余，能占什么便宜就占什么。就连闰土，"母亲"已经慷慨地由他任意选取不带走的东西，他还要悄悄将十几个碗碟偷放在稻草灰里。从故事的前后发展来看，闰土先主动索要稻草灰，后来又用船来载走稻草灰，杨二嫂并未得到这些碗碟，因此这事多半确是闰土所为。这样，他虽然在表面上始终对"我"和"母亲"恭敬有礼，但实际上的行为和杨二嫂先礼后取的做法如出一辙。

很多评论《故乡》的文章将闰土少年洒脱跟成年卑恭的转变，归咎于封建等级思想的毒害，这实际上只看到了问题的表像而没有触及本质。闰土的父亲也是帮"我"家做事的，那时侯"我"家的家境还更好些。从文字上看，闰土的父亲和"我"父亲相处得很融洽，缺少人手时还可以自我推荐，让自己的儿子来顶工。他们之间的交往，很不似闰土的畏缩、迟疑和毕恭毕敬。

再看杨二嫂，如今家道中落，豆腐店的生意已经不知去向，从她每天都来做些小偷小摸的情况看，家境应该也很不好，至多跟闰土属于同一个等级。但她对"我"这个老爷却除了开始几句套近乎的话外，并没有半点恭敬之意。要说封建思想毒害，她一个裹了小脚的女人应该受害最深才是，但她偏偏天不怕地不怕地大胆责骂老爷的"为富不仁"。

导致闰土和杨二嫂的生活出现巨变的原因只有一条：辛亥革命后成功推翻满清帝制后，革命党人在军事力量上远不是北方袁世凯北洋军的对手，为了国家和平发展而不得已让权，结果却是袁复辟失败后的军阀混战。

闰土的生活情况，直接反映了军阀战争对民生所造成的极大困苦。兵、匪、官、绅，重重的盘剥将闰土这个普通的乡民给压得喘不过气来，生活一日不如一日，可还是得挣扎着活下去。归咎其悲惨生活的原因，军阀混战是最主要的根源。官长们都是些为一己之私而战的乱臣贼子，士兵们在他们的榜样带领下就会四处烧杀劫掠；身在乱世的蛮横之人，不想当兵但又不愿受大兵欺压，就给"逼上梁山"结伙成匪；民间的官员，既要维持政府原本需要的开支，又要迎合兵匪的索要，自然羊毛出在羊身上，向百姓们摊派；最后，就连那些有身份的富人，也以防匪为名自添家丁，成为地方上的土皇帝。受苦的，是百姓；作恶的，是军阀。

闰土在回答"我"的询问时作出的回答很让人深思，五岁的女孩子就要学会工作了，但即便如此大家还是连饭都吃不饱；乱世之下到处不太平，什么地方都要钱，根本没有什么规定。我们可以想象一下，在苛捐杂税多如牛毛，官绅本身就是土匪，兵匪更加无法无天的情况下，闰土这个有着六个孩子的父亲，种地也不好（不知道收成经过重重盘剥后能不能收回成本），不种更不行（当时的社会没有什么救济，没饭吃的情况下出路只有两条：出去讨饭或在家饿死）。处在这样每天日常生活都是在挣扎中求生存的境地，他再也没有闲工夫考虑等级或者情面问题，全部精力都在想着怎样搞多口饭来喂养家人。动物求生时，所有原始本能都会充分表现出来，如此，他想多占些便宜的行为也就很可以理解了。

杨二嫂的家境，也给这兵匪横行的世界给颠倒了过来。豆腐在平时不算什么奢侈品，但在肚中无粮的情况下，再没有人会来买豆腐吃。生意日益冷清，还有兵痞、土匪来抢财物，官吏、乡绅来摊派负担，店铺只有关门大吉。

他们俩作为乡村中受苦受难者的代表，对世事不公的反应截然不同：杨二嫂是生意场上的过来人，虽然看到拿枪的人时只有躲避的份，见到"我"这么一个读书人却不会害怕。闰土则是给兵荒马乱的世道搞得彻底心惊胆战了，他如果堂堂正正地向"母亲"索要那几只碗碟，未必就不能得到，但他已经是一个没了主心骨的人，精神世界近于崩溃，于是见到当年的玩伴，也只有连声叫唤"老爷"的份。

闰土给严峻的生活弄得一蹶不振，贪官豪绅的穷凶极恶更使他精神上丧失了独立人格，平时但求老天保佑给全家一口饭吃，待人处世方面再没有什么自尊可言。昔日的玩伴今朝既然已成人上人，就再也不能跟他一起同一个杯子喝酒，同一张台子上聊天。这不是封建等级制度要求他这样做，而是社会不公使得生活在社会底层的人们失去了他们的脊梁，即便偶尔有人要他们挺直脊梁，他们也习惯性地忘却了如何去做，只会惶惶然不知所措。闰土从欢喜到凄凉，动着嘴唇却作不出声，最后才将态度恭敬起来，这一连串的过程，是"物质决定精神"哲学原理在生活中的绝妙反映。

闰土的悲剧，首先是他个人的悲剧，但更是社会的悲剧。没有军阀乱世，闰土的生活不会如此悲惨；国家真的像孙中山先生设想的那样与民以权，容民以生，闰土也许会继续他儿时的英雄气概，成为一个社会的栋梁之材。

鲁迅在 1926 年的一次演讲中说："我们是中国人，我们总要遇见中国事，但我们不是中国式的破坏者，所以我们是过着受破坏了又修补，受破坏了又修补的生活。我许多寿命白费了。我们所可以自慰的，想来想去，也还是所谓对于将来的希望。希望是附丽于存在的，有存在，便有希望，有希望，便有光明。"（《鲁迅文学讲话》上海当代书店 1936 年）

这段话很好地诠释了他在《故乡》结尾部分借"我"之口发出的希望："我"和闰土都不会破坏而只会忍受着他人强加到头上的破坏，然后忍气吞声地将被破坏了的生活重新修补好，希冀从此可以太平无事地生活，并将以后的生活建设得更好些。这种对未来的新生活的憧憬，本来是人类最基本的一种生活追求，但是在战乱频仍的岁月中，基本的追求反成了奢望，而且一次又一次地重复着"希望-破灭-再希望-再破灭"的无奈过程。

"我"追求的"我们所未经生活过"的全新生活，点明"我"对当时的社会已经不抱幻想。这同孙中山先生"革命尚未成功，同志仍需努力"的遗愿，虽然出发点不同，目标却是相同的。闰土没有文化，只能通过香炉和烛台来表达他对未来的希望，这样的方式很传统也很迂腐，但是跟"我"改变社会的希望在本质上是相通的。他能够在如此艰难的生活环境下仍然坚持礼拜，说明他心底里还在挣扎，还在以他自己独特的表达方式来追求。这样的追求，也就是鲁迅先生所说的"有存在，便有希望，有希望，便有光明"的意思罢。

四、参考练习题：

一、从"我"对记忆中和现实情况下故乡的比较中，可以看出"我"对家乡抱着怎样复杂的情感和态度？

二、闰土一句悲怆的"老爷"，让我深感震惊，但震惊之余又不加推辞。怎么解释这一奇怪的场景？

三、杨二嫂年轻时是"豆腐西施"，到"我"回乡时则已经完全改变了形象。从小说里找出细节来证明，并解释如此大变的原因。

四、解释"我"在文中最后的思绪：希望是本无所谓有，无所谓无的。它反映了"我"怎样的心情和感慨？

五、学生习作：

以下是一个学生就《故乡》内容写成的一篇习作，虽说文章不尽完美，一些地方还出现了理解上的错误，总体也尚可斟酌修改，但对一个中学生来说，能够写出这样一篇有深度、有见解的文章，实属难能可贵。故加入本节，供大家参考。

从《故乡》一文看军阀割据的祸害

中国现代文学作家鲁迅的作品有很多，《故乡》(1)乃其中的一篇小说。

《故乡》所发生的背景是一个饱受苛税、土匪和军阀折腾的贫穷小村。内容描写"我"的故乡的变化和低下阶层惨不忍睹的生活苦况和心理转变，反映出军阀割据的祸害，从而对社会现象作出控诉和质疑，故事情节灰暗。经历了辛亥革命、袁世凯称帝等事件，中国军力已变得分散。拥兵的将军和地方势力占据各地，形成军阀。军阀为巩固自己的地盘势力，互相攻战不休。他们不以国家人民为念，最大的例证为没收百姓财产以作收入(2)，引致农民经济破产，农村社会覆亡。

在《故乡》一文中，"我"作为一个新知识分子，经历过一场反封建的新文化运动，满以为故乡的水平有了提升。所谓封建，就是打着仁义道德旗号，扼杀人性的礼教制度和伦理纲常。(3) 可是"我"看到的，却是残破不堪的村庄，和饱受军阀蹂躏的村民，军阀令故乡的反封建步伐停滞了。沉重的税项和军阀土匪的苛索令村民所余无几，无情的天灾令农作物失收，政府没有援助，再加上养妻活儿的重担，已令农民一无所有。日复一日入不敷支的苦日子，导致村民失去生存目的、本性和良知，甚至失去仅余的骨气和尊严，为了存活而做一些鼠窃狗偷的事。

闰土就是军阀对农村所作所为的最好例证。年少的闰土是一个质朴的小孩，没有任何阶级观念，称呼当时是"小少爷"的"我"做"迅哥儿"，彼此以朋友相待。但三十年后，闰土对"我"态度完全不同。出于封建思想和受岁月摧毁而变得现实的心灵，作为"我"儿时玩伴的闰土除了称呼"我"老爷，更要儿子向"我"磕头，失去儿时的真挚。

年少的闰土生活安稳，不用工作，可以四处游玩如捕鸟、捡贝壳，生活无忧。不过由于军阀的崛起，现在闰土一家生活困苦。闰土衣着残破，身体劳损。他的第六个孩子也要帮忙工作，生活困难可想而知。闰土已成了一个没有生存目的，只为糊口奔波的木偶人，失掉了小时勇敢坚强的特点，好象一个奴隶。

军阀无止境的剥削令村民收入大减。从前的村民很大方，种西瓜的人准许走路的人口渴的摘个瓜吃，但是"我"回乡后却只见到贪婪的村民。例如从前不用工作，靠美貌赚生意的豆腐西施，现在则成了经常到"我"家造访，说是买木器却顺手牵羊的小偷，生活艰难令她自甘堕落，偷取"我"家的手套和狗气杀。即使像闰土，得到了"我"的批准拿走东西，仍要神不知鬼不觉地把碗碟埋在草灰中运走。一个"我"心目中的小英雄，竟然沦落至此，实在令人慨叹，军阀对农民的影响可见一斑。

无休止的战争，只顾自身而漠视百姓的军阀不断向农民抢掠，最终导致农民物资缺乏，更甚是令他们的灵魂遭侵蚀，成为农村没落的主因。

(1): 《鲁迅小说集》人民文学出版社 一九九九年九月

(2): Jonathan D. Spence：《The Search for Modern China》W.W. Norton 一九九九年 第 284 页

(3): 范铭如《鲁迅》三民书局 二零零六年五月 第 19 页

第二节 王蒙的《说客盈门》
A House Frequently Visited by Persuaders

一、原著
（一）、他是谁

他崇尚简朴，连姓名也简单到了姥姥家(1)。四六年他到达解放区以后，更名为丁一。他起这个名字的时候，还没有时兴按姓名笔画为顺序排列主席团名单(2)。再说，除了在"史无前例"的那些年(3)表演那种时髦的腰背曲俯柔软操(4)以外，他也没上过主席台。

他的身材、相貌、嗓音是那样平常，又总是数十年如一日地穿着那身国家标准的 6-乙号蓝华达呢干部服，以致多感的人犯愁：假如他进城去百货大楼，汇合在熙熙攘攘的人流中，会不会搞得即便他老婆亲临也难以把他辨认出来呢？

幸好他还有两个细微的特点——看来完全消除一个人的特点也实在不易。一是后脑勺大一些。一是常皱着眉头。"上纲家"(5)曾经分析：那后脑勺是魏延(6)遗传下来的反骨，而眉之皱，乃是阴暗心理的外露。

他心眼儿死(7)。农村工作，曾经有个不成文的规矩：年初一本帐——计划、指标、保证、豪言壮语；年终一本帐——产量、入库量、缴售量、产值。这两本帐是不兴放在一块儿比较、查对的。可是丁一不，他偏要比、偏要对、偏要查、偏要刨根问底。如果他仅仅去责问社、队干部事情还好办，他竟然带着各种帐本去追究县委和地委(8)。这事发生在一九五九年。于是全县和全专区的阶级斗争形势一下子就紧张起来，到处抓激烈、复杂、尖锐的阶级斗争动向。他挨批，被打上"右"字黑印(9)不说，连各村戴帽地、富(10)及其子子孙孙，连省直机关下放到这里劳动改造的右派分子们也都逐一表态、检查、交代，被帮助、被训诫，被灵灵地一抓再抓。于是，不仅左派们对他义愤填膺——一个女同志批判他的时候结合忆苦思甜，当场晕了过去。就连那些急于摘帽的划错了的和没有划错的"右派"们也发自肝肺地对他恨之入骨，认为没有他的话形势就会缓和，他们就会更快地回到人民队伍。就连当时是永无摘帽希望的地、富份子，也觉得他实在是背兴(11)，既非委任也非荐任，谁让他代理我们的？光代理地、富不算，他还要代理反、坏、右(12)和帝、修、反(13)呢！你那个德性，代得过来吗？

从此，丁一每况愈下，因而每下愈况，于是乎愈下而愈况，愈况而愈下，不知伊于胡底了。

总算，万事都有个了，有个收。一九七九年一月，丁一落实到政策上去了(14)。四月，参加革命三十余年、年逾五十的丁一，恢复了党籍，被任命为县属玫瑰香牌浆糊厂的厂长。

许多人向他道贺，他皱着眉说："贺什么？"更多的人为他不平，认为给他安排的官儿小了，他不等人家说完就转过了脸，只给人家一个后脑勺。有人说他"又翘尾巴了"(15)，也有人说他的尾巴就象孙悟空的那根旗杆(16)一样，压根儿没有夹起来过。

他白天黑夜地在那个小小的浆糊厂里转，常常是满身的浆糊嘎巴，发出一种颇不类似玫瑰香的气味。老伴骂他贱骨头，他倒笑了。

所以他家一向客人不多。

（二）、被他摸了屁股的并不是老虎

他上任之后就发现了两大问题。这里用"发现"一词不当，因为这两个问题是秃子脑袋上的虱子——明摆着的。不如说是两个问题天天戳碰着他的眉心和后脑勺。一、做浆糊的副产品——面筋(17)管理不善，明拿暗搋，私分私卖，拉关系，搞交换，瘴气乌烟。二、劳动纪律十分松弛，有人上班时间睡大觉，绊倒了没睡觉的检验工。于是，他与各方反复研究，做出有关规定和奖励细则，公布施行。其实，也无非是一些人所共知的老话儿。

一个月过去了，五月份，该厂的一个合同工，叫做龚鼎的，被他抓了典型。因为这龚鼎，一、连续四个月不请假不上班。二、大模大样地到工厂要面筋，不给就大吵大闹，打管理员。三、拒不到厂，拒不接受教育。于是丁一要求党支部、团支部、领导小组、核心小组、工会、劳动组、政宣组、人保组、物质组、警卫组……讨论龚鼎的问题。虽然他一日三催，还是用了四十多天的时间。各种机构都同意了他的关于执行纪律的建议。六月二十一日厂里贴出布告：按照有关规定和细则，解除合同，将龚鼎除名。

有几个人知道龚鼎是县委第一把手(18)的表侄，觉得这样处理不妥，但又不好张口。但毕竟只是表侄，所以终于公布了决定。

（三）、一场自发的心理战

上述布告公布三个小时以后，开始有人来找丁一。先是县委办公室(19)的老刘。老刘五十七岁，一脸的和善之气，自称"广结善

缘"，"到处烧香"，善搞"微笑外交"。他笑容可掬地一只手搭在丁一的肩头，"老丁，你听我说。你抓厂子抓得不错啊！可这个龚鼎……"他放低了声音，说明了龚某人与县委书记的关系，然后说："当然罗，这与我们如何处理他是毫不相干的。你的处理是对头的罗。李书记如果知道，他也会感谢你的罗。我只是为你想。还是不要除名吧！除了名还不是在中国，在咱们县？我们还不是要管他，他还不是要去找李书记？算了算了，改成个警告吧……"诸如此类，诚恳耐心，说得丁一心眼儿真有点活动了，这时，县工业局局长(20)来了电话，声大气粗的周局长单刀直入：

"你怎么搞的？你搞的是什么名堂？找谁开刀不行，专找县委领导的亲戚，这是什么意思？叫别人怎么想？怎么说？快改变决定！"

"不能改！"丁一大声说，挂上了电话。他板起脸，向老刘说："岂有此理！"

于是，说客陆续来访。傍晚，县革委会主任(21)老赵来了。老赵是从打土改(22)时就在本县工作的，在县里是一个最有根基也最有影响的人物。他矜持地、无力地和丁一握了一下手，然后踱着步子，并不正眼看丁一一下，开始做指示。他指示说：

"要慎重，不要简单化。现在人们都很敏感，对于龚鼎的处理，将会引起各方面的注意。鉴于这一切，还是不除名比较有利。"

他没有再多说一个字。他认为这种书面批语式的指示已经够丁一用一个相当长的历史时期了。他悠悠地踱着步子，嗑着牙花子，慢吞吞地吐着每一个字。好像是在掂每一个字的份量；又象是在咂每一个字的滋味。是的，他的话语就像五香牛肉干，浓缩、醇厚。

天黑了，回到家，老婆也干预起"朝政"来了。当然，是带着打是疼、骂是爱的温情：

"你这个死老汉！现在的事情你难道还看不清楚吗，莫非说整天和浆糊打交道，你自己也变成了一摊糊涂浆子？你坚持原则？怎么没见选你当政治局委员(23)？六六年你挨了打，屎都拉到裤里，这就是你的原则？你的原则就是你找倒霉不说，还让我们娘几个跟上受罪(24)……"

老婆的话酸甜苦辣俱全。老婆还掉了泪，更是闪光的语言。丁一叹了口气，刚想解劝解劝，又来了新的说客。来客小萧，是被"踏上一只脚"时期(25)老丁的知己。小萧本是北大哲学系学生，上学期间就入了右册(26)，不知怎的混到本县交电公司，最近"改正"以后高升为采购员(27)。他小矮个儿，大鼻子，奇丑。历次运动，越整越喜笑，越整越机伶，越整越可爱。他声称他的人生哲学是人家打你的左脸你便伸过去右脸，右脸不挨打就决不还手。他还有个数字，说是用伸脸法处世，成功率高达百分之七十七。

小萧一进门就带来了笑声、快乐。他先把丁一老两口因为心绪不佳而未能消受的饺子全部歼灭。然后周到地问候了丁一全家所有的有关成员，赞道："亲戚多，也是有福气啊！"然后，他宣称，不久就可把他们盼望已久的物美价廉的九英寸电视机买好、送来。接着，他讲起了县内外、省内外、国内外的各种趣事。逗得老丁一家老小笑得前仰后合。"喂，你怎么不去说相声？"丁一问。"我得照顾侯宝林(28)啊！谁让侯宝林是我表大爷呢？"一句话又是哄堂大笑。于是小萧抓住有利的战机，展开了冲锋。他说：

"你瞧你瞧，有一件小事差点让我给忘了。就是姓龚的那个小子。真他妈的不是玩意儿！哪天见着，我非赏他两耳茄子(29)！可是老丁，你也别太激进了啊！咱们在县里工作，一无地位，二无后台，三无物质，全靠的是关系。大人物靠权，小人物靠关系。大人物有了权就有了一切，小人物有了关系也能什么都有点，你再别那么死心眼儿了吧，几十年的教育，别的没学会，还没学会转弯子吗？……对，对，你甭解释了。通过了呀，公布了呀，可以改哟！宪法也可以改，毛主席写了文章也可以改，你丁厂长就比毛主席还厉害？就比宪法还厉害？ 去，去！把龚小子给我收回来，我说明白，这可不是他表大爷让我来的，是我自己要来的。我首先是为了你，其次，才是受龚小子之托，我说没问题，包在我身上，这点面子老丁还能不给吗？哈哈哈……"

如此这般，天上地下，冠冕堂皇外加庸俗低级，真真假假，拉拉打打，笑笑骂骂……

丁一事先并不知道龚鼎的表大爷是县委领导。对龚鼎的处理也不能说就毫无讨论的余地。但是接二连三的说客使他警觉起来：如果不是县委书记的表侄，能有这么多人劝他"慎重"、"不要简单化"、"考虑后果"……吗？这个问题出现在他那个魏延式的脑骨之间，变成了大脑皮层上的兴奋灶，其他的讨论反而被抑制住了。

他来了气，把小萧轰走了。

又过了两天，六月二十三日。是夏至刚过的一个炎热、夜短、多蚊、睡眠不足、食欲不振的星期天。头一个客人清晨四时半就搭便车来了，这个人是丁一的大舅子(30)，高个儿，戴眼镜，秃顶，五十年代曾在高级党校——那时叫马列学院学习，现在是专区党校的理论教员。是全专区最有水平、最有威望的理论工作者。听他讲辅导课，基层干部都变成了啄米的鸡，不住地点头。连同前两天累计，这是第十七位客人了。一进门，他就从理论的高度谈起：

"社会主义是一个过渡时期。这个社会的身上，还存在着资本主义的，乃至是前资本主义的瘢痕。这是不可避免的，不以人们的意志为转移的。它是最为优越的，却又是还不那么成熟，不那么完善的。它是一个过程……"经过这么一番严密而又抽象的推衍以后，他说：

"所以说，领导人的权力、好恶、印象，是至关重要的，是不能漫不经心的，是可能起决定作用的。我们是现实主义者，我们不是欧文、傅立叶式的空想社会主义者(31)"，（丁一想：我是空想社会主义者吗？这顶帽子倒还轻松、舒适、戴上怪飘的。）"我们不是小孩子，我们不是迂夫子(32)。我们的社会主义是建立在我们脚下的这块虽然美好，却还相当贫穷落后、不发展的地面上的"。（丁一想：我什么时候想上天了呢？）"所以我们做事情的时候要考虑各种因素，用代数式来说，就是 M 种因素，而不是一种因素。世界愈复杂，N 的数值愈大……所以，兄弟，你对于龚鼎的处理是太冒失了，你的脑子里少了几根弦"，（丁一想：你脑子里弦多，嘴巴上词更多！）"千万不要铸成大错。要有政治家的风度，要收回成命，把龚鼎请回厂里来……"

说到这里，丁一的老伴连忙答腔："是啊，是啊！"并且喜形于色。丁一明白了，这位理论家，是他老伴搬来的救兵，为了说服他的。

听啊，听啊，丁一胸口像被塞了一团猪毛，而脸上的表情呢，好像正在吞咽一条蚯蚓。他洗耳恭听了整整一节……四十五分钟课，最后，他只问了一句：

"你刚才讲的这些个理论，在党校课堂上讲过吗？"

还好，猪毛仍然堵着，蚯蚓却回敬给大舅子了。

从这位理论家开始，到深夜一点四十九分，整整二十一个小时多……来的人就没断过。有的口若悬河，转动着起死回生之巧舌，有的正颜厉色，流露着吞天吐地之威势。有的点头哈腰，春风杨柳，妩媚多姿。有的胸有成竹，慢条斯理，一分钟挤出一两个字来，但神态上透露着一种不达目的决不罢休，不达目的宁可抱着丁一去跳山崖，决不允许丁一一家踏踏实实活下去的顽强劲儿。有的带着礼物：从盆花到臭豆腐。有的带着许诺：从三间北房到一辆凤凰—18 锰钢自行车。有的带着威胁——从说丁一自我孤立到说丁一绝无好下场。有的从维护党的威信——第一把手的面子出发。有的从忧虑丁一的安全、前途和家属的命运出发。有的从促进全县全区全省全国的安定团结出发。有的从保障工人的人权、民主、自由出发。有老同事，有老同学；有老上级，有老部下；有战友、病友、难友、酒肉朋友，还有已故老友的家属后人。有年高德劭的，有年轻有为的。本厂有些在处理龚鼎的问题上投过赞成票的人们也纷纷前来，表示自己经过慎重考虑，改变了主意。所有这些人动机不同，调子不同，用词不同，但都有一个共同的观点：不能把龚鼎除名。

丁一简直想不到自己竟认识这么多人，或者竟有这么多人认识自己。丁一想不通都这么关心龚鼎是因为吃了什么药。丁一无法相信一个合同工、一个小二流子，一个七拐八弯的表侄的处理竟然引起了六级地震，他简直快成了社会公敌。他无法吃饭，无法休息，无法搞家务，无法度星期天。他想喊叫，他想打人，他想摔东西，他甚至想抄起一把菜刀。但他咬紧牙关，不动声色地听着，听着，告诫着自己："不发神经，就是胜利！"

来客中有丁一儿时最崇拜的一颗明星。这是一位女客，四十年前，她是这个省的最红的戏曲演员。在丁一十六、七的时候，有那么几天他为这位比自己大十三岁的女演员神魂颠倒，浮想联翩。当然，他们连姓名都不曾通过。丁一也从未对任何人讲过他少年时期浪漫谛克的奇想。感谢史无前例的横扫(33)，丁一才有幸在牛棚中与这位早已退休、现在体重超过八十公斤大关的老太太相识。出于一种东方式的古道热肠，丁一始终对这位老太太抱有一种特殊的、不为人知的亲切爱慕之情。谁想到，就在六月二十三日这一天，这位昔日的皇后也搭着毛驴车来了。她斜靠在丁一家的床上，哼哼唧唧，用缺牙透风的嘴磨叨道：

"我早该来看看小丁了。看看我，老得快成了妖怪了吧？我不明白，怎么一下子我就老成了这个样子了呢？万事还没开头，怎么就要结束了呢？好像唱戏，妆还没上好，怎么散场的唢呐就吹起呜哇来了呢？唉！唉！"

她的这一番哀人生之须臾的永恒的叹息使丁一的眼圈湿润了。他相信，这一天，只有这一位客人才是出于一种人类的纯洁无疵的情感，出于一种优美的、难免或显软弱的友谊来看望他的。但她后来的几句话使丁一嘀咕了起来，她说：

"听说你这位厂长还满厉害呢。别那么厉害！厉害不得人心！还不就是那么回事？与人方便，自己方便。半生的跌滚爬蹭，半生

126

的酸甜苦辣，还不高抬贵手？！"

无论如何，丁一还是感谢她——呵，少年！呵，梦！她是这一天的客人中，唯一没有提到玫瑰香浆糊厂，没有提到龚鼎和他的表大爷的人。

（四）、统计数字

请读者原谅我跟小说做法开个小小的玩笑，在这里公布一批千真万确而又听来难以置信的数字。

在六月二十一日至七月二日这十二天中，为龚鼎的事找丁一说情的：一百九十九点五人次。（前女演员没有点名，但有此意，以点五计算之）来电话说项人次：三十三。来信说项人次：二十七。确实是爱护丁一，怕他捅漏子而来的：五十三，占百分之二十七。受龚鼎委托而来的：二十，占百分之十。直接受李书记委托而来的：一，占百分之零点五。受李书记委托的人的委托而来的，或间接受委托而来的：六十三，占百分之三十二。受丁一的老婆委托来劝"死老汉"的：八，占百分之四。未受任何人的委托，也与丁一素无来往甚至不大相识，但听说了此事，自动为李书记效劳而来的：四十六，占百分之二十三。其他百分之四属于情况不明者。

丁一拒绝了所有这些说项。这种态度激怒了来客的百分之八十五，他们纷纷向周围的人们进行宣传，说丁一愚蠢。说丁一当了弼马温(34)就忘乎所以，说丁一不近人情，一意孤行，脱离了群众。说丁一沽名钓誉、别有用心，以此来发泄他对县委没给他更大的官做的不满。还有的说丁一有种神经病，一贯反动。还有的说起用丁一这样的人是右了。按每个人向十个人进行宣传的最低数额计算，共有一千七百人听到了这种议论。难怪一阵子舆论如此之大，颇有点皆曰可杀的意思。丁一的老伴犯了病，几经抢救才转危为安。管氧气瓶的那位护士，也趁机为龚鼎向丁一进言。

这一类的事起来得快，散得也快。就好像早点铺里的长队，炸糕、面茶一来，长队立刻形成，浩浩荡荡。等到早点卖完，队伍立即散光，不论没吃到炸糕的人有多么恼火。此事到了八月份就不再有人提，九月份已经烟消云散。同时，浆糊厂的生产愈搞愈好。十月份，浆糊厂大治。人们闲谈中渐渐竖起了大拇哥："丁一这个老小子还真有两下子！"

十二月，浆糊厂的名声果真如玫瑰之芬芳了。它成了全省地、小、群企业的标兵。玫瑰香浆糊被轻工业局命名为"信得过"产品，丁一到省城开会，人们让他介绍经验。他上了台，憋红了脸，说了一句：

　　"共产党员是钢，不是浆子……"

　　台下哄堂。丁一又说：

　　"不来真格的，会亡国！"

　　丁一哽咽住了，而且掉下大颗的眼泪。

　　全场愕然、肃然，静默了一分钟。

　　掌声如雷。

二、注释：

(1)，形容简单到了极点。

(2)，文化大革命期间为显示"人人平等"，实行的会议期间主席台上人员排名制度。

(3)，毛泽东声称文化大革命是"史无前例"的，"那些年"即指全中国因文革而陷入全面混乱的时期。

(4)，文革期间野蛮批斗的做法，迫使被批斗者戴上纸糊的高帽，"低头弯腰"向台下的人认罪。

(5)，毛泽东的名言"路线是个纲，纲举目张"。"上纲家"就是那些响应毛的号召，成天搞政治斗争的人物。

(6)，魏延是《三国演义》中的人物，诸葛亮因见到他特大的后脑勺，便判定此人日后一定会造反。

(7)，指认定一件事，认准一条道理便不会轻易改变。

(8)，"委"即委员会，县委是中共某某县的委员会，地委则是地区委员会。

(9)，指丁一被中共打成右派，接受强加的批判并成为"人民民主专政"的对象。

(10)，"地"指地主、"富"则是富农，都是中共的敌人。

(11)，违反公众的愿望和要求。

(12)，"反"是反革命、"坏"是坏分子、"右"是右派，同样都是被中共无情打击的对象。

(13)，"帝"指美国帝国主义、"修"指苏联修正主义、"反"则包括了日本、印度、印尼等所有反对中共政权的各国政府。

(14)，指邓小平 1978 年执政后，推行改革，重新起用历年被毛泽东批判、惩处的人士。

(15)，骄傲自大。

(16)，《西游记》中，孙悟空为避追杀者，运用七十二变的本领，将自己变成一座庙，尾巴无处可藏，就将它变成了一杆旗杆。

(17)，用面粉去除淀粉（做浆糊的原料）后所剩杂质做成的食品。

(18)，即中共县委书记，由于中国数千年来"县官就是当地人民的衣食父母"这一传统意识，他可以是当地的"土皇帝"。

(19)，也就是书记的秘书处，老刘就是县委书记的首要秘书。

(20)，丁一的顶头上司，对丁一有任免权。

(21)，革命委员会的缩写，文革期间及其之后一段时间政府的代名词。县革委会主任，也就是县长的代名词。

(22)，指中共 1949 年在大陆执政后开始推行的土地改革运动。

(23)，中共最高领导、决策机构的成员。

(24)，作为中共敌人的家属，如果不愿断绝关系，便同样"自绝于人民"，因此理该接受人民的批判和监督："只许老老实实，不许乱说乱动"。

(25)，文革期间的口号，为警惕那些被打倒的敌人反扑，要在他们身上再"踏上一只脚，让他们永世不得翻身"。

(26)，指成为全中国九十万右派分子中的一员。

(27)，专门为所属部门买进需要物品的工作人员。

(28)，著名相声（中国大陆流行的喜剧形式）演员。

(29)，即打耳光。

(30)，妻子的大哥。

(31)，指乌托邦，十九世纪初圣西门、傅立叶、欧文等人为代表，提出的一种不具现实性的改造人类社会的美好社会主义理想。

(32)，书呆子。

(33)，文革术语。毛泽东号召其手下"横扫一切牛鬼蛇神"，下文中的"牛棚"，乃关押所有"阶级敌人"的所在，非真牛棚也。

(34)，无足轻重的小官。

三、分析与评论：

（一）背景：

　　《说客盈门》的主题是原则。全文从开始部分——丁一因查帐惹祸上身至结束部分——他在表彰会上的发言，全部内容都离不开原则二字。

　　开始部分，小说用了很大的篇幅描述丁一的历史背景。表面上看来，这同丁一担任浆糊厂厂长的主要情节没有多大关系；但从深层看，丁一在担任厂长后的所作所为，跟他历史上的一贯坚持原则有着密不可分的联系。

　　丁一的前半生因为坚持原则而一败涂地，1979 年邓小平推行改革，总算否极泰来，开始了英雄终有报国之日的新人生。在他的人生历程上，他对分辨是非的坚持以及执着，在常人眼中几乎到了偏执的境地。他既能在全面受到打压的艰难情况下始终不改初衷，也能在环境改变后面临社会各界人士登门游说而坚持自己的正确主张，充分展示出了他的英雄本色。

外表上看，丁一是个再不起眼不过的普通人：名字简单，衣着随俗，即便是他那突出的后脑勺和紧皱的眉头这两大特点，在社会的人海中，也不过是比比皆是的面貌特征而已。

换个角度看丁一的内在品质，我们马上会发现这个人实在不简单。作为一个普通的农村工作人员（我们连他究竟是否一个有职称的会计，也无从肯定），他在发现帐目因为当时全中国疯狂风行的"大跃进"运动而出现计划 — 结果大不相同的情况后，便执意去一层一层地向上追查，完全不在乎整个社会各界各层自欺欺人的"不兴查、不兴问"规矩。

丁一是个聪明人，他完全知道他这样做可能带来的后果，但他有着"咬定青松不放松"的座右铭，因此在被打成右派，精神上被摧残，肉体上被折磨，直至最后被作为"牛鬼蛇神"而打入"牛棚"接受劳动改造，都始终不放弃自己认定的真理。人生在世，我们每个人都会有一时的明智，一时的果敢，一时的坚定；但丁一所具有的，不是一时，而是一世。

学习过程中，常常会有学生发出这样的疑问：如果丁一真是聪明人的话，他应该知道世界上聪明人并不是他一个，其他人也会看到假帐的问题。他们都不去追究，因为他们知道谎言总有一天会被戳穿。丁一却坚持要查帐，结果不但没有改变社会，反而连累了自己二十年，在肉体、精神上受到非人的摧残，甚至家人也因此成为"二等公民"。所以，他这么做不但不是聪明，而是极端的固执、愚蠢、"认死理"。

首先，我们在这儿应该先肯定能发出如此疑问的学生，因为这是他们独立思考后得出的结论；但肯定之后，我们又必须指出：这样的思考方式及其结论，其实只是看到了问题的表面。

丁一聪明在哪里呢？聪明在他能够在"举世皆狂"的情况下始终保持着清醒的意识。他认识到全民做假帐，不是单单两本帐簿不同这么一个简单的现象，而是一个会导致全中国最后出现灾难的大问题。一方面，上层的领导不了解下面的具体情况，以为后者胡吹乱侃的"人有多大胆，地有多大产"是铁定事实，继而认定困扰中国千百年来的粮食问题终于得到了解决；另一方面，下面吹牛归吹牛，造假归造假，粮食收起来后，却不会有办法向政府缴纳那些编造出来的公粮。如果上级政府一定要收，下级政府部门明明没有却又不得不打肿脸充胖子，最后，哭的只有是老百姓。

事态发展的结果果然是这样千真万确的悲惨。举国疯狂的"大跃进"运动，让人民得到的不是大跃进而是大倒退，全中国因为这场人为饥荒而非正常死亡的人口，1959 至 1962 年在三千万至五千万之间。虽然其中原因不完全是假帐所致，但不可否认的是假帐现象是恶性循环的开端：它产生的丰收假象同全民大炼钢、全国人民公社化等疯狂景况都有着密不可分的关系。

当时，中共的高层人士如彭德怀、张闻天等人，也有产生危机意识的并向毛泽东进言的，但他们是在危机大规模爆发后才意识到问题的严重；在"大跃进"最火的那些年，就连研究核物理的知名科学家，也在鼓吹充分利用太阳能可以实现粮食产量数十倍增加的"主观能动性"。丁一这样一个小人物，能够在这样的大环境下清醒地看问题，并且始终坚持自己的清醒思路，他的聪明超过了领袖级人物，也超过了以科学研究为生的专家学者。

丁一为国为民，先找本地方的社、队干部（即现在通常说的镇级、村级官员），没有效果后再找到县级、地区级的官，希望他们能够通过他对假帐的查询而认识到问题的严重性。只可惜，当时的中国经过毛泽东"引蛇出洞"的"阳谋"行动（先号召各阶层人士对共产党提意见，帮助共产党改进工作，然后将九十万爱国人士打成"右派"，肉体上、精神上对他们加以迫害、折磨），上上下下都变得人人自危，谁也不敢对毛的政策提出异议；而且，身上稍有责任的官员，一旦碰上丁一这样的人物，就必须对他们大动干戈，否则，他们便会轻则因为"丧失阶级立场"而受到严厉的处分，重则成为"包庇阶级敌人"的坏分子而同样受到批判。

将丁一打成"反党反人民"的右派，是一个很让人啼笑皆非的行为。且不说丁一查帐的动机是为了维护共产党的统治，绝对没有任何挑战共产党的意思。单单是工作认真，也应该受到表彰而不是惩处，不然的话，中共统治者们就应该取消会计这项专门从事审计的工作。然而，在那个疯狂的年代，道理是没有地方好讲的。要和当局讲道理，只能给自己增加一个向人民政权"反攻倒算"的罪名。因此，丁一在这样的情况下，唯一能作的选择是沉默无言，毫不反抗地接受众人的批判。

接下来，丁一个人的人生经历，很大程度上也就是中华大地在中共统治下的经历。"阶级斗争尖锐化"，使大量以批判他人为专职

131

的政治打手纷纷涌现，小说中那位对丁一义愤填膺的"女同志"，就是一个典型。她可能是确实全身心地为毛泽东斗争理论所感化，发自内心地对丁一恨之入骨；她也可能是个完全的投机分子，所谓"晕了过去"不过是个"现场表演"，好让组织批判的人对她刮目相看。但不管怎样，她最多不过是整场大戏中的一个小丑而已。她并不具备同丁一平等抗衡的智商，所以只能通过夸张的表演来掩饰内心的虚弱。从这位女人拙劣的表演中，我们看不到毛式"左派"的真正战斗力，看到的只是色厉内荏的装腔作势。

生活中有"左派"和"右派"，但他们之间从来就没有一条不可逾越的分水岭。一般说来，左派人士主张通过对社会变革的推动来促进社会的进步；右派人士相对保守，他们认为只要一个社会制度运转正常，就应该让它继续存在。这两者之间，并没有谁对谁错的标准，变革可以是反动的，如毛泽东推行的"大跃进"；保守可以是进步的，如丁一"不合时宜"的查帐。一个左派人士，可以在一个问题上同右派吵翻天，同时又可以在另一个问题上完全和后者站在一起，反之亦然。

按照共产主义思想老祖宗马克思先生的主张，共产主义的终极目标是自由。他对自由的定义是：一个人的自由，必须绝对建立在他人自由的基础之上。这也就是说：真正的自由，是每一个社会公民都必须具有他/她的个人天地，这个天地是社会自由的根本保障。倘若某人、某政党任意侵犯他人的言论、行动自由，那么这个社会就一定走向了自由的反面——暴政。中共政权对丁一及其"右派分子"的处置，证明了它是一个最保守、最反动的政治体制，绝对不具备任何崇尚自由的共产主义精神。

极具讽刺性的是：在毛式暴政的淫威下，咒骂丁一的不仅仅是那些想通过在阶级斗争中积极表现而升官走红的投机分子，而且包括了所有中共政权的敌对分子。这些人在中共当时的高压统治下，对人生的期望不过是每天都能安生平静。因为丁一的查帐，引起的"阶级斗争新动向"把他们全都卷进这一大风波中来，至于他们是否真的像当局宣称的那样"做梦都想着推翻红色江山"，那是没人理会的。所以，他们对丁一，不但没有出自"反共同盟"的赞许或同情，反而是发自肺腑的愤恨。

然而，相比起"文化革命"阶段，丁一在这个时期受到的对待，还是非常人道的！

作者没有详细叙述丁一在文革期间的经历，但从他被押上主席台做"腰背曲俯柔软操"，六六年挨打后"屎都拉到裤里"，家人跟着受连累，一直到后来被关入"牛棚"接受劳动改造这些片言只语的描写中，我们可以看到他长时间在高压统治下生活。这些简单的描写，给我们描绘出了一个彻底集权的暴政：生活在它统治下的公民毫无权利可言。一个被斗争的人士，不仅没有申辩权，不仅可被人随口骂、随手打，而且可以被毛泽东划定为"牛鬼蛇神"而名誉扫地。换句话说，这些不入毛泽东眼的人，实际上就是猪狗不如的瘟疫。文革期间的中共政权，已经沦落成一个充满杀戮之气的法西斯暴虐政权。

遗憾的是：在今天的中国，还有众多的人们发自内心地歌颂着毛泽东，想念着毛泽东，并斥骂着所有敢于否定毛泽东的人们。

他们忘记了中国社会千百年来"士可杀而不可辱"的高贵人格。

或者，他们不懂得，也不想懂得人格，他们更想不通为什么一个人需要人格。

当然，他们有他们偏袒毛泽东、维护毛泽东的权利；但是，他们没有权利禁止他人评判毛泽东，更没有权利对反毛的人士滥施攻击，甚至恨不得重新可以使用毛氏当年的斗争机器，直至将人置之死地而后快。

这样的人，其实正是毛泽东当年用来对付刘邓集团的打手。

难道，我们当真是永远不会从历史的教训中学到点什么，让我们的子孙后代不再重蹈覆辙吗？

（二）第二春

正如作者所言：万事总有个头，有个收。毛泽东一死，大树下的猢狲立即现了原形：这帮除了无穷斗争外啥也不会的"革命者"摇身一变就成了"现行反革命分子"。毛泽东临死前念念不忘的"革命胜利成果"，果然就如他所担心的那样，被以邓小平为首的走资派迅速清除出了功德史册。这是因为，毛泽东大搞所谓的"革命"，非但没有带来社会的进步，反而使人民经济上入不敷出，政治上明哲保身。文革中得益的人大多是些痞子流氓，这些人做正经事不会，自毁长城的思路却源源不断。国家政权在他们的领导下，出现危机是早晚的必然。1976 年毛泽东死去时，富饶的中华大地已在经济上陷入接近破产的悲惨局面。

一方面，毛泽东为了他解放全人类的目标，不惜和世界各国为敌，因此大力鼓励国人增加人口备战；另一方面，国家经济管理因为文革打倒了走资派而全无头绪，生产力水平不进反退。到七十年代中期时，国人的吃饭问题变得越来越严峻，自己生产的粮食已经不够填饱肚子，要从他国进口则需要外汇。当时，面对"不断革命"的中国，敌人巴不得中国早日崩溃，所谓的友好国家则只会伸手求援。其它国家也断无借粮食给你闹革命，最终将火烧到自己身上的道理。

毛泽东指定的接班人，是些想破脑袋也拿不出办法的人，因为他们不会也不能否定毛泽东给他们指定的方向，在中国大地上开出一条新路。要打破困局，就只好让毛泽东两次打倒的邓小平重新出山，大刀阔斧地破除阶级斗争治国方略，代之以全力发展经济的改革、开放政策。

政策制定后，能否取得成功的首要因素就是执行者。丁一没有管理企业的经历和专业知识，但他是个有知识有能力的人，有一颗为国为民的心。像他这样的人，正是邓小平推进改革所需要的，于是，就有了他一九七九年先"落实政策"，再恢复中共党籍，并走马上任担任厂长的这个人生第二春。

他去工作的玫瑰香牌浆糊厂，顾名思义是个生产程序再简单不过的企业。但即便如此，丁一还是全身心地投入到了工作中去。他白天黑夜地在厂里转，搞得自己满身浆糊嘎巴，发出一种颇不类似玫瑰香的气味。短短三句话，既道出了丁一对新使命所抱的态度，又点明了工厂管理中存在着的严重问题。

因为残酷政治斗争而白白失去二十年人生最佳时光的丁一，恨不能使出双倍的干劲将工作做好。初任浆糊厂厂长，他对浆糊的生产过程并无认识，要把工作做到家，把厂里的问题解决好，首先需要做好调查研究，然后才能提出、制定并贯彻解决问题的办法。

亲自加入到生产过程当中去的结果，即刻就呈现出了两个问题：一、丁一应该不会为显示自己深入基层而故意将身体往浆糊上蹭，搞得袭击满身浆糊嘎巴。可能的原因应该是制作工艺极其低劣，以至产品四处飞溅而无人理会。二、这样的生产流程肯定会造成制成品配料短缺，按比例放入产品中的玫瑰香精也会失调，加上生产过程无人监督，产品气味难闻就不奇怪了。

产品质量低劣，关键的原因在人不在物。因此，时刻讲原则的丁一，下一步的工作就是制定劳动纪律，通过制度来使工厂的生产走上正轨。厂里的东西是公家的，个人占为己有当然不成；工人来工厂上班，就应该尽心尽力做好工作才是正理。

分析到这里，常常有同学会发问，为什么工厂里的情况会这样乌七八糟的呢？

造反派一手遮天的时候，工厂的管理者们纷纷下台接受批斗。前者多是些痞子流氓，对平时管理他们、处罚他们的后者怀恨在心。文革使他们盼望一生的机会终于到来，是毛主席他老人家号召我们造反，你们这些平时整天管教我们的资产阶级分子的末日到了！痞子们的淫威，在毛泽东思想的光辉照耀下，使中国人在肉体上精神上时时接受着教育。于是，多一事不如少一事，眼开不如眼闭，只要不是自家的利益，管它干什么？

可丁一偏偏不理这约定俗成的茬，他年纪虽然已经一大把，却还想着建功立业。于是，他和痞子们之间的冲突就不可避免了。

龚鼎是个当时典型的二流子，他可以不上班，可以随意拿取公物。有人来制止他，他可以动手就打。厂方勒令他认错，他却置若罔闻，压根不当回事。这样的无耻之徒，放在哪个有法治的国家，哪个有规章的地方，都只有被除名、被起诉的份。但在文革后的中国却是见怪不怪的社会一部分，明摆着该怎么处理的事，丁一的方案还是得经过层层机构讨论、同意，还得丁一一而再、再而三的催促，才能最后成为事实。

按照丁一的性格，他应该对这些婆婆妈妈的机构也来一番整理才对。但天下是共产党的天下，共产党要这些机构存在，它们就必须存在。丁一能够做的，是在体制内慢慢前进，真要想拆房子大干，那马上就会折了他这第二春的寿。现在，大家应该明白为什么丁一担任厂长后能在短时间内将工厂的面貌改变，并让产品成为一个优秀的品牌了。

（三）说客

这是全篇的重点，作者先在说客光临之前点明：丁一不太会做人，家里一向客人不多。这样，就巧妙地给读者留下一个哏眼去思考：既然如此，故事的标题又怎么会是"说客盈门"呢？

另外一个细节是：在作出开除龚鼎的决定前，厂里一些人是知道龚鼎身份的，当时他们没有意见，之后却又前来对丁一说：经过慎重考虑，他们纷纷决定改变原来的赞同票，掉过枪头对准丁一，要求他跟他们一样改变初衷，放龚鼎一马。

这样，我们就势必会产生第二个疑问，这些人好歹都是个官，当官的有蠢材，但总不至于人人皆蠢。为什么他们可以先前一致通过决定，之后却又可以一致改变主张？莫非他们都是木偶，身下有只手在操纵他们的思考和言行？

还是让我们先来看一下，纷纷登门的说客究竟是哪些人吧。

老刘 老刘是县委办公室的，也是打头阵的。根据作者的统计，所有说客中只有一个人是直接受李书记委托而来的，这人就是老刘，他的实际身份，是李书记的头号秘书。

他搞"微笑外交"，确实卓有成效，最后差点说服了丁一改变决定。丁一知道老刘是代表谁来的，虽然老刘口口声声地将李书记讲得毫不知情，龚鼎好象也根本没有找过书记，但实际上这一切都是不言而喻的。更重要的是：老刘代表李书记充分肯定了丁一在浆糊长的工作，也赞同他处理龚鼎，唯一的希望不过是请丁一对龚鼎减轻处罚。这样有理、有利、有节的工作方法，丁一再讲原则也无法回绝。因为正如他后来所想：对龚鼎的处理并不是一件毫无讨论余地的事情。

但天不从人愿，就在这节骨眼上，丁一的顶头上司，县工业局周局长来电猛批了丁一一顿。吃软不吃硬的丁一对局长这种毫不讲理的做法非常气愤，当场就把他给顶了回去，老刘眼看就要成功的劝说也因此报了废。

之后，县里的二号人物老赵也亲自登门，但他那高高在上，不正眼看人的谈话方式，对丁一来说和局长的粗声气并没有什么不同。最后，这位大有来头的人物，同样是无功而返。

以上这三位，或登门，或来电，原因是相同的：那就是第一把手的金面。他们知道丁一的做法无可非议，但既然书记大人不接受丁一的决定，他们就一定要出马为大人效力。可无奈的是：丁一这老小子竟好象吃了豹子胆，堂堂县里的三位大员，就是不能让他收回成命。

在中国，县官是当地人民的父母官。中国人素来讲孝道，父母有难，孩儿理当为父母分忧。在这样的逻辑面前，是和非的原则完全可以置之度外。人人敬畏官吏的权势，不再顾及做人应该遵循的基本道理，于是，就有了故事中"说客陆续来访"的热闹场面，也有了丁一那些同事们说变就变的理由。

小萧 小萧的背景很特别：在北大学哲学时被打成右派，说明他年轻时不仅很有些见识，而且有胆量响应中共号召对共产党提出批评意见（否则不会被打成右派）。文革期间他成为丁一的知己，一起接受着"思想改造"。邓小平推行改革后，"高升"（注意丁一被任命为厂长，并没出现这两个字）为采购员，年轻时做人的棱角，现在早已经给磨得精光。更有甚者，他不以为耻，反以为荣地提出所谓"伸脸法"的人生哲学。

既然曾为知己，他就很明白丁一的喜好，进门即一赞二逗三提电视机，把丁一一家的情绪调整好后才切入正题，要求丁一改变对龚鼎的处理方法。他对丁一的游说，既有老刘那样的真真假假、虚虚实实，比如对龚鼎先来一番破口大骂，把对丁一这个"知己"的关心说成是自己前来游说的主要原因，等等；又有周局长单刀直入的凌厉作风："去，去！把龚小子给我收回来……"龚小子托我来，"我说没问题，包在我身上，这点面子老丁还能不给吗？"

前后两百个说客中，小萧是唯一让丁一动气，并在最后被轰出门外的一个。丁一可以对小萧发脾气，首先因为他是后者的长辈，有资格教训这"不肖"的晚辈；第二是两人在最艰难的那些年结下的友谊，使得他们之间的关系非同寻常，现在听到小萧的言论全无德行，心中大忿；第三，小萧言语庸俗也就罢了，竟卑鄙地用帮助丁家购买电视机做诱饵（当时中国内地经济失败，民众有钱买不到想要的商品，小萧担任采购员，有机会得到卖方的好处，如购买电视机的票证等），要丁一拿原则来做交换。开始，丁一是以朋友的身份接受小萧的帮忙，一旦他发现电视机背后的图谋时，立刻怒火中烧，轰走小萧，也就成了必然的结局。

大舅子 大舅子是全文中最有意思的人物，他积多年的讲学经验，随口而出的理论修养，严密抽象的逻辑思维于一身，让故事中那些听他讲课的基层干部都变成了啄米的鸡——只会点头赞同而不作他想。初读此篇的年轻学生，很多人对他所提到的理论，除了代数论有所领会外，其它部分则好象是天书，读几遍下来，还是不明所以，因为他讲的那些理论同今天的社会脱节太远了。

大舅子讲的理论其实无非是三个部分：社会主义过渡阶段的不完美论，反对空想社会主义的现实主义理论，以及从多种因素出发考虑问题的 $N \neq 1$ 代数论。这三个理论的本身，都是绝对正确的。世界本来不完美，所以才需要我们不断努力；空想当然不能成事，画饼充饥的人最终一定会饿死；凡事只从一个角度出发，不是书虫就是笨蛋，最后不进死胡同，也得走过悬崖的峭壁，跌入万丈深渊……

那么，丁一又是怎样将"蚯蚓"回敬给大舅子的呢？

大舅子讲了整整一堂课，讲的并不全是理论，而是理论之外的推论和它们的言下之意。既然社会主义还不完美，"领导人的权力、好恶、印象"就是至关重要的。丁一因开除龚鼎而得罪书记，可不就大逆不道了吗？

所以，丁一不能继续做空想社会主义的梦了，他应该走回现实，回到"脚下这块不发展的地面"，听从书记大人的安排。具体怎么做呢？很简单：从多元的代数式入手，开除是一元，记过是一元，警告是一元，撤消处分也是一元……

同小萧相比，大舅子是个更无耻的人。小萧至少是"敢做敢说"，大舅子却是个彻底的两面派。表面上冠冕堂皇之极，讲出来的理论崇高伟大；实际上却没有半点风骨，完全是个趋炎附势的小人。他最后对丁一的建议，是"把龚鼎请回厂里来……"

一个"请"字，说明了一切。在他眼里，龚鼎非但没有错，简直是个救世的英雄！

这样的话，他在党校上课，当然是不能讲，也不敢讲的。所以，丁一简简单单的一句问话，就把这位理论家全面击溃了。

女演员及其他 女演员是众多说客中唯一得到丁一礼送出门的，因为她既没点名，也不想从中得到什么好处。她这样大老远地搭着毛驴车前来，唯一的目的是希望丁一不要再因为讲原则而获罪。她年届八旬，世事已经看得很透，对丁一处理龚鼎的做法并不赞同，因为她早已不再相信什么社会正义。当政者给她造成的伤害，让她在进入黄土前不能安生。丁一跟她相比受的罪更多，她欣赏丁一的为人，因此就更觉得有必要来提醒一番。

丁一不会听从她的劝告，但在心里是感激她的。这并不是单纯因为少年的梦，而是因为女演员的出发点是关心自己。丁一如果因为处理龚鼎而再度出事，跟女演员的生活是不相干的。她之所以说出那些让丁一"嘀咕"的话，完全不是出于私心。而且，她自始至终，都只是作些旁敲侧击的工夫，龚鼎和浆糊厂的名字都没有提起，更不会像其他说客那样使用威胁、承诺、警告直至斥骂等手段，因此，她只能给算作是"半个说客"。

所有说客带来的重重压力，使得丁一想喊叫，想打人，想摔东西，甚至想抄菜刀。但他克制住了自己，他知道这一次他坚持的原则符合国家的发展方向，文革那样的胡闹时代已经过去，类似龚鼎这样的痞子一定要得到惩处，社会才会重新树立起公平的正气。不然，国家也好，企业也罢，都不要想得到发展。

但就是这样一条简单的道理，当时中国社会中的大多数人却不敢这么看，更不用说接受。究其原因，无非是中国社会"官老爷"一呼百应的腐朽传统。当官的本来也是普通人，他们也会说错话，做蠢事，民众绝无必要百听百诺。故事中的李书记明知丁一开除龚鼎是正确的，偏偏因为面子上下不来，自己又不能亲自出面阻拦，就愚蠢之极地鼓动属下劝说丁一改变主张。最后不但没有达到目的，反而让自己成为人们街谈巷议的笑柄。

李书记是个蠢人，绝大多数的说客则是些小人：他们用尽心机，努力让丁一收回成命，目的都是想以此得到书记大人的另眼相待。小说通过反复强调丁一"想不到"，"无法相信"社会现实是如此荒谬，间接道出了作者对社会的深刻批判。

（四）尾声

作品的尾声，使作者对社会的讽刺和批判达到了高潮。

他使用的手法极其巧妙：先是通过一系列"千真万确而又难以置信"的数字来明确说客的动机、背景及人数比例等情况；继而谈起说客们黔驴技穷后的恼羞成怒，以致丁一的老伴担心得病危；再接着话题一转，变成了丁一功成名就后对公众介绍治厂经验。这里，丁一无心谈论他如何将浆糊厂从一个落后企业转变成先进模范的过程，却说了两句看来同企业管理毫不相干的话：

"共产党员是钢，不是浆子……""不来真格的，会亡国！"

似乎这还不够，作者紧接着再以"全场愕然、肃然，静默一分钟"后给丁一来了个雷鸣般的掌声。

如何理解这个精彩之极的结尾？各人可以有各人不同的理解，让作品通过中国大陆的审查制度，应该是最起码的解释。从整篇故事看，当时的大陆社会，从 1959 年至 1979 年，是整个的乌烟瘴气，瘴气乌烟。国家从最高领袖毛泽东到县委书记，再到基层干部乃至普通公民，没有一个人具备最基本的社会正义感，更不用说什么挺身而出，反抗暴政了。如果连最后的"掌声如雷"也没有，那么作者笔下的这个社会就是一片漆黑，毫无社会正义可言。这样的作品，当然会给审查官们"枪毙"掉而不能得到发表。

但"掌声如雷"并不代表社会具有良知，恰恰相反，这一场景绝妙地讽刺和揭露了鼓掌者内心的虚伪。作为一个立志献身"全人类解放事业"的人，共产党人应该具备起码的社会正义感，像钢铁一样在压力面前百折不挠，而决不能像浆子一样随处安身。但看一看"大跃进"时期全国性的谎言比赛，看一看文革期间全中国先自上而下、再自下而上的疯狂争斗，再看一看故事中所有的说客：皆知公理在何处，偏爱私利藏心中。我们看不到几条丁一这样有风骨的钢铁汉，无天良的软脊梁却比比皆是，处处触目。

《说客盈门》的背景是社会处于危机的关头，上至国家，下至浆糊厂这样的企业，都需要丁一这样的强人来治理。但是，丁一一生奉行的原则，却是任何一个进步、向上的社会都必须遵守的。它代表了公平、正义和诚实等人类社会奉行的基本道义，跟什么主义、教派或制度并没有关系。奉行这些道德规则的人，就是一个希望社会进步并致力于这一美好理想的人；反之，不管打着什么漂亮旗号，鼓吹着怎样的进步理论，都只能是人类进步的敌人。

四、参考练习题：

一、 丁一出任厂长前的背景情况，和故事的主线之间有什么内在关系？请用具体事实证明你的意见。

二、 丁一担任厂长后做了哪些主要的事？它们对丁一在短时间内迅速扭转工厂的面貌起了什么作用？

三、 丁一老伴是个落后分子吗？用文中具体事实来论证你的观点。

四、"说客盈门"的关键原因是什么？对"客人一向不多"的丁一家突然来客络绎不绝的现象，谈谈你的解释。

五、小萧前来游说的动机是什么？文章中有哪些具体内容可以证明你的观点？

六、试比较文中三位主要说客，并分析他们的相同和不同。

七、丁一一度接近神经崩溃，但他最后战胜了压力，也击败了说客的围攻。请分析其原因。

八、丁一最后到省城开会，他在介绍经验时讲的两句话，与他短期内实现成功的管理有什么关系？

第三节 茹志鹃的《百合花》The Lilies

一、原著

一九四六年的中秋。

这天打海岸的部队决定晚上总攻。我们文工团(1)创作室的几个同志，就由主攻团的团长分派到各个战斗连去帮助工作。

大概因为我是个女同志吧！团长对我抓了半天后脑勺，最后才叫一个通讯员送我到前沿包扎所去。

包扎所就包扎所吧！反正不叫我进保险箱就行。我背上背包，跟通讯员走了。

早上下过一阵小雨，现在虽放了晴，路上还是滑得很，两边地里的秋庄稼，却给雨水冲洗得青翠水绿，珠烁晶莹。空气里也带有一股清鲜湿润的香味。要不是敌人的冷炮，在间歇地盲目地轰响着，我真以为我们是去赶集(2)的呢！

通讯员撒开大步，一直走在我前面。一开始他就把我撩下几丈远。我的脚烂了，路又滑，怎么努力也赶不上他。我想喊他等等我，却又怕他笑我胆小害怕；不叫他，我又真怕一个人摸不到那个包扎所。我开始对这个通讯员生起气来。

嗳！说也怪，他背后好像长了眼睛似的，倒自动在路边站下了。但脸还是朝着前面。没看我一眼。等我紧走慢赶地快要走近他时，他又蹬蹬蹬地自个向前走了，一下又把我撩下几丈远。我实在没力气赶了，索性一个人在后面慢慢晃。不过这一次还好，他没让我撩得太远，但也不让我走近，总和我保持着丈把远的距离。我走快，他在前面大踏步向前；我走慢，他在前面就摇摇摆摆。奇怪的是，我从没见他回头看我一次，我不禁对这通讯员发生了兴趣。

刚才在团部我没注意看他，现在从背后看去，只看到他是高挑挑的个子，块头不大，但从他那副厚实实的肩膀看来，是个挺棒的小伙，他穿了一身洗淡了的黄军装，绑腿(3)直打到膝盖上。肩上的步枪筒里，稀疏地插了几根树枝，这要说是伪装，倒不如算作装饰点缀。

没有赶上他，但双脚胀痛得像火烧似的。我向他提出了休息一会后，自己便在做田界的石头上坐了下来。他也在远远的一块石头上坐下，把枪横搁在腿上，背向着我，好像没我这个人似的。凭经验，我晓得这一定又因为我是个女同志的缘故。女同志下连队，就有这些困难。我着恼的带着一种反抗情绪走过去，面对着他坐下来。这时，我看见他那张十分年轻稚气的圆脸，顶多有十八岁。他见我挨他坐下，立即张惶起来，好像他身边埋下了一颗定时炸弹，局促不安，掉过脸去不好，不掉过去又不行，想站起来又不好意思。我拚命忍住笑，随便地问他是哪里人。他没回答，脸涨得像个关公，讷讷半晌，才说清自己是天目山（4）人。原来他还是我的同乡呢！

"在家时你干什么？"

"帮人拖毛竹。"

我朝他宽宽的两肩望了一下，立即在我眼前出现了一片绿雾似的竹海，海中间，一条窄窄的石级山道，盘旋而上。一个肩膀宽宽的小伙，肩上垫了一块老蓝布，扛了几枝青竹，竹梢长长的拖在他后面，刮打得石级哗哗作响。……这是我多么熟悉的故乡生活啊！我立刻对这位同乡，越加亲热起来。

我又问："你多大了？"

"十九。"

"参加革命几年了？"

"一年。"

"你怎么参加革命的？"我问到这里自己觉得这不像是谈话，倒有些像审讯。不过我还是禁不住地要问。

"大军北撤时（5）我自己跟来的。"

"家里还有什么人呢？"

"娘，爹，弟弟妹妹，还有一个姑姑也住在我家里。"

"你还没娶媳妇吧？"

"……"他飞红了脸，更加忸怩起来，两只手不停地数摸着腰皮带上的扣眼。半晌他才低下了头，憨憨地笑了一下，摇了摇头。我还想问他有没有对象，但看到他这样子，只得把嘴里的话，又咽了下去。

两人闷坐了一会，他开始抬头看看天，又掉过来扫了我一眼，意思是在催我动身。

当我站起来要走的时候，我看见他摘了帽子，偷偷地在用毛巾拭汗。这是我的不是，人家走路都没出一滴汗，为了我跟他说话，却害他出了这一头大汗，这都怪我了。

我们到包扎所，已是下午两点钟了。这里离前沿有三里路，包扎所设在一个小学里，大小六个房子组成品字形，中间一块空地长了许多野草，显然，小学已有多时不开课了。我们到时屋里已有几

142

个卫生员在弄着纱布棉花，满地上都是用砖头垫起来的门板，算作病床。

　　我们刚到不久，来了一个乡干部(6)，他眼睛熬得通红，用一片硬拍纸插在额前的破毡帽下，低低地遮在眼睛前面挡光。他一肩背枪，一肩挂了一杆秤；左手挎了一篮鸡蛋，右手提了一口大锅，呼哧呼哧的走来。他一边放东西，一边对我们又抱歉又诉苦，一边还喘息地喝着水，同时还从怀里掏出一包饭团来嚼着。我只见他迅速地做着这一切。他说的什么我就没大听清。好像是说什么被子的事，要我们自己去借。我问清了卫生员，原来因为部队上的被子还没发下来，但伤员流了血，非常怕冷，所以就得向老百姓去借。哪怕有一二十条棉絮也好。我这时正愁工作插不上手，便自告奋勇讨了这件差事，怕来不及就顺便也请了我那位同乡，请他帮我动员几家再走。他踌躇了一下，便和我一起去了。

　　我们先到附近一个村子，进村后他向东，我往西，分头去动员。不一会，我已写了三张借条出去，借到两条棉絮，一条被子，手里抱得满满的，心里十分高兴，正准备送回去再来借时，看见通讯员从对面走来，两手还是空空的。

　　"怎么，没借到？"我觉得这里老百姓觉悟高，又很开通，怎么会没有借到呢？我有点惊奇地问。

　　"女同志，你去借吧！……老百姓(7)死封建(8)。……"

　　"哪一家？你带我去。"我估计一定是他说话不对，说崩了。借不到被子事小，得罪了老百姓影响可不好。我叫他带我去看看。但他执拗地低着头，像钉在地上似的，不肯挪步，我走近他，低声地把群众影响(9)的话对他说了。他听了，果然就松松爽爽地带我走了。

　　我们走进老乡的院子里，只见堂屋里静静的，里面一间房门上，垂着一块蓝布红额的门帘，门框两边还贴着鲜红的对联。我们只得站在外面向里"大姐、大嫂"的喊，喊了几声，不见有人应，但响动是有了。一会，门帘一挑，露出一个年轻媳妇来。这媳妇长得很好看，高高的鼻梁，弯弯的眉，额前一溜蓬松松的留海。穿的虽是粗布，倒都是新的。我看她头上已硬挠挠的挽了髻(10)，便大嫂长大嫂短的向她道歉，说刚才这个同志来，说话不好别见怪等等。她听着，脸扭向里面，尽咬着嘴唇笑。我说完了，她也不作声，还是低头咬着嘴唇，好像忍了一肚子的笑料没笑完。这一来，我倒有些尴尬了，下面的话怎么说呢！我看通讯员站在一边，眼睛一眨不眨的看着我，好像在看连长做示范动作似的。我只好硬了头

皮，讪讪的向她开口借被子了，接着还对她说了一遍共产党的部
队，打仗是为了老百姓的道理。这一次，她不笑了，一边听着，一
边不断向房里瞅着。我说完了，她看看我，看看通讯员，好像在掂
量我刚才那些话的斤两。半晌，她转身进去抱被子了。

通讯员乘这机会，颇不服气地对我说道："我刚才也是说的这
几句话，她就是不借，你看怪吧！……"

我赶忙白了他一眼，不叫他再说。可是来不及了，那个媳妇抱
了被子，已经在房门口了。被子一拿出来，我方才明白她刚才为什
么不肯借的道理了。这原来是一条里外全新的新花被子，被面是假
洋缎的，枣红底，上面撒满白色百合花。

她好像是在故意气通讯员，把被子朝我面前一送，说："抱去
吧。"

我手里已捧满了被子，就一努嘴，叫通讯员来拿。没想到他竟
扬起脸，装作没看见。我只好开口叫他，他这才绷了脸，垂着眼
皮，上去接过被子，慌慌张张地转身就走。不想他一步还没有走出
去，就听见"嘶"的一声，衣服挂住了门钩，在肩膀处，挂下一片
布来，口子撕得不小。那媳妇一面笑着，一面赶忙找针拿线，要给
他缝上。通讯员却高低不肯，挟了被子就走。

刚走出门不远，就有人告诉我们，刚才那位年轻媳妇，是刚过
门三天的新娘子，这条被子就是她唯一的嫁妆(11)。我听了，心里
便有些过意不去，通讯员也皱起了眉，默默地看着手里的被子。我
想他听了这样的话一定会有同感吧！果然，他一边走，一边跟我嘟
哝起来了。

"我们不了解情况，把人家结婚被子也借来了，多不合适
呀！……"我忍不住想给他开个玩笑，便故作严肃地说："是呀！
也许她为了这条被子，在做姑娘时，不知起早熬夜，多干了多少零
活，才积起了做被子的钱，或许她曾为了这条花被，睡不着觉呢。
可是还有人骂她死封建。……"

他听到这里，突然站住脚，呆了一会，说："那！……那我们
送回去吧！"

"已经借来了，再送回去，倒叫她多心。"我看他那副认真、
为难的样子，又好笑，又觉得可爱。不知怎么的，我已从心底爱上
了这个傻呼呼的小同乡。

他听我这么说，也似乎有理，考虑了一下，便下了决心似的
说："好，算了。用了给她好好洗洗。"他决定以后，就把我抱着
的被子，统统抓过去，左一条、右一条的披挂在自己肩上，大踏步

地走了。

　　回到包扎所以后，我就让他回团部去。他精神顿时活泼起来了，向我敬了礼就跑了。走不几步，他又想起了什么，在自己挂包里掏了一阵，摸出两个馒头(12)，朝我扬了扬，顺手放在路边石头上，说："给你开饭啦！"说完就脚不点地地走了。我走过去拿起那两个干硬的馒头，看见他背的枪筒里不知在什么时候又多了一枝野菊花，跟那些树枝一起，在他耳边抖抖地颤动着。

　　他已走远了，但还见他肩上撕挂下来的布片，在风里一飘一飘。我真后悔没给他缝上再走。现在，至少他要裸露一晚上的肩膀了。

　　包扎所的工作人员很少。乡干部动员了几个妇女，帮我们打水，烧锅，作些零碎活。那位新媳妇也来了，她还是那样，笑眯眯的抿着嘴，偶然从眼角上看我一眼，但她时不时的东张西望，好像在找什么。后来她到底问我说："那位同志弟到哪里去了？"我告诉她同志弟不是这里的，他现在到前沿去了。她不好意思地笑了一下说："刚才借被子，他可受我的气了！"说完又抿了嘴笑着，动手把借来的几十条被子、棉絮，整整齐齐的分铺在门板上、桌子上（两张课桌拼起来，就是一张床）。我看见她把自己那条白百合花的新被，铺在外面屋檐下的一块门板上。

　　天黑了，天边涌起一轮满月。我们的总攻还没发起。敌人照例是忌怕夜晚的，在地上烧起一堆堆的野火，又盲目地轰炸，照明弹也一个接一个地升起，好像在月亮下面点了无数盏的汽油灯，把地面的一切都赤裸裸地暴露出来了。在这样一个"白夜"里来攻击，有多困难，要付出多大的代价啊！

　　我连那一轮皎洁的月亮，也憎恶起来了。

　　乡干部又来了，慰劳了我们几个家做的干菜月饼。原来今天是中秋节了。

　　啊，中秋节，在我的故乡，现在一定又是家家门前放一张竹茶几，上面供一副香烛，几碟瓜果月饼。孩子们急切地盼那炷香快些焚尽，好早些分摊给月亮娘娘享用过的东西，他们在茶几旁边跳着唱着："月亮堂堂，敲锣买糖，……"或是唱着："月亮嬷嬷，照你照我，……"我想到这里，又想起我那个小同乡，那个拖毛竹的小伙，也许，几年以前，他还唱过这些歌吧！

　　……我咬了一口美味的家做月饼，想起那个小同乡大概现在正趴在工事里，也许在团指挥所，或者是在那些弯弯曲曲的交通沟里走着哩！……

　　一会儿，我们的炮响了，天空划过几颗红色的信号弹(13)，攻击开始了。不久，断断续续地有几个伤员下来，包扎所的空气立即紧张起来。

　　我拿着小本子，去登记他们的姓名、单位，轻伤的问问，重伤的就得拉开他们的符号，或是翻看他们的衣襟。我拉开一个重彩号(14)的符号时，"通讯员"三个字使我突然打了个寒战，心跳起来。我定了下神才看到符号上写着×营的字样。啊！不是，我的同乡他是团部的通讯员。但我又莫名其妙地想问问谁，战地上会不会漏掉伤员。通讯员在战斗时，除了送信，还干什么，——我不知道自己为什么要问这些没意思的问题。

　　战斗开始后的几十分钟里，一切顺利，伤员一次次带下来的消息，都是我们突破第一道鹿砦(15)，第二道铁丝网，占领敌人前沿工事打进街了。但到这里，消息忽然停顿了，下来的伤员，只是简单地回答说："在打。"或是"在街上巷战。"

　　但从他们满身泥泞，极度疲乏的神色上，甚至从那些似乎刚从泥里掘出来的担架上，大家明白，前面在进行着一场什么样的战斗。

　　包扎所的担架不够了，好几个重彩号不能及时送后方医院，耽搁下来。

　　我不能解除他们任何痛苦，只得带着那些妇女，给他们拭脸洗手，能吃得的喂他们吃一点，带着背包的，就给他们换一件干净衣裳，有些还得解开他们的衣服，给他们拭洗身上的污泥血迹。

　　做这种工作，我当然没什么，可那些妇女又羞又怕，就是放不开手来，大家都要抢着去烧锅，特别是那新媳妇。我跟她说了半天，她才红了脸，同意了。不过只答应做我的下手。

　　前面的枪声，已响得稀落了。感觉上似乎天快亮了，其实还只是半夜。

　　外边月亮很明，也比平日悬得高。前面又下来一个重伤员。屋里铺位都满了，我就把这位重伤员安排在屋檐下的那块门板上。担架员把伤员抬上门板，但还围在床边不肯走。一个上了年纪的担架员，大概把我当做医生了，一把抓住我的膀子说："大夫，你可无论如何要想办法治好这位同志呀！你治好他，我……我们全体担架队员给你挂匾(16)……"他说话的时候，我发现其他的几个担架员也都睁大了眼盯着我，似乎我点一点头，这伤员就立即会好了似的。我心想给他们解释一下，只见新媳妇端着水站在床前，短促地"啊"了一声。我急拨开他们上前一看，我看见了一张十分年轻稚气的圆脸，原来棕红的脸色，现已变得灰黄。他安详地合着眼，军装的肩头上，露着那个大洞，一片布还挂在那里。

　　"这都是为了我们，……"那个担架员负罪地说道，"我们十多副担架挤在一个小巷子里，准备往前运动，这位同志走在我们后面，可谁知道狗日的(17)反动派(18)不知从哪个屋顶上撂下颗手榴弹来，手榴弹就在我们人缝里冒着烟乱转，这时这位同志叫我们快趴下，他自己就一下扑在那个东西上了。……"

　　新媳妇又短促地"啊"了一声。我强忍着眼泪，给那些担架员说了些话，打发他们走了。我回转身看见新媳妇已轻轻移过一盏油灯，解开他的衣服，她刚才那种忸怩羞涩已经完全消失，只是庄严而虔诚地给他拭着身子，这位高大而又年轻的小通讯员无声地躺在那里。……我猛然醒悟地跳起身，磕磕绊绊地跑去找医生，等我和医生拿了针药赶来，新媳妇正侧着身子坐在他旁边。

　　她低着头，正一针一针地在缝他衣肩上那个破洞。医生听了听通讯员的心脏，默默地站起身说："不用打针了。"我过去一摸，果然手都冰冷了。

　　新媳妇却像什么也没看见，什么也没听到，依然拿着针，细细地、密密地缝着那个破洞。我实在看不下去了，低声地说："不要缝了。"她却对我异样地瞟了一眼，低下头，还是一针一针地缝。我想拉开她，我想推开这沉重的氛围，我想看见他坐起来，看见他羞涩的笑。但我无意中碰到了身边一个什么东西，伸手一摸，是他给我开的饭，两个干硬的馒头。……

　　卫生员让人抬了一口棺材来，动手揭掉他身上的被子，要把他放进棺材媳妇这时脸发白，劈手夺过被子，狠狠地瞪了他们一眼。自己动手把半条被子平展展地铺在棺材底，半条盖在他身上。卫生员为难地说："被子……是借老百姓的。"

　　"是我的——"她气汹汹地嚷了半句，就扭过脸去。在月光下，我看见她眼里晶莹发亮，我也看见那条枣红底色上洒满白色百合花的被子，这象征纯洁与感情的花，盖上了这位平常的、拖毛竹的青年人的脸。

一九五八年三月

二、注释：
(1)，全称"文艺工作团"，是中共领导下开展宣传活动的综合性文艺团体，在中共发展壮大的过程中起了很大的作用。
(2)，生活在农村里的人们前往定期举办的集市贸易。

(3)，用布条将小腿部缠绕扎紧，以利长途步行的办法。

(4)，位于中国江南浙江省的一个山区。

(5)，根据"双十协定"，中共军队战后从江南地区撤出，转往北方扎营。

(6)，中共管辖区内的地方负责人士。

(7)，即普通人物。

(8)，"封建"通常就是保守的同义词，此处指人极其守旧。

(9)，中共为赢得人民支持，要求全体军人爱护群众利益，尊重群众风俗习惯，正确处理同群众的关系。

(10)，头发在头顶上打结，旧时是已婚的标志。

(11)，新婚女子娘家为她带往夫家准备的礼物。

(12)，面粉发酵后经蒸制而成的食品，在经济困难的情况下属于奢侈品。

(13)，射向天空的药剂，用于发出号令、报告情况、指示目标或相互联系等。

(14)，军事对抗中严重受伤的人。

(15)，形似鹿角的障碍物，用树干或树枝交叉设置，以防敌方攻击。

(16)，挂在门或墙上的题字横牌，此处指赞扬某人的功德。

(17)，表示极度气愤而指责某（些）人的粗话。

(18)，国、共对抗期间中共人员对国民党方面的称呼。

三、分析与评论：

　　《百合花》的**故事背景是国共内战**。日本投降后，国共内战迅速展开。小说便是通过描写一九四六年中秋节这一天，共产党军队决定发动总攻击过程中的一个感人故事，来歌颂当时人与人之间的美好情谊，以及普通人为理想事业所甘愿作出的牺牲。

　　故事一开始，就出现了"女同志上前线"这个棘手问题。以中国当时的国情，"男女授受不亲"的思想仍然普遍存在，妇女不能外出工作，在家里也没有经济地位，同异性的接触更是大逆不道。因此，就连主张男女平等的共产党军队，指挥官对如何处理"女人打仗"这个问题也得费上一番思量。最后，他总算找到了一个所在：前沿包扎所缺少人手，相对来说也比较安全，因此是个适合女同志前去的地方。

　　值得注意的是"我"的反应：不进保险箱就行。这一明朗的态度，不仅表现了"我"对工作的热情，而且反映出"我"主动献身的精神力量。诚然，包扎所不是最前线，但它毕竟设在前沿，战场上形势复杂多变，敌方一个反攻，危险随时可能发生。

接下来的要点，就是通讯员的奇怪表现了。当今的年轻人，对通讯员这个"古老"的军中职位，已经很少认识。从字面上，可以猜测到这人的使命是传递讯息，但究竟怎样的人才是担当此任的合适人选呢？

首先，通讯员必须身强体壮，才能应付繁重的体力需要；其次，他应该是个机智灵活、聪明勇敢的人，能面对突变的战地情况及时作出正确的判断；第三，他具备良好的记忆力和伶俐的口齿，可准确将上级的指令传达到前方阵地，并将前方的情况反馈到后方；最后，他必须既忠诚又坚强，不会在落入敌手后将己方的情报泄露给敌人，造成重大损失。

这样一个杰出的军人，对一个主动上前沿帮手的女文工团员却无礼之极，不但没有半点寒暄，反而一上路就把人撩下几丈（十几米）远，简直就像是在避"瘟神"，难怪"我"要对他生起气来。

好在误解很快就得到了解释。这小伙子其实很不赖：虽然不用回一次头，却始终明了"我"所处的位置；等"我"真没力气走了（城市长大的人，不习惯走乡间泥泞的土路，加上草鞋极粗糙，初次穿的人很快脚部皮肤就会溃烂），他马上缩短了两人间的距离。军装洗得退了色，绑腿打到膝盖上，一副标准军人的精干模样，而枪筒里插着的几根树枝，又展示出他对生活的无限热爱。

接下来，"我"开始慢慢地和通讯员搭上了话，虽然他非常害羞，但表现得很有礼貌，即便对婚姻那样敏感的话题，也没有拒绝回答。倒是"我"为问出他一头大汗来自感过意不去了。

从他一路急速快走，到他抬头看天催"我"赶路，这些细节都表现出通讯员对工作的极端热忱。再加上他"大军北撤时我自己跟来的"这句回答，我们可以看出他对当时中共所代表的正义事业的追求。这一切，当然使"我"对通讯员的看法产生了根本性的转变。不错，受传统习俗的影响，他不可避免地会同当时大部分男人一样，对异性抱着"敬而远之"的态度，女性同胞主动接近时更是不知所措。但是，他的个性是勇敢的，"我"对他的询问他都努力地接受了下来；他又是关心他人的，纵然一心赶路，也从未催促过"我"一次。

到了目的地后，百合花这个题目开始登场。"我"急于投入工作，一听到部队需要向老百姓借被子便立刻请战，并且说服通讯员一起前去。考虑到这份工作确实重要，他踌躇一下后就同意了。但在具体商借的过程中，他却遇到了大问题。在"我"没费什么气力就借到三条被子或棉絮的情况下，他竟两手空空地回来，而且言辞中明显流露出他和老百姓之间产生了不愉快。"我"对此的反应非常敏感，即刻从军民关系角度看问题，让他带"我"一起去这户人家了解情况。

中共在夺取政权之前，从来将它跟老百姓之间的关系视作成功与否的生命线。中共军队的纪律是"不拿群众一针一线"，以此求得民众的支持，所以，"借不到被子事小，得罪了老百姓影响可不好"。但小伙子一定是真受了一肚子气，所以对"我"的动员，反应并不积极；但一听到"我"向他提起群众影响时，他即刻就松松爽爽地上路了。由此可见，随时随地注意搞好军民关系，对任何人来说都是一条铁的纪律。

新媳妇一露面，我们就理解通讯员的难处了。这新媳妇对"我"只有一肚子的笑料，一句话不说，只会不停地在笑。通讯员本来就怕羞，好不容易鼓起勇气向一个年青媳妇借被子，对方的反应却只有莫名其妙的笑，这会使他怎样的尴尬和为难，我们完全可以想象得到。

新媳妇为什么有被子不借呢？这是很值得推敲的一个重要细节，它对我们正确理解故事中的人物，至关重要。

首先，新婚燕尔的另一位新人，在故事中一直没有出现。我们固然不用对他的下落作任何主观臆测，但他始终没上场，这一点是毫无疑问的。如果他当时在家，新媳妇就可以不出来打交道，让他把被子抱给通讯员就完事了。但现在让她这个刚刚嫁人的女子，在"男女授受不亲"思想仍然普遍存在的情况下，将自己和新婚丈夫使用的被子交到一个陌生男子手上，却是一件无论如何都使不得的事情。即便她最后下了决心，不管丈夫、他人如何反应也要拿出被子，她还是不能将被子交给两手空空的通讯员，而一定要交到已经不堪重负的"我"的手上。

其次，新媳妇对共产党的支持是很显然的事实，但她又是一个涉世不深，没有多少文化知识，不知道该如何解释她内心那些复杂想法的农村妇女，她尴尬的笑其实就是在向他们解释她借不出被子的窘迫：即便是把被子交给了"我"，最后使用它的，还是那些受伤的战士，是男人而不是女人。

事实上，新媳妇是一个洒脱大方的新女性，通讯员皇皇张张接过被子，掉头就走而不小心挂破衣服后，她马上就要取出针线来给通讯员缝补。这里，同样会牵涉到男女肌肤之亲的问题，但她表现得大方自如，并无忸怩作态之势。关键的关键，还在于被子是她和新婚丈夫共同使用的爱情信物，由她出手交付给他人，特别是年青的男人使用，对她来说就有着千般万层的难言之隐。

新媳妇想借而又借不出手，主要原因还在于故事的标题"百合花"上。我们知道，以中国人追求喜气洋洋的习俗，为美好婚姻祝福的物件多为红色，白色一般代表素净，不会为婚礼所用。而新媳妇却偏偏费了那么些心机，在枣红底的被面上绣满白色的百合花。这每一朵百合花，都代表着她对美好婚姻和幸福未来的无限憧憬和向往。百合百合，百年好合之意也！

所以，这床被子对这位年轻女子来说，绝对不是一床简单的被子而已。它是新媳妇对她新婚丈夫以心相许的标志，也是她对他们俩人之间美好情义的承诺。这样一件至关重要的人生信物，当然决不能轻易让他人拿去使用。

通讯员还很年轻，对新媳妇肚子里的这些想法并不理解。然而，他在得知被子的来历以及听了"我"开的玩笑后，马上就显示出他对他人的关心，收住脚步便要将被子送回去。他的唐突和认真，虽然会使情况变得更尴尬，但他那颗时时为他人着想的心是纯真而善良的。因此，"我"从"心底爱上了这个傻乎乎的小同乡"。

针对这最后一句话，我们又得费些笔墨来专门讨论一番才行。

不少年轻同学，因为这句话而断定《百合花》是一篇浪漫的战地故事，虽然通讯员最后牺牲，有情人未能得以成为眷属，但他们之间的爱情是很明确的。更有甚者，将新媳妇也卷进浪漫气氛中来，把故事"改造"成了一个渲染三角恋的场合！

对他们这番"改造"的严肃性，这里暂时不去谈；我们只要从"我"说这句话的背景和原因，以及故事后来的发展情况来分析，就可以判定话中的"爱"字，究竟是在表达男女之爱，还是同志之爱、姐弟之爱。

通讯员在处理借被子一事的整个过程中，表现得不很成熟。他没能将新媳妇作为老百姓的代表，而只是就事论事地指责她"死封建"，虽然他这样讲是在受够了新媳妇的笑声后的自然反应，他毕竟没有"我"的觉悟和看问题的深度。在了解到新被子是新媳妇唯一的嫁妆后，他又马上很冲动地要把被子还回去，而不会去考虑一下他这样做会对被子的主人有什么影响。因为这样，"我"对这位小同乡的感觉是又好笑（他的单纯和幼稚）、又可爱（他的认真和对他人的关心），由此产生出一种家乡大姐姐的关爱之心，是一件再正常不过的事情。

如果"我"真的对通讯员心生情愫，那么一起回到包扎所以后，"我"一定会跟他多说些话，留下一件什么信物给他，帮他缝好肩膀上挂破的地方，并且问清他的姓名才合乎情理。但事实是：回到包扎所后，我就让他回团部去，而他也顿时精神活泼起来，敬个礼就跑了。

最后，通讯员为保护他人而英勇献身，"我"听了经过后极其感动，但在强忍眼泪的同时继续镇定地工作着，打发担架队员、找医生来救治，见到新媳妇有些失常的样子还试图劝解她。这里，我们看到的只有同志间最亲密的情感，而没有半点男女私情的流露。至于新媳妇是否对通讯员在两面之缘后就生出爱情的火花，就更是毫无意义的主观臆测。她不能献出她的新被子，正是因为心里牵挂着自己的情郎。就故事内容来看，他们仁之间只有纯洁的同志感情，一定要说他们彼此生情，只能说是强加于人。

通讯员回团部前，已经走出几步后又想起来掏出两个馒头来给"我"开饭。从他"掏了一阵"才掏出馒头，以及馒头已又干又硬这两个细节来看，这两个馒头应该是属于他个人而不是出发前有人托他为"我"带上的饭食。联系到"我"拿到乡干部慰劳的月饼便高兴地吃起来，两个干硬的馒头却好好地随身带着一动不动，一直到通讯员牺牲后"我"想看见他死而复生，又"无意中"碰到它们这些细节，这两个又干又硬的馒头显然不是普通的食物。

在粮食短缺的中国农村，人们的食物常有粗、细之分：高粱、玉米、地瓜（甘薯）等高产出、高纤维的农作物叫做粗粮，食用时常有难以下咽之感；米、面等低产出、低纤维的农作物则叫做细粮，只有在逢年过节等喜庆日子才有得吃。而在故事发生的那段时期，战乱使得人民的生活较以往更加贫困，新媳妇结婚只有一条被子做嫁妆，中秋节大家只有干菜月饼⋯⋯人们的生活水平是极低的。通讯员身上带着的这两个馒头，在当时是极珍贵的食物。从"我"这个主动上前方帮手的女同志都没有拿到馒头这个细节看，馒头应该是那些冲上最前线，随时可能牺牲性命的人才有资格得到的战前慰问品。

通讯员临走前想起把自己不舍得吃的馒头留给"我"，表现出他对"我"的特别照顾。这里面的原因，当然有他对一个连乡间土路都不会走的女同志坚持要求上前方帮手的敬意。但更多的是：俩人之间经过一段时间的接触，通讯员对"我"的大方处世、周到考虑以及对政策的严格掌握都佩服之至。

一路上"我"问了他不少的问题，有些问题对他来说是如此难以回答，以至于把他整得"一头大汗"。这在表面上看起来似乎是难为了小伙子，但他在内心里却是感激加佩服。自己一个大男子汉，连靠近别人坐下都做不到；人家一个弱女子，不仅不责怪自己，反而还从从容容地关心自己的生活和家人。

再说借被子，虽然通讯员满嘴不服气，就是在"我"借到了被子以后，还在埋怨自己时运不济，新媳妇为人奇怪。拿到被子后听说这是新媳妇唯一的嫁妆，马上急不可待地想要把被子还回去。他能够在了解情况后马上顾及别人的难处是好的，但好心做事还得先考虑别人的处境，不然就一定会好心办错事。这时候又是"我"及时地阻止了他，帮助他避过一场莫大的尴尬。

最重要的地方，还得算"我"发现通讯员对新媳妇有不满情绪后，立即从军民关系的高度来看问题，这一点重要因素是他当时完全疏忽而决不应该疏忽的。两相比较，他这个聪明能干的人自然会心生内疚，并对"我"产生由衷的佩服和感激。

虽然，他还只是个大男孩，对生命的热爱和少年人爱美的天性会让他在步枪筒里插上几根树枝、一枝野菊花来点缀生活，他对别人的关爱却是最真诚、最感人的。他对工作极负责任，充满热诚，一路走来都是大踏步向前，借完被子后便马上急着归队做事。因为年轻，他有些气盛和冲动，但他同时又是通晓事理并勇于改进自身不妥之处的好青年。

接下来，新媳妇再度登场。她现在是在干部的动员下前来帮手的，一到包扎所就东张西望地找人，并很快言明自己是在找那位很受了她一番气的通讯员。这一细节，展示出新媳妇虽然没有受过什么教育，做人却十分坦诚布公。对她来说，自己做得不好的地方不必去掩饰，公开承认并求得对方的谅解，才是最好的办法。

跟通讯员一样，她也是个闲不住的人。她主动将被子、棉絮一条条地在临时搭成的病床上安排整齐，将自己珍贵的被子放到外面的屋檐下。细小琐碎的事情，完整周到地表现出这位农村普通女性的品德和情操。

战斗打响后，前方负伤的人员开始抵达包扎所。军队人手不够，原本只是前来"打水、烧锅，作些零碎活"的农村妇女们，被进而要求帮手清洗伤员们的身体。对一个深受"男女授受不亲"旧礼教思想影响的妇女来说，接送物件的时候碰一下男人的手尚且不行，现在要她们去清洗陌生男子的身体，而且还有可能要接触私处，当然是不可思议、大逆不道的事情。因此，这一要求很正常地被众妇女们"谢绝"了；新媳妇还在新婚燕尔的当头，更不想做这样的事情，所以特别抢着做其它的事。但是，在"我"的反复劝说下，她竟然"红了脸"同意做"我"的下手。我们不要小看这个同意，它有力地说明了这位农村新一代的妇女，内心里已经存下了接受新时代新生活的种子。

就在战斗似乎快要结束的当头，包扎所又接收了一位担架队抬下来的重伤员。新媳妇在看到、听到伤员受伤的情况过程中，前后发出两声短促的"啊"声。第一次是因为突然见到身受重伤的人正是自己不借被子，反而还用止不住的笑让他受气的通讯员，自己还想着给他赔礼道歉呢！第二声"啊"则是因为获悉到通讯员的伤完全是为了保护他人而得，心里深深地受到震撼和感动而不由自主发出的惊叹。

通讯员是个头脑机灵、思路敏捷加上身体健壮的年轻小伙子，战场上遇到敌方丢来的手榴弹（主要靠爆炸后产生的大量金属碎片形成杀伤力），他的选择可以是将它迅速拿起掷回对方，也可以一脚将它踢开自己卧倒。但当时的情况是十几个人挤在小巷子里，如果他投掷回去的手榴弹凌空爆炸，那么产生的伤亡结果将最为剧烈，所以这一办法风险太大而决不能采纳；将手榴弹踢开，同时大声招呼担架队员们卧倒，肯定会减轻伤亡，但伤亡也是不可避免的；他如果是个贪生怕死之辈，还可以一声不响，自己先选个最安全的位置伏下，让众人为他挡住爆炸产生的力量……

好个通讯员，关键时刻他不假思索地叫大家趴下，同时一下子就扑到了冒着烟、随时会爆炸的手榴弹上，用自己的血肉和年轻的生命保证了他人的安全。

他明白自己的这一行动，后果是几率近于 100%的死亡（唯一的侥幸是希望手榴弹是个哑弹）。但他献出自己生命的同时，其他十余位素不相识的担架队员们却可以安然脱险。

对通讯员大义献身的行为，"我"和新媳妇的反应很有些不同。这是因为"我"在军队里从事宣传工作，对这样英勇牺牲的行为可说是屡见不鲜，在已经对通讯员有所了解以后，对他在当时情况下作出的选择心理上是有准备的。因此，虽然"我"当时极其悲痛，但仍然能镇定自己，安慰担架队员们，去找医生来救治身受重伤的通讯员。

新媳妇则很可能是有生以来第一次见到因战争负伤的人，而这位年轻人受伤的原因更完全出乎她的意料。她的反应是先主动帮他解开衣服，庄严而虔诚地给他擦洗身体；既而一针一针地缝好他肩部挂破的衣服；在"我"试图阻止她继续这样做的时候一言不发，只是"异样"地瞟我一眼，继续认认真真地缝下去。最后，当卫生员要拿开盖在通讯员身上的被子，把他放入棺材时，她狠狠地将被子抢过，亲手为通讯员垫好、盖妥；并在卫生员表示为难的时候嚷出"是我的——"这样半句话来，使他们再无阻止的可能。

　　仔细观察这全部过程，新媳妇的冷静、坚强是她天生具有的特质。在"我"跌跌撞撞去找医生的时候，她其实已经知道通讯员没救了。对这样一个舍身救人的英雄人物，她要在送他入土之前，做好她所能做的一切。擦洗身体、缝补破洞，直至最后献出自己生命中最可宝贵的东西——洒满百合花的红被子。难怪她在"我"劝阻她的时候，会用异样的眼神看"我"："别人不明白，你也不明白我吗？"

四、参考练习题：

一、"我"在这场战争中作了什么牺牲？类似这样的牺牲对共产党在国共对抗中大获全胜有什么重要意义？

二、通讯员为什么不顾家中需要劳力的情况而自愿参军？这一决定跟故事的主题有什么关系？

三、小说中多处提到食物，这与故事情节之间有什么关系？

四、你怎么看文革期间有人指责这部小说为反对战争的有害作品？

五、新媳妇在借被前后的行为是否一贯？为什么？

第四节 巴金的《春》Spring

编者按：与他其它两部小说（激流三部曲的《家》和《秋》一样，巴金的《春》向读者描绘出时代变迁的一幅巨大画面。在这个时代里，作品中的大家庭也不得不随之作出相应的改变。其中有痛苦也有欢乐，有压抑也有张扬，有极端的保守，也有生命的勃发。编者在下面选出的几个段落给读者提供一些小说的线索；愿意选择《春》这篇小说来作为 A2 考试课题的学生，应在了解《家》大致内容的基础上细读全书，才能有一个全面深入的理解。

一、原著（节选一）：

"为什么三舅和三舅母就这样糊涂？偏偏给你挑选了这个人户？"琴气愤地说。

淑英叹了一口气，慢慢地答道："其实不论挑哪一家都是一样。横竖我对自己的事情完全不能够作主。"声音有点凄楚，和呜咽相近。

"我们老爷真没有眼睛，好好的一个女儿偏偏要送到那样的人家去！"翠环感到不平地插嘴说。她也在旁边坐下来，接着又直率地央求琴道："琴小姐，你是客人，我们老爷、太太待你很客气。你就去替我们二小姐劝劝太太，看有没有法子好想。"

淑英微微地摇头，说了一句："你真是痴想！"她不禁为翠环的简单的想法失笑了。过后她又忧郁地说："太太不会懂得我。她好像也不太关心我。而且她事事都听老爷的话，老爷说怎样就是怎样。她从来不顶撞一句……"

淑英的话还没有说完，翠环就理直气壮地打岔道："二小姐，老爷、太太究竟是你的爹娘，他们都是读书明理的人，不能够把女儿随便嫁出去就不管！"

"然而你要晓得人家陈家有钱啊，陈老爷又是有名的大律师，打官司的哪个不找他？"琴讥讽地说。

"哼！有钱有势，老爷、少爷一起欺负一个丫头，生了儿子，还好意思让少爷收房，这种丢脸的事情哪个不晓得？"翠环一时气愤，就这样骂道。

"翠环！"淑英觉得翠环的话说得粗野了，就严厉地唤道，又抬起眼睛责备地瞅了她一眼。翠环自己也明白说错了话，便红着脸不作声了。然而她的话却像一根针扎在淑英的心上，淑英的心又隐微地痛起来。

"二表妹，事情不见得就完全绝望，我们还可以想个办法，"琴不能忍受这沉寂，就开口安慰淑英道。她的话是顺口说出来的，并没有经过仔细的思索，这时候她并不曾打定主意。

淑英听了这句话，眼睛一亮，但过后脸色又阴沉了。她绝望地、无助地说："我还有什么办法可想？我们都很懦弱，我们的命本来就是这样，你看四妹，她比我更苦。她现在就过着这种日子，她将来更不晓得会有什么样的结果。"她愈说愈伤感，声音也愈悲痛，后来快要哭出来了。她想止住话头，但是止不住，她略停一下忽然爆发似地悲声说："二哥今晚上批评四妹性情懦弱，我觉得他是在警告我。我又想起了梅表姐……她一生就是让人播弄死了的。"她说到这里再也忍不住就俯下头去，压在她自己的膝上，低声哭起来，两个肩头在飘散的长发下面微微地耸动。翠环看见这样，便移上前去挽住她的肩膀轻声唤她。

琴看见这情形，猛然想起来，一年前钱梅芬咯着血病到垂危的时候也曾对她说过跟这类似的话。而且梅也曾悲叹地诉说过自己的母亲不了解、不关心，弟弟又不懂事的话。淑英的情形也正是这样，淑英只比梅多了一个顽固的父亲。现在淑英被逼着一步一步地接近梅的命运了。看着一个比自己更年轻的生命被摧残，并不是容易的事。梅的悲惨的结局还深深地印在她的脑里，过去的回忆又时时找机会来抓住她的心。这时她忽然在淑英的身上看见了梅的面影。她的心不觉微微地战抖起来。淑英的啜泣接连地送进她的耳里。这样的声音在静夜里听起来，更微弱，更凄凉，里面充满了绝望的哀愁。她觉得有一种比同情更强的感情在她的心深处被搅动了。于是她忘记了一切地抱住淑英，把身子俯在淑英的肩上，把嘴放在淑英的耳边。她差不多要吻着淑英的发鬓和脸颊了。她一面扳淑英的头，一面爱怜地小声说："二表妹，你不要伤心。哭也没有用，多哭也不过白白地毁了你的身体。我和二表哥一定给你帮忙，我们不能够看着你的幸福白白地给人家断送。""二小姐，琴小姐说的才是正理。你不要哭了。好好地收了眼泪。我们还是回到房里去罢，"翠环顺着琴的口气劝道。

这些同情的和鼓舞的话在淑英的心上产生了影响。她略略止了悲，抬起身子，就把头靠在琴的胸膛上，一面用手帕揩脸上的泪痕，一面冷冷地说："你们的意思我也懂得。不过想别的办法现在恐怕也来不及了。琴姐，我们家里的规矩你是知道的。我觉得除了湖水，就没有第二个挽救的办法。不过我又不愿意学鸣凤的榜样。我还留恋人间，我舍不得离开你们。"她说话时把眼光掉去看了溪水几次。"二妹，你怎么又想起鸣凤来了？你千万不要起这种愚蠢念头！"琴怜惜地责备道，她把淑英抱得更紧了。"你不比婉儿，他们要嫁你没有那么容易！而且也不会这样快。这中间难保就没有变化。你们的家规虽说很严，那也不过是骗人的。况且你们家里还出了一个三表弟，他难道就不是你们高家的子弟？为什么他又能够从家里逃了出去？还有二表哥，他又怎么能够摆脱冯家的亲事，到了万不得已的时候你还可以学学他们！"热情鼓舞着她，许多有力的论证自然地涌上她的心头，她很畅快地说了出来。先前使她苦恼的那些不愉快的思想一下子都烟消云散了。她的两只大眼睛突然发亮起来。琴提到的婉儿原是淑英母亲张氏房里的丫头，一年前代替投湖自杀的鸣凤到冯家去当了姨太太的。

淑英把这些话都听进了耳里，她也觉得这些论证是真实的、有力的，她没有话可以反驳。于是她的心变得轻松了。她的脸也亮了一下。她掉过头感激地看了看琴。她的凤眼里还含有泪水。但是两道弯弯的细眉却已经开展了。琴对着她微微一笑，她也微笑了。只是她又胆怯地说："不过我害怕我没有他们那样的勇气。"

"不要紧，勇气是慢慢儿长成的。现在时代不同了，"琴安慰地在淑英的耳边说，就伸手抚摩淑英的头发，从这柔软的、缎子一般的黑色波浪里仿佛透露出来一股一股的幽香，更引动了她的怜爱，她柔情地说："好妹妹，你只管放心。刚才翠环说得好，三舅父和三舅母究竟是你亲生的父母。连我们都心疼你，难道他们就那样硬心肠不成？你只管拿出胆子来。我不相信他们会硬到底。……而且你还可以拿爱慕去打动他们的心。"

琴的怜爱的表示和柔情的话语把淑英的心上的重压完全去掉了。淑英不觉侧起头对琴笑了笑。她充满了感情地说："琴姐，我真不知道应该怎样感谢你！我究竟是年纪轻，不懂事。我先前还好像落在冰窖里面，现在给你提醒，就完全明白了。我现在不悲观了。"

"好，这才是聪明的想法，"琴听见这些话也很高兴，就鼓舞地夸奖道。

翠环在旁边插嘴说："琴小姐，你看我们二小姐给你一说就高兴了。她平常整天都是愁眉苦脸的，你来了她才有说有笑。要是你来得勤一点，她也不会变成这样。""是呀，琴姐，要是你多多来跟我谈谈话也要好一点，"淑英接口道。"在我们家里只有二哥跟我最谈得拢。可是他很忙，他又常常到你们家去，我同他见面的时间也不多。大哥有他自己的心事。三妹是个乐天派，一天家有说有笑的，就是不了解别人。我心里有什么事也找不到人来商量。翠环还算跟我合得来。她倒常常维护我。不过她也想不出什么好主意。"

（节选二）：

　　……钱嫂被这意外的两个嘴巴打得向后退了一步，两边脸颊被打得通红。她伸手摸了摸脸颊，流出了眼泪来。她忽然变了脸色向克安扑过去。她抓住克安的膀子带哭带嚷地叫道："好！你动手打人！我又不吃你的饭，你凭哪点配打我？你打嘛！你打嘛，我要跟你拚命！"她说着，把鼻涕和眼泪一起在克安的袖子上面揩来揩去。

　　这个举动是克安料不到的。他有些窘，不知道要怎样应付才好。别的女佣连忙拥上去拉钱嫂，钱嫂还带哭带嚷地挣扎着，但是终于被拖开了。她那件新竹布短衫已经揉得起皱，上面还有些眼泪和口水，上纽绊也拉开了三个。

　　克安气得脸发青，瞪着眼睛呆呆地站在厨房门口，喘着气。他的夹紧身被钱嫂的鼻涕、眼泪、口水弄脏了。这时四太太王氏头不梳脸不洗地从房里赶了来。她温和地劝解道："四老爷你何苦跟那种下贱人一般见识，还是进屋去歇一会儿罢。"

　　克安看见他的妻子来劝他，倒反而更加起劲了。他一面顿脚一面气愤地嚷道："不行。我非把她开消不可。她居然要跟我拚命，这太没有王法了！李嫂，你去请陈姨太来！"

　　李嫂恭敬地应了一声，就动着两只小脚往角门那面走了。

　　"我不怕。你把陈姨太请来我也不怕！青天白日你凭哪点敢打人？"钱嫂的声音已经嘶哑了，她的一只膀子还被人拖住，但是她却挣扎着继续大声叫骂："骂人家下贱，亏你说得出口！老娘又不偷人、骗人，哪一点下贱？不像你们有钱人家，玩小旦，偷丫头，吃鸦片烟，这些丧德的事情，你们哪样不做！老太爷死了还不到一年勒！高公馆，外面好气派，其实里面真脏，真臭！"

　　"要造反了！要造反了！给我打，给我打，这个狗×的东西！"克安气得不能再忍耐了，不等钱嫂说完，就忘了自己地大声骂起来，要冲进厨房去打钱嫂。王氏半羞惭半着急地用两只手把他的膀子拖住，激动地叫着："四老爷，四老爷！"

　　淑英依旧站在对面阶上，她的心跳得很厉害。憎厌和绝望的感

159

觉苦恼着她。她不要看这眼前的景象，但是她却又茫然地望着对面那个厨房。她甚至忘记了她刚才打定主意要到什么地方去。淑华和琴已经从里面出来了。淑华走得快，她到了厨房门口，还帮忙王氏去拖克安。琴却默默地站在淑英的身边。

"给我把陈姨太找来！""给我把陈姨太找来！"克安疯狂似地接连嚷着。

"我不怕，你把你先人请来，我也不怕！我怕你，我才不是人！"钱嫂咕噜地骂着。

"四老爷，你进屋里头去坐坐罢，有话以后慢慢儿讲。何苦为一个下贱的老妈子生气。你进屋去，等我去把陈姨太请来慢慢儿说……"王氏在旁边柔声劝道。

"不用你们请，我自家来了。有话请说，"陈姨太皮笑肉不笑地从后面插进来说，原来早有人给她报了信，她特地赶到这里来的。

"陈姨太，你来得正好，你看这个没王法的'监视户'，连我也打起来了！你马上就把她开消，叫她滚！"克安看见陈姨太，就像见了救星似的，眼睛一亮，立刻掉转身子嚷道。

陈姨太竖起眉毛，冷笑一声，张开她的薄嘴唇说："我道有啥子了不得的大事情，原来这点儿芝麻大的小事。四老爷，你也犯不着这样生气，钱嫂是个底下人，喊她过来骂一顿就是了。你做老爷的跟老妈子对嘴吵架，叫别人看见，也不大像话。"她说完并不给克安留一点答话的时间，便侧过头向厨房里大声叫道："钱嫂，你还不快回去！不准你再跟四老爷吵架！你也太不晓得体统了！"

钱嫂噘着嘴不情愿地答应一声，但是并不移动身子。

克安气得脸一阵青一阵白，两只眼睛直望着陈姨太的擦着白粉、画着眉毛的长脸，口微微张开吐着气，好像就要把她吞下去一样。等陈姨太把嘴一闭，他便暴躁地叫起来："不行，非把她马上开消不可！叫她马上就滚！"

陈姨太冷笑一声，平静地说："四老爷，你要明白，钱嫂是老太爷用的人。"

"不管她是哪个用的，非给我马上滚不可！"克安沉下脸命令似地对陈姨太说。

"没有这样容易的事。她走了，哪个给我做事情？"陈姨太动气地抢白道。

"陈姨太，我不管哪个给你做事情，我只问你：你究竟叫不叫她滚？"克安厉声追问道。他的脸色越发黑得可怕了。两只眼睛血红地圆睁着。憎恨的眼光就在陈姨太的脸上盘旋。

"我偏不叫她走！她是老太爷在时用的人，你做儿子的管不到！"陈姨太也变了脸色尖声回答说。

"放屁！你是什么东西？……"克安劈头骂起来，就要向陈姨太扑过去，却被王氏拦住了。王氏半生气半惊惶地说："四老爷，你忍耐一点儿，不要跟那个横不讲理的人一般见识。……"

"什么叫做'横不讲理'？你放明白点！不要开口就骂人！'什么东西！'你才是什么东西！"陈姨太插嘴骂道。

王氏轻蔑地看了陈姨太一眼，把嘴一扁，盛气凌人地答道："没有人跟你说话，哪个要你插嘴？老太爷已经死了，你还是一身擦得这样香，是擦给哪个闻的？"

"你管得我擦给哪个闻？我的事你们管不到！"陈姨太挣红了脸反骂道。

"我偏要管！你不要凶，豆芽哪怕长得天那样高，总是一棵小菜！"王氏顿着脚回骂道。

克安对他的妻子说："你不要睬这个泼妇，她是见人就乱咬的。"

陈姨太立刻变了脸色，一头就往克安的怀里撞去。克安不提防被她撞了一下，他连忙用手去推她。她却抓住他的衣服不肯放，还把脸不住地在他的胸上擦。她一下子就哭起来，带了眼泪和鼻涕嚷着："哪个是泼妇？哪个是泼妇？你说我是'小'，'小'又怎样？我总是你们的'庶母'嘛！老太爷死了还不到一年，你们就欺负我。好，我不要活了，我拿这条命来跟你们拚了吧！"

"哼，看不出你还会撒娇，"王氏冷笑道。

克安被陈姨太扭缠着，不知道怎样做才好，他现出了窘相。他用力推她也推不开，她却索性把他紧紧地抱住了。

女佣、奶妈和厨子、火夫之类都围过来像看把戏一样地旁观着。觉新也早来了，他站的地方离他们很近，但是他并不上前去劝解。后来他看见他们实在闹得不像话，便悄悄地溜进角门找他的三叔克明去了。

淑英在对面阶上实在看不下去。她带着悲痛和嫌厌的感情微微掉过头去，她的眼光和琴的眼光遇着了。她连忙把头掉回去，好像不敢多看琴似的。

"二表妹，你看这就是你的家庭生活。你还没有过得够吗？"琴忽然伸手去捏住淑英的右手，同情地问道。

淑英感觉到一阵感情的爆发，她不能够控制它。眼泪淌了出来。她便埋下头去，心里彷徨无主，呜咽地断续答道："我也过得够了。我不能够再忍耐了。琴姐，你说我应该怎样办？"

"怎样办？你还不肯相信我昨晚上说的那些话？"琴关切地并且鼓励地说。

淑英不答话。她在思索。对面厨房门前的戏剧渐渐地逼近尾声了。克明和觉新两人从角门里出来。克明带着严肃的表情走到克安的面前，板起面孔用沉痛的声音责备说："四弟，你们这样闹，还成个什么体统？昨晚上五弟才闹过一场，今早晨你们又找事情来闹。我先前听见你们吵闹的声音，我还装作没有听见的样子，我以为你们会适可而止。谁知你们越闹越不成话。爹死了还不到一年，你们几个就闹得这样天翻地覆的，给别人看见像什么话！你们是不是打定主意大家分开，把爹一生辛辛苦苦挣来的这份家业完全弄掉？这种败家的事情我可不答应！"克明愈说下去，他脸上的表情愈严厉。

他的锐利的眼光轮流地在克安和陈姨太的脸上盘旋。陈姨太已经放开了克安，站在旁边，一面揩眼睛，一面还在低声抽泣。等克明把话说完，她立刻拖住他的膀子，把脸挨到他的身上，哭诉道："三老爷，请你给我作主。他们这样欺负我，我以后怎样过日子？老太爷，老太爷，你死得好苦呀！……"于是伤心似地号哭起来，把眼泪、鼻涕和脸上的粉全揩在克明的爱国灰布夹袍的袖子上面。

（节选三）：
……

一阵失望的表情笼罩着她的瘦小的脸。她的嘴一扁，眼圈一红，差不多要哭出来了。她连忙埋下头去。她的眼光触到了她那双在大裤脚下面露出来的小脚。她又把眼光移到她的几个姐姐的脚上去。

摆在她眼前的都是未经包缠过的天然脚。只有她自己的一双却已经变成高耸的、畸形的东西了。过去说不尽的痛苦突然涌上了她的心头。未来的暗影又威胁地在她的眼前晃动。她气得眼泪直流，便从怀里摸出手帕揩眼睛。

众人不知道她这时的心情，以为她单是为了不去公园的缘故伤心，心里都有些难受。

"四表妹，不要伤心。我们一起去。五舅母这两天没有心肠来管你。万一她有什么话，由我来担当好了，"琴俯下头去温柔地在淑贞的耳边说。

　　"好，大家都去。这点小事情不必管他们答应不答应，先做了再说！万一给他们晓得了，也不过挨两句骂而已。我们还怕这个做什么？"觉民下了决心毅然地说道，他脸上的表情是很严肃的，他不再有顾虑了。

　　"四表妹，你听见没有？大家都去！"琴看见淑贞不作声，便顺着觉民的语气，继续柔声安慰道。

　　"先做了再说，……"淑英猛省似地低声念道。她好像在思索什么事情。

　　"我的脚……"从淑贞的口里忽然迸出了这三个字。以后又是断续的抽泣。

　　"你的脚？怎么，你的脚痛吗？"琴关切地问道。她连忙埋下眼光去看淑贞的一双挨了许多板子流了许多眼泪以后缠出来的小脚，这双畸形的脚在公馆里是很出名的。淑贞的母亲沈氏曾经拿这双小脚向人夸耀过。也有些人带着羡慕的眼光赞美过它们。只有淑贞的哥哥姐姐们才把它们看作淑贞的痛苦生活的象征。他们曾经投过许多怜悯和嘲笑的眼光在这双脚上。但是如今这双小脚也成了他们所看惯的东西了。所以连琴也不能够马上就明白"我的脚"这三个字的意义。

　　淑贞没有答话。众人站在花园的外门口，把淑贞包围着，在问这问那。

　　"大少爷，大少爷！"绮霞慌慌张张地从过道那面出来，带跑带走地一路嚷着。……

（节选四）：
　　……

　　周伯涛在厢房里听见脚步声和说话声，知道觉新要走了，便出来送他。陈氏、徐氏们陪觉新走到左厢房窗下，看见伯涛出来，便站住让伯涛把觉新送出去。枚少爷胆怯地跟在后面。他们走到大厅上，觉新快要上轿了，伯涛忽然嗫嚅地对他说："明轩，今天又要累你跑一趟，真是抱歉之至。不过医生请去，如果郑家不愿意，你最好就早点打发他走，免得郑家不高兴。伯雄父子对于旧学造诣很深。他们不喜欢西医也是理所当然。"明轩是觉新的号，伯涛平时喜欢跟着周老太太叫觉新做"大少爷"，称"明轩"的时候不多。这番话似乎是他想了许久才说出来的。

　　觉新听见这些不入耳的话，不觉皱了皱眉头，敷衍地说了两声"是"。他无意地抬起眼睛看了看枚少爷，那个年轻人俯下头用手掩着嘴低声咳嗽。他痛苦地想道："居然有这样的父亲。"便逃避似地跨进轿子走了。

觉新到了平安桥医院，才知道祝医官被一个姓丁的师长请到简阳看病去了。另一个任医官在那里。觉新以前也见过这个瘦长的法国人，便把他请了去。

周伯涛已经派周贵到郑家去通知过了。因此觉新陪了任医官同去时并不使郑家的人惊讶。国光让他们在客厅里坐了片刻等里面预备好了，然后请他们进蕙的房间去。

蕙躺在床上，身上盖了一床薄被，脸上未施脂粉，显得十分黄瘦。觉新走到床前，亲切地唤了一声"蕙表妹"。蕙不转眼地望着他，微微一笑，低声说道："大表哥，你好。"泪水立刻从眼眶里迸了出来。她连忙把脸掉向里面去，不给他看见。觉新觉得一阵心酸，但极力忍住，装出笑容跟任医官、国光两人讲话。

任医官开始做检查的工作。他把蕙的心、肺、肝、胃各部都检查过了。他惊奇地摇摇头说中国话道："没有病，完全没有病。"后来他又检查腹部，忽然点头说："知道了。"于是他把各种用具收起，放进皮包里面，和蔼地对觉新和国光两个人说："这是膀胱炎，完全不要紧。不过要施点小手术。"

"施手术？"国光惊愕地问道。

"很简单的，不要怕，没有一点危险，"任医官含笑地安慰道。

任医官说中国话比祝医官说得好，他还向觉新谈起蕙的病原。他说，这是孕妇常有的一种病，因为初次受胎，胎儿怀得低一点，孕妇的尿管便受到胎儿头部的压迫。孕妇虽然时时小便，总是出来的少，而贮在尿胞里的较多。这样愈积愈多，尿胞里就装满了尿，因此尿内的尿酸便往上冲，以致孕妇发生头痛等等现象。他又保证地说，现在只要略施手术，用导尿管放在尿道里把尿胞里积存的尿一次排泄出来，病就好了。再服一点清毒剂，那更无问题。最后他又警告地说，如果不照这样办，日子久了尿毒侵入血液或神经，那么孕妇便会小产或者发生尿毒症。

觉新和国光送了任医官上轿，便转身往里面走去。他们刚走了两步，国光忽然问道："大表哥，你相信这种话吗？"

"我想也有点道理，"觉新坦白地答道。他知道蕙的病势不重，便不像先前那样地焦急了。

"据我看，他的话简直靠不祝头痛怎么能跟尿有关系？我想还是中医的阴阳五行之说有理，"国光理直气壮地说。

觉新含糊地答应一声。他心里很不舒服，但是又不好发作出来。他只得忍耐着，默默地走进里面去。他进了房间，看见国光的母亲在那里跟蕙讲话。他向郑太太行了礼，说了两句话。他忽然听见蕙用手帕掩住嘴咳嗽，又想起任医官的话，便走到床前，等蕙止了咳，然后关心地问道："蕙表妹，医生的话，你也听见了的。你的意思怎样？你说了，我好去对外婆、大舅母她们说。"

蕙把头一动，感激地笑了笑。她费力地说（但声音并不高）："既然是婆婆她们请来看的，又劳大表哥亲自走一趟，那么以后就请他医罢。"

"这不大好，我看西医不可靠，"国光在旁边反对道。

"少奶奶，你怎么好答应外国人给你医病？外国人花样多得很，会想出希奇古怪的法子来骗人。并且一个陌生的男人怎么好在你那种地方动手？不要羞死人吗？倘使一个不小心把胎儿弄伤，那更不得了。"郑太太歇斯底里地尖声嚷道。她的脸色不大好看，这表示她心里不高兴。

"太亲母，不过话也不能这样说，西医也有西医的道理……"觉新极力压制了他的愤怒，勉强做出笑容解释道。但是他刚刚说了一句话，就被蕙阻止了。蕙在床上唤了一声："大表哥。"他更走近一步去听她说话。

蕙疲倦地笑了一笑，喘息地说："多谢你今天走一趟，刚才妈的话也很有理。我不要请西医看了。请你转告婆婆她们。

我吃中医的药，也会慢慢儿好起来的。请她们不要着急。"她的略略失神的两眼望着他，两颗大的眼泪嵌在两只眼角。她对着觉新微微地摇头，又用更低的声音说："我昨晚上梦见梅表姐，大概是妈昨天告诉我钱大姑妈从宜宾写信来的缘故。"

觉新痴呆地立在床前，好像受到意外的打击似的。他望着蕙说不出一句话来。

"少奶奶这才懂得道理。"郑太太得意地称赞道，这才把觉新唤醒了。

"大表哥，令表妹倒很有见地。请你回去把这个情形转达岳父、岳母，请他们放心。像令表妹这样的病不宜请西医看。我们每天请罗敬亭、王云伯来看，今天又加请了张朴臣，他们三人轮流看脉，共同主方，不会有错的。请岳父、岳母放心，"国光客气地对觉新说，一面不停地摇摆着他的宽大的方头。他用这几句话便把觉新关在门外了。

觉新望着国光，听这个人一句一句地说下去。他的眼前还现着那张憔悴的脸庞和那一对含泪的眼睛。他觉得心里很乱。他又感到鼻子酸痛。他知道自己快要淌泪了，便努力克制悲痛的感情。他勉强支持着听完国光的话，含糊地答应一声，也不跟国光辩驳，却走到床前，向蕙嘱咐了几句话，要她安心静养，然后告辞走了。

觉新看见轿子出了郑家的大门，他在轿里起了一种逃出魔窟似的感觉。但是他一想到留在他后面的蕙的命运，悲愤又绞痛了他的心。

（节选五　尾声）：

第二年的春天终于来了。大地渐渐地变了颜色。春天带来的是生命，是欢乐，是花香，是鸟鸣，是温暖，是新绿，以及别的许多许多的东西。

一天午后琴在家里接到淑英从上海寄来的信："……春天又来了。我还记得蕙表姐的话。我和蕙表姐一样，也是喜欢春天的。可是只有在这一个春天我才真正觉得快乐。我现在是自由的了。连眼前的景物也变了一种样子。我想起从前的一切仿佛在做梦一般。琴表姐，我至今还想念你们。我永远不能够忘记你们，我更不能忘记你们这次的帮助。如果没有你们，我不会逃出家庭的。

爹说过春天里要把我送到陈家去。如果没有你们帮助，那么我现在过的是什么日子，真不堪设想了。亲爱的姐姐（容许我叫你做姐姐），你不知道你的表妹是何等地感激你啊。我在这里时常得到三哥的指教。他很喜欢我，他说要帮助我成为一个有用的人。姐姐，想来你也会替我欢喜的。

"啊，亲爱的姐姐，请你原谅我，我要告诉你一件不幸的事：陈先生上前天因肺病死于红十字医院。他终于因肺病死去了。他临死时似乎没有痛苦。他也没有遗言。

脸上仿佛还带着笑容。他是平静地死去的。不过前几天他住在医院里，我去看他，他向我说了许多话。他说这次他能够把我平安地送到上海，他能够为我的事情尽一点力，他很高兴。他又说这是他一生最大的幸福。他以为你或许会因此看得起他。姐姐，我看他对你怀着深的好感呢。姐姐，你或许会为他伤心罢，为他洒几滴眼泪罢。他想不到自己会死得这样快，我们也想不到。可是他连这个春天也不曾过完，便寂寞地死去了。我记得他从前对我说过他愿意为我牺牲，我还以为是一句戏言。现在却真的应验了。他这次送我出川，一路上的焦虑和辛苦对他那样的身体很不相宜。他到了上海，人已经困顿不堪。这至少是使他早死的一个原因。我昨天跟着三哥到他的坟上去过。我想起他生前对我的种种好处，又想到他怎样为我牺牲，我在坟地上哭了一常后来还是三哥把我劝好的。三哥待我真好。他很喜欢我。他这两天不断地安慰我。他要我忘记剑云的事。他怕我伤心，还说要带我去杭州旅行。姐姐，亲爱的姐姐，如果没有三哥，我这几天还不知道怎样度过呢。姐姐，你可以放心，我现在有这样的哥哥指导我、爱护我，你也该替我欢喜罢。姐姐，我真高兴，我想告诉你：春天是我们的……"琴读完信，抬起头来，两手托着腮痴痴地望着窗外。窗外一片阳光，一群蜜蜂在盛开的桃花周围飞舞。一阵风轻轻吹过，几片花瓣随着风飘落下来。一只小鸟从树枝上飞走了。

鸟在飞，花在飞，蜜蜂在飞。琴的思想也跟着飞起来。这思想飞得远远的，飞到了上海，飞到了淑英的身边。

"春天是我们的，"琴亲切地低声念着，她忽然微微地笑了。

二、分析与评论：

巴金自己在 1931 年解说写作激流三部曲的动机时说："我所要展开给读者看的乃是过去十多年生活的一幅图画。自然这里只有生活的一小部分，但我们已经可以看见那一股由爱与恨、欢乐与受苦所构成的生活的激流是如何地在动荡了。我不是一个说教者，我不能明确地指出一条路来，但是读者自己可以在里面去找它。"

二十世纪初，中国社会开始发生了一场动摇人们思维方式的大变革，新文化运动给国人带来的民主、平等观念，不仅被革命领袖们应用在政坛上，更为容易接受新思想的年轻人所推崇。在传统社会中事事得听凭家族长辈定夺的年轻一代，现在突然看到了一线鼓舞他们奋起反抗的曙光，他们当中具有革新精神的人，就会抓住这一机会，用自己的力量来改变未来生活的走向。

淑英是一个好学上进的女孩子，才 17 岁的她不想早早结婚嫁人，尤其不想像家中的表姐、堂姐们那样，听从长辈们的胡乱安排嫁给那些玩物丧志的富家子弟。祖父在世时给她指定的陈家老二名誉很糟糕，不学好，爱赌钱，捧戏子，这些都是淑英不喜欢的地方，高家以前指定婚姻造成的悲剧她都明了，所以她有时甚至会动起像丫头鸣凤跳湖自杀那样的念头。但她终究是个有主见的青年人，三堂兄觉慧的成功出走，已在她心里点燃了一线新生的希望。虽然表面上她不说什么，但她请觉慧帮她找上海学堂的资料，说明她内心中已经有了迫不得已时要像觉慧一样反叛的念头。

当时的社会，女子依然全无地位，婚嫁之事自己根本没有决定权，长辈为她们挑选夫婿时不会探询她们的意见。按照传统习俗培育成人的女子，即便觉得这样的安排不公道，也不会表现出什么异议。譬如周氏就公开对小辈们说："做女人的就免不了薄命"，"只求来生再不要做一个女子"。而对淑英这一代已经接受了新思想灌溉的年轻人来说，这样消极接受命运安排实在太可怕了。面对封建家长制强加到他们头上的不合理安排，他们不会像周氏那样逆来顺受，当矛盾积累到一定的程度时，冲突必然会产生。

觉新同觉民、觉慧一样，已经受到新思想的熏陶，他自身因为封建礼教而深受其害，对"三从四德"这样的旧观念很是痛恨；但与此同时，他作为长房长孙，又时时自觉不自觉地捍卫着祖先留下来的传统。他明明知道"三爸"克明是个假道学，还是会遵从他的吩咐，把觉慧写给他们的信先让他过目。因为他是家长，"他的话我们不能不听"。单单这句话，就使他和觉民、琴等人之间存在着一道本质性的鸿沟：对他来说，封建礼教纵有种种害处，家长制还是好的，应该继续存在下去；而对觉民和琴这些新青年来说，家长制是旧传统的一部分，它在本质上是一种干预他人人身自由的侵权制度，没有必要继续存在下去。针对觉新的话，觉民的严肃态度是："我认为并没有给三爸看的理由。三弟（觉慧）的信又不是写给他的，是写给你，写给我们的。"

觉慧在这方面的态度，就比觉民更加鲜明。他在寄信的同时，也附上了一篇他批评大家庭的文章，让觉民利用他们自办的报社发表。这样的东西，如果克明看了一定会大发雷霆，将它焚之一炬，觉新私下将此件扣下，直接转交给觉民，起到了一个保护者的作用。从他对文章的处理上，我们可以看到他身上存在的矛盾性：一方面他要维护克明作为家长的权威，另一方面又要保护弟妹们的发展自由。这两点是相互抵触的，不可能两全，所以总体上看，觉新还是更多地偏向新的时代一点。从小说背景所处的年代来看，他扮演的是一个承上启下的角色。

对所有那些披着假道学外衣的长辈，《春》的批判是不遗余力的。冯乐山是当地的孔教会会长，对外宣讲的东西总是"女子无才便是德"的那一套，恨不得将当时开始兴办起来的女校统统解散。在家里，他如虎狼般不择手段地折磨年轻的姨太太，乱打乱咬如禽兽一般，全然不顾"德"行道义；在社会上，他诈骗寡妇人家的钱财，串通律师枉法，直至将人害得倾家荡产。他果然是希望女子们都无才，以便他可以永无休止地欺凌妇女。

这样的孔教，和真心提倡仁义道德的孔夫子是风马牛不相及的。冯乐山给自己披上一层孔教的外衣，正是因为他为人处世作恶太多，需要用外表上的道貌岸然来遮挡内心的罪恶感。这样的人物，自古至今从来都不曾少过，公开场合他们彬彬有礼，要求社会成员接受他们这些社会精英的管制；私下里他们却男盗女娼，根本不接受什么社会公平的主张，认为"大鱼吃小鱼"是天经地义的游戏规则。

以克明和冯乐山之间的亲密关系，他对冯乐山的真实为人不仅一清二楚，而且根本上就是淑华所说的"一丘之貉"。他要淑英嫁给陈家，也是因为陈克家在当地"翻手为云，覆手降雨"的本事，至于陈家少爷跟冯家两个孙辈整天在外吃喝嫖赌无所不为，似乎不干他什么事。既然"女子无才便是德"，女儿淑英在他的心目中不过是一件用来交换利益的商品。她未来的婚姻是否幸福，他根本就不在意。他对淑英的唯一关心，是不能坏了名声，否则他将女儿嫁去陈家的如意算盘就会泡汤。因此，听说女儿跟觉民一起外出的消息后，马上就严词训斥淑英；听到琴和觉民批评冯乐山时，也马上以"冯是长辈，必须尊敬"的言辞制止他们，以防他们将"坏"影响传到淑英身上。

这里，我们可以看到：家长制的长处对克明来说真是太多了。长辈可以为所欲为，小辈只有服从的份，即便他们想婉转地批评，都是逾越规矩的事，绝对不可接受。

克明的两个弟弟克安和克定，相比起来是公开的无耻。克安和陈姨太之间的争吵，涉及的内容不是各房的地位问题，而是因为下人们为小事纷争时扯出主子们生活不检点的毛病。在那个奴才必须恭敬主子的年代，王嫂敢公开指责陈姨太像个"老妖精"，是十足的大逆不道。钱嫂作为陈姨太的贴心女佣，当然要捍卫主子的面子，于是不顾大清早大家还在休息就和王嫂大吵起来。

按当时的规矩，陈姨太在老太爷死后应该守妇道，老老实实在家为老人家持守贞节，但她"十天有九天不归屋"，因此被人非议。王嫂作为克明房里的女佣，应该是听多了主人对陈姨太不甚恭敬的言论，和钱嫂发生争执时就扯出了她主子的生活问题。无奈钱嫂毫不理亏，不但和王嫂大声吵闹，而且在克安出来责骂她们时还敢回嘴，更在克安动手打她后连撒泼带叫骂，反过来嚷出克安在外玩小旦（当时多为男扮女角的演员），在家偷丫头（和年轻女佣发生不正常性关系），高家外表气派、内在脏臭的诸多事实。

她这些话都有根据，因此克安"气得不能再忍耐"，他的妻子王氏则"半羞惭半着急"地阻止他打人骂人。大闹的结果，最后还是要家长克明来收场，但他责备克安的话根本就是隔靴搔痒，对陈姨太则先要敬上三分。这样的家长，指望他来改变高家污七八糟的状况，无异于痴人说梦。但问题的底子还不在这儿，包括克明在内，高家有说话权力的长辈们自身都品行不正，由他们出面来约束管教陈姨太，结果可想而知。

长辈中最无耻的，还得算五叔克定。他嫌弃妻子长得丑，便在外面租房子安置小老婆；钱不够花，又要拿妻子的金银首饰去换钱后供自己开销。妻子在花园招待客人，他也要乘机和女佣人搞性事。被发现后索性大闹一场，全然不顾他在儿孙辈面前的形象。不过话说回来，高家上上下下，还只有他一个人有敢做敢为的气度。克安来说他，给他"以子之矛，攻子之盾"的一句话反驳得哑口无言；克明来骂他，也让他用"不孝有三，无后为大"的古训给堵了回去。他能做到这样，是因为他明了克明本质上的懦弱，加上他花花公子的天性，所以任谁也奈何不了他。

沈氏一贯给克定欺负，本来很值得同情。但是，她每每在受了丈夫的气后，就将怨气发泄到自己的亲生女儿淑贞身上。在女子放开天足已成风气的时代，她还要强迫女儿裹脚，并且时时拿这双浸泡了淑贞的血和泪的小脚向人夸耀，以得到一些人的羡慕和赞美为自豪。淑贞喜欢亲近具有新思想的堂哥和表姐，倾听她们探索外面世界的话语。在兄姊们的鼓励下，她鼓起勇气跟他们一起到外面的公园开会。不幸的是，她人生中的第一次外出，就偏偏在公园里碰到父亲在外胡搞。结果，母亲不敢对父亲怎样，却把她狠狠地骂一顿出气。像沈氏这样的女子，本身是家族制的受害者，同时又不自觉地成为这一制度的维护者、执行者。

死了妻子的觉新，人生的唯一慰籍就是幼子海儿。一场高烧，使海儿得了脑膜炎，但高家向来只信中医，一拖再拖，等到最后觉新终于下决心请西医来诊断时，为时已晚，一个可爱的小生命就这样无端损失了。

百念俱灰的觉新，又在此时接到为表妹蕙安排婚事的任务。蕙的命运跟淑英一样，被她父亲安排嫁给合家上下都不喜欢的郑国光。但蕙又和淑英不同，她对生活的看法还是老一辈的观念，心里再不喜欢郑家，嘴上却绝对不会说出口，只是背着人去流泪。她和觉新之间彼此有意，但在那个时代他们无论如何也不敢公开自己的感情，更不用说违抗长辈的意志去追求自己想要的幸福。

蕙因怀孕而得了膀胱炎，本来是很容易医治好的小病。但因为觉新请了西医，郑家已经不满意，还要让一个外国男人在女子下身

170

部位做手术，这对满脑子只有"礼不下庶人刑不上大夫"的郑国光及其家人来说，简直就是天翻地覆的事情，绝对不能接受。觉新和蕙面对他们如此激烈的反对，只得让步而白白耽误了治疗机会，以致蕙年纪轻轻地丧了命。这对觉新来说是又一个巨大的刺激，自此以后，他也开始对不合情理的旧传统产生出反抗的情绪。他知道，如果强逼淑英走蕙的路，那么又一个家庭悲剧会等着发生。了解到觉民将淑英送到上海觉慧那儿去的计划后，他明知会受牵连，也不顾一切地予以支持。

淑英的成功出走，标志着克明对这个封建大家庭的统治力开始全面崩溃，也标志着中国社会女性开始走向独立。全书是以淑英从上海写给琴的一封信来作为尾声的，信中淑英虽仍然脱离不了她的稚气，但对待生活的看法却比以前成熟得多了。而她最后所写的那句"春天是我们的"，使我们眼前出现了一个自信、自强的新女性形象。在这样的青年面前，高克明、冯乐山们心中理想的旧秩序正迅速地走向崩塌。

三、参考练习题：

一、文革期间，巴金的激流三部曲被批判为"毒害青年"、"杀人不见血"的软刀子，从《春》的内容中分析这一批判的缘由。

二、在小说中描写的当时情况下，像高家、冯家和陈家这样的大户人家都是典型的"为富不仁"，这是不是一种必然的社会现象？

三、沈氏自己应该是亲身经历了裹脚痛苦的女性，为什么她还会要自己的女儿再度受此不必要的痛苦，而且还要以此向他人炫耀？

四、高家的"家风"究竟是什么？克明不让淑英跟陈剑云读英文，是为了维护"家风"吗？

第五节 杜国威的《南海十三郎》
Nan Hai's No.13 (Mad Phoenix)

编者按： 与本章所选的其它文学作品不同，《南海十三郎》是完全用粤语写成的。为了让所有的考生都有同等的机会接触到教学大纲中指定的文学题材，这里特地选择几个比较重要的情节，用普通话将它们传达给大家。如果有学生因此而着迷，那么希望他们已具备阅读粤语的能力，可以通读全篇；不然的话就多下些功夫，边读书边学习粤语，一举两得，也是快事。

《南海十三郎》有电影、舞台剧、电视剧等多种形式，它们都可作为选修的背景材料。

一、原著 （第一幕）：

清末民初，十三郎生父太史公作为英美烟草总代理，巨富的家道开始中落。六奶所生的十三郎，在学校放火烧了校长蚊帐，太史公收到了校长请求他给十三郎办理自动退学的信。

……

九　奶：不是你又气走老师了吧，上次教你德文的老师不是给你气走的吗？

十三郎：他是汉奸来着，整天说什么德国强中国弱。

十一奶：（唱）你这么喜欢和老师作对，小小年纪太嚣张了吧！

太史公：福来！拿藤条来！

十二奶：（唱）快点向父亲求饶认错，不然今天只怕要受皮肉之苦呢！

（福来已经把藤条交给太史公）

十三郎：（唱）你们这些大人都不讲道理的。

众齐声：哎呀！

十一奶：小心些嘴巴，跪到中间去！

太史公：（手执藤条）打死你这个坏东西——呀！

十三郎：住手。

太史公：——？

十三郎：你老爸有没有这样打过你？

太史公：我老爸他儿子听老师话勤力读书考取功名光宗耀祖为什么要打他？

十三郎：你们这些八股奴只会读死书死读书直到最后读书死，我们新
　　　　一代，支持"五四"运动，不会再盲从附和的啦！

太史公：坏蛋，这里是你讲这些的地方吗？

十三郎：满街都有学生在演讲，老爸你不出去听听看！

太史公：我打死你。（气极）打！

　　　　（十三郎躲避，一个追一个逃。众妻妾慌忙劝阻）

众妻妾：不好打呀，老爷，小心啊！十三，不要再犟啦！

太史公：（喘气）我给你气死啦，我不打你就消不了这口气，我这么
多子女，没有一个像这样难教的，这样反叛的。

……

太史公：（窘）唏，我打死你！

十三郎：我挡！（从怀中掏出一横幅，上写"打倒封建"）

十三郎：（大叫）打倒封建！

太史公：打死你！

　　　　（十三郎一闪，把纸条贴在十奶身上）

十　奶：哎哟！

　　　　（十三郎再从怀中取出另一张，写着"支持新中国"）

十三郎：（大叫）支持新中国！

三　奶：你想气死你老爸呀，十三！

十三郎：新中国万岁！

太史公：坏蛋啊！

……

　　　一九三零年，香港。

　　　香港大学的舞会上。十三郎孤独地站在一旁，戴着一副眼镜，穿
着三十年代的西装。人很矮小，却把头抬得高高，傲视一切。

同学甲：（对乙）哎，出奇吧，你看谁来了？

同学乙：（看那边）嘿，江誉球呀！怎么他也喜欢这洋玩意的吗？

　　甲：江同学。

十三郎：好热闹啊。

　　乙：单人匹马来的，你的 Partner 呢？

十三郎：我没想过要跳舞。

　　甲：为什么呀？

　　乙：不会跳吗？要不要我教教你呢？

十三郎：非不能也，实不为也。

　　甲：我介绍个漂亮女孩子给你，看上了哪一位啊？

十三郎：廖同学，想不到你说话会这么轻佻。

　　乙：假正经，不想认识女孩子到这里来做什么呀？

十三郎：我来，是想冷眼旁观一下人生百态的！

甲和乙：啊？！

十三郎：你们看，衣香鬓影，歌舞升平，试问身处这样的场合，又怎么可以看得到中国人面对内忧外患，中华民族面对的隐患呢！

　　乙：哇！江同学又发议论啦。

　　甲：真是大义凛然呐。

　　乙：好一个当代屈原啊！怎么不见你去投河报国呢？

　　甲：是啊！爱国战士，你还是早些去镇守边关，保家卫国吧！

十三郎：燕雀焉知鸿鹄志，壮怀如我更何人呐。

　　　　（甲乙两人忍俊）

十三郎：你们好象在取笑我吧。

　　甲：不是，我们想推举你做下一届同学会主席。

　　乙：没错啊，到时由你领导我们去革——革——

　　　　（乙突然看见远处出现一个美女，怔住，拉一拉甲，甲也看见了，而另一边也有一些男生走向美女，甲与乙再不打话，趋之若鹜地走过去。

　　　　（十三郎仍懵然不知）

十三郎：同学们，我们实在太幸福啦，受的是高等教育，又怎么会想到还有千万个中国人，仍然在争取平等、自由呢。瞧，就看今晚的这个舞会，花费了多少银两，消耗了多少人力，为了什么？无非个个想借此机会显下派头、争奇斗艳罢了——

　　　　（怔住）

司　仪："了"字话音未落，江誉球已经看到这位少女，众男士的目标！

　　　　（十三郎怔住，看着。

　　　　（另一男同学擦身而过，看看十三郎，看看人丛中的少女）

同学丙：（拍一拍十三郎）倩女呀！

十三郎：（掩饰）一般啦，都是些庸脂俗粉吧。

司　仪：但是从这一刻开始，江誉球的视线就没离开过这位少女！

十三郎：（喃喃）现在国家面临内忧外患——中国充满——一般庸脂俗粉罢了，我们要争取自由、民主，唉，口不对心！该打，我十二个妈妈，四个姐姐两个妹，没有一个可以跟她比，我心目中的仙女，就是这样了。

......

　　十三郎苦追妙龄女郎 Lily 未成，又遭大学除名。喜爱粤剧的他，却有缘结识名角薛觉先，并因此成为名编剧家。正在他编写的剧目红遍穗、港时，日军侵华的炮声，打破了生活的顺遂。

　　一九四一年，第七战区。
　　(锣鼓响，战鼓声——
　　（一队人马出场演出，演员有些扮军人，一旁坐下欣赏
　　（戏牌写着《封侯万里》）
台上演员：（唱）（操兵）
　　　　　男儿，雄壮；
　　　　　人强，民安，群策保家乡。
　　　　　洒过热血，冲过路障，江山无退让。
　　　　　齐齐前进，大众声威壮。
　　　　　（鼓声，操兵布阵。
　　　　　（新靓就出场，军装打扮）
新靓就：我们齐齐发——愤图强——打倒萝卜——头的侵华——暴
　　　　行。
　　　　中国——万岁。
　　　　（军人叫好、鼓掌。
　　　　（新靓就在台上表演功夫）
众　兵：（唱）男儿，壮志凌云，敌方往，
　　　　　一心为国，护家邦；
　　　　　中国民族，不怕顽强，
　　　　　无惧日寇冲锋往。
　　　　　（另一边又有一战区劳军，台上走出一个肉弹式女人，扮妲
　　　　　己。
　　　　　（戏牌写上《玉山藏妲己》）
妲　己：（边唱边跳）
　　　　　看看看，玉山中藏娥媚；
　　　　　哈哈哈，够风骚够俏美；
　　　　　听听听，妙歌音迷人魂；
　　　　　跳跳跳，柳腰摆笑带醉；
　　　　　（肉弹一出，所有军人士兵都被吸引，纷纷走到另一边捧肉
　　　　　弹场。）

…… 十三郎见势无奈，临时换演梁红玉的女装戏。

  （这边本来已有些士兵被吸引过来，哪知那一边更吸引，突然一阵音乐，黑幕帐中首先露出一条玉腿）

军　队：哇，好白呀！

  （既而多个美女出来跳大腿舞。

  （这边没有人看梁红玉了，全部走过去）

兵　士：（呐喊）踢高点，高点！——fe, fe, 好啊！

肉弹们：（唱）中国一定强，中国一定强。

  伟大的国家，前途无量。

  挺起胸膛，挺起胸膛，拿枝枪去打仗。

  （场面是一片乱哄哄，个个士兵看得面红耳赤，热血沸腾，十三郎暴跳如雷，手握双拳，咬牙切齿）

十三郎：可怒也，忍无可忍呀！

  （十三郎跳上台，夹在肉弹当中。十三郎阻止肉弹继续跳舞，肉弹吓得阵脚大乱）

肉弹们：哇！哇！

士兵们：（喝倒彩）嘿！嘿！干嘛乱场啊！

  喂，继续呀！

十三郎：（骂肉弹）下流！无耻！你们这些祸水红颜，你们色诱三军，他们还怎么会去打仗呢？

  （大叫）哪一个是任惜花，任惜花你这个汉奸出来！

  （一人出，长相滑稽，大模大样）

任惜花：喂喂喂大哥啊，为什么上来搞乱我的戏场！

十三郎：你就是任惜花吗？

任惜花：好说好说，我知道你是南海十三郎！

十三郎：知道就好，你要出这样下三滥的招数，不觉得羞耻吗？

任惜花：你说话放尊重点好吧，你有你劳军的办法，我有我劳军的路子，河水不犯井水，你好好回去啦，不是有什么问题吧！

十三郎：（沉怒）你使出肉弹来扰乱军心，还叫他们怎么去打日本鬼子！全体士兵都受了你的荼毒啦，你知道不知道？

任惜花：你的戏台没我旺你就找岔呀！鬼叫你的戏没吸引力呢，关我什么事呀，有脑子就快点走开，一会将军来看戏的呢！

十三郎：（悲愤）你这个汉奸！狗杂种！

  我要为千千万万个中国人把你打醒！

…… 十三郎出手，任惜花回拳。此事惊动了军方高层，最后，释放十三郎的条件是他必须向任惜花斟茶道歉。

任惜花：（神气地，不看十三郎一眼）哦！我编的戏就扰乱军心，荼
　　　　毒生灵，我是汉奸。你又写的什么好戏这么厉害呀！
　　　　你套套戏都叫人忠君守节，忠君？忠什么君呀？
　　　　中国没皇帝啦，你思想封建呀，你迂腐守旧知不知道呀？南
　　　　海十三郎，你收山算啦，你那套现在不时兴啦！
　　　　（十三郎沉住气）
任惜花：把茶递过来啦！
十三郎：冷啦，再换杯热的吧。
任惜花：唔！
　　　　（任惜花趾高气扬）
十三郎：（换过热茶）趁热——死了吧，你这该死的东西！

…… 十三郎先泼热茶，烫得任惜花弹跳起来；再接着追打，发狂地
口咬手打。最后被士兵制服，但此次不须坐牢。两个战区的长官都认
为十三郎神经失常，身不由己，故不加责怪，赶出辖区即可。

（第二幕）：
　　一九四五年，香港开始恢复经济，百业重兴。
　　十三郎再为戏班写剧本，但每每写出的都是保国安邦的故事。观
众对此话题不感兴趣，所以渐渐变得无事可做；加上他为人心高气
傲，容不得小人作势，因此越发得罪了圈内的同道。最后实在混不下
去，只好于一九四八年冬无奈回到广州已高寿八十多岁的老父家里暂
居。
　　太史公此时的门庭已破落不堪，同样变得苍老的福来手执着扫把
在扫着落叶，太史公身边唯一的妾侍三姨太身着粗衣麻布，老态毕
露。
三姨太：（边走边叫）十三！十三你又要去哪里啊！十三！
　　　　（三姨太见福来，福来对三姨太示意，手一指）
三姨太：吓！又上神台去了呀！哎呀！
　　　　（三姨太没好气的，走向神台）
五人组：至于十三郎，
　　　　因为大脑受过猛烈震荡，
　　　　人变得疯疯癫癫，整天胡言乱语！
　　　　一会儿完全正常，谁知道他是真疯，还是假傻！

（十三郎站在高处，三姨太在下面叫着他）

三姨太：你上去做什么，快点下来啦！下来啦！

十三郎：（在上面唱）

好一只，大鹏展翅，好一只大鹏展呀翅呀呀！（作飞状）

三姨太：不好飞呀！你要跌死的呀！你不是个雀鸟啊！快点下来啦！

十三郎：（唱）我飞呀飞呀飞，飞到广寒宫呀，呀里呀，呀呀——！

飞！

（十三郎凌空跃下）

三姨太：哎呀！

（太史公与福来赶到）

太史公：十三！

福　来：十三少！

（只见"噼啪"一声，十三郎跌在地上）

十三郎：哎呀！

三姨太：（上前）叫你不要飞你偏要飞！跌死你！值呀！值呀！

十三郎：（欲站起）哎哟！

太史公：你怎么样啊？！

十三郎：飞不起来，又失败啦！

三姨太：瞧你！上次已经跌得全身瘀青都不怕！你不痛的吗？

太史公：不要再飞啦，过来跟我下棋好啦！

三姨太：还痛不痛啊？哎？痛不痛？

十三郎：痛吾痛以及人之痛，真英雄呢，请受我一拜！

（十三郎抱拳向三姨太一拜）

三姨太：我才不要你拜我，你给我好好坐好，给我时间做事情我就高
兴了！去吧，跟你老爸下棋去啦！

……

（福来急急走进来）

三姨太：福来！什么事呀？

福　来：有没有红布呀三奶奶，快点拿条红布挂在门口啦！

太史公：什么事情啊？！

福　来：外边大游行呀，听，你听，好多人呐！

（远处传来革命歌声）

十三郎：共产党来啦？！

三姨太：不要多事！

十三郎：等我去叫他们这些人——

三姨太：不要乱讲话啦！下你的棋吧——

福　来：听街上的人说，广州要解放啦！

三姨太：好汉不吃眼前亏，人家做什么我们也做什么就行啦！

太史公：我们又没有做错什么，什么国民党共产党我们都不帮，政治这个东西，我一辈子都不懂。

三姨太：最糟糕的就是你有好多国民党官员的朋友，都来"劝说"过你，叫你去台湾呢！我怕共产党来后会怪我们呢！

十三郎：无缘无故地分什么共产党国民党呢，多余的！多余呀！

三姨太：十三呀，都跟你说了不要乱讲话咯！

十三郎：下棋定输赢啦！每边派个代表出来，十八个省下十八局，哪边赢一局就要了一个省！愿赌服输，举手不回。

太史公：（笑）真是的，这个办法多好！

十三郎：当然啦，不用自己人打自己人啦。喏！做汉奸就要打，走狗就要打，那些不知道怎么编剧的就要打！任惜花就要打！

三姨太：哪个任惜花呀？！

太史公：他单相思过的那个女人罢！

三姨太：你看他这样！留在广州迟早要闯祸的，乱讲话的。
　　　　唉！什么时候这疯病才会好呢！

……

　　　　（革命歌声越来越大……）

太史公：（幽幽地）算啦！必要时看怎样想个法子把这个东西送回香港去啦！
　　　　（三姨太也是一脸无奈。
　　　　（福来进来，手拿红花枕巾和一根竹竿。
　　　　（三姨太急急帮手，福来出。
　　　　（革命歌声放大，灯渐暗……）

……

　　　　香港大屿山佛教寺院，老年的十三郎在此安身。
　　　　（钟声又起。当，当，当。
　　　　（一片庄严肃穆。景色由晚间转到天明。
　　　　（一个垂垂老态的十三郎出场，两鬓微白，表情茫然，不悲不喜。后面跟着几个高大金发的西方男女游客）

十三郎：（沉声）
　　　　Welcome to Pauline Temple!
　　　　This way please.
　　　　This is the big hall and this Buddha is the biggest in Hong Kong.
　　　　Follow me, this way please!

（游客们把钱放进香油箱）

十三郎：Thank you! Your donations will bring you happiness and good fortune in return!

游　客：Oh really!

（有些游客给十三郎钱）

十三郎：No, thank you! I don't need money!

（游客们参观和照相去了。

（台上摆着一张长方台，放着签语，帐簿香烛等神物，以及椅子两把。

（十三郎正送着游客。小和尚见十三郎手上外币，十分羡慕）

小和尚：（对十三郎）你就发啦，这么多美金！

十三郎：我不要，没用的！给你吧显申！

小和尚：呵！给我？！

十三郎：给你和显净两个啦！

小和尚：好，一定做到！

十三郎：今晚捉点萤火虫给我玩吧！

小和尚：没问题！（拿着钱）我去找显净！

十三郎：喂喂喂，有人来啦显申！你偷懒，不看台，你不好啊，偷懒！

（只见一小童扶着盲老人到来。盲老人七十多岁，行动不方便，由小孩子带着）

福　来：啊打搅，我想抽回签，做下法事呀！

十三郎：小和尚刚走开了哟，怎么！登记做附荐？

福　来：是，想超度亡魂！

十三郎：哦，那你讲，我写啦！超度亡魂呀，是您亲人吗？

福　来：啊，主仆关系！

十三郎：姓什么叫什么住在哪儿呢？

（十三郎坐下登记）

福　来：你这么写吧，写南海县江太史孔殷灵佑啦！

十三郎：——

福　来：江孔殷江太史呀！清楚吗？

十三郎：你——

福　来：我是他的家仆！麻烦你写林福来附荐啦！

（十三郎怔住）

福　来：——先生？——先生？

十三郎：是！他，几时死的？！

福　来：死了好久啦，共产党来后，没多久就被人指为大地主，清算，然后这么——

　　　　多少年呀？

十三郎：你——你讲得详细些！

福　来：想来，是三反五反那些年啦。唉，其实真是冤枉的，我家老爷呀，与世无争，而且都这么老了，怎么会想到他们说他是大地主，要拉去上锁呢。好惨呀，跟他的三太太被人用猪笼关起来，抬回原籍受审，唉！我老爷死都不承认有罪，最后在监牢里不肯吃饭，绝食而死！

十三郎：（惨然）这样！真是冤魂喔！

福　来：先生你的声音好熟，乡下在哪儿？

十三郎：——南海！

福　来：原来真是同乡！这样你应该听到过江太史、太史第的吧！

十三郎：听过，听过！

福　来：太史公一生吃遍了山珍海味，谁知道会绝食而死的呀！

十三郎：你这双眼睛——

福　来：被人用胡椒粉审瞎的。他们说我是狗奴才包庇地主呢！先生，喏，我多加点钱，麻烦你，叫他们多念几回经给我老爷听吧。多谢你啦，先生！

　　　　（当，当，当，寺院钟声响。

　　　　（十三郎茫茫然，站起）

福　来：先生？！

　　　　（这时小和尚喜悦回来，见十三郎）

小和尚：喂多谢了！

　　　　（十三郎茫茫然脱下知客衫，向着亮处走去，小和尚大奇）

小和尚：喂，你去哪里呀？！

十三郎：我好久没下过山了，我要离开大屿山，回香港去。

小和尚：喂，你问过主持了吗？喂！

十三郎：（苦笑）哼哼……

　　　　（继而笑）哈哈哈……

　　　　上山容易，下山又有何难呢。

　　　　哈……

　　　　（唱）事到如今出世就是入世，生就是死死就是生。

　　　　哈哈……

　　　　（钟声，当，当，当……）

181

小和尚：（叫）主持，主持，他又发作啦！

　　　　主持——他又发神经啦！

　　　　（钟声继续 ······ ）

······

　　　　一九八四年，一个寒风刺骨的夜晚，有人打 999。

　　　　（演员扮警察操出场）

督　察：什么事？哪个报警的？哪个？

　甲：阿 Sir，你来看一下！

演员们：领头的是督察一级的官员，

　　　　他上前一看，······

　　　　（十三郎卧在灯下。

　　　　（街灯之下，是一具冻僵了尸体）

　甲：阿 Sir，是个讨饭的，已经僵硬掉了。

督　察：（上前）啊，是他？！

警　察：阿 Sir，你认识他的吗？

督　察：一个疯子，好久啦！都有二十年咯！

　　　　他打 999 报警说不见了一双鞋！

警　察：——啊！有没有弄错？

督　察：他说左脚那只鞋给毛泽东偷掉了，右脚那只给蒋介石偷掉

　　　　了，所以无路可走了哇！

警　察：哈——哈（但想一想，不再笑下去）

督　察：笑不出来了吧？唉！叫丧葬车啦！

警　察：Yes Sir！（叫人）来，帮手抬！

督　察：等一下！

警　察：——？

督　察：给我找双鞋子来！

警　察：——？

督　察：看见他光着脚离世，好不舒服！

演员们：警察终于找到了一双鞋，

　　　　那个督察亲自为十三郎穿上鞋子。

　　　　（督察还把两只鞋子的鞋带系在一起，沉思一会）

督　察：把他搬上车！

　　　　（警察们将十三郎的尸体搬上了车。

　　　　（地上遗落了十三郎那些报纸和包袱，还有那画轴，督察拾

　　　　起画轴，慢慢卷开那又霉又臭的画一看）

督　察：（读字）雪山白凤凰？！

······

（本故事全属虚构）

——（全剧完）——

二、分析与评论：

（一）

《南海十三郎》是一部充满讽刺意味的奇书。评论者们通常都注意到编剧独运匠心的舞台设计，以及将数十年中国社会中普遍存在的千奇百怪现象通过舞台置景的简单变化，快速有效地表现在观众眼前。这些，当然是编剧的大功劳。但《南海十三郎》最大的特点，恐怕还在于它绝妙地通过对主人翁人格行为的冷眼旁观，刻画出一个活灵活现、自身矛盾，时而生动可爱、时而不通人情的人物形象，并通过这个人物在社会上闯荡的经历，以及最后头破血流的结果，对社会进行无情的鞭挞和讽刺。

还在青少年时期，十三郎就是个天不怕、地不怕的角色，对学校校长不满意，竟然会在同学怂恿之下放火烧了校长的蚊帐。这一方面可以看出他的任性，另一方面却也可以看到他的狂妄。在他眼里，世界就是黑白两色组成的，没有灰色存在的理由；校长教书教得不好，就是在误人子弟，就该受到惩罚。

有趣的是：十三郎面对父亲的盛怒和责骂时，采取的对策是坚决对抗，甚至搬出"打倒封建"、"支持新中国"这样的政治口号来要求老子让步；但一等到老子动真的，威胁他再不显示些悔改之意，就会取消他看戏资格时，立刻摇身一变，竭尽奉承迎合之能事，将前面举起的两幅标语合二为一，成了"支持封建"！固然，编剧者这样安排，很有些滑稽的成分在里面；但"打倒封建"和"支持封建"毕竟是完全水火不相容的两个原则性问题。十三郎能够这样"机动灵活"地运用原则，实际上是编剧在一开始就为十三郎定下了灰色基调，而且这个人物不是一般的灰色，他是一个极具矛盾性，对人对己都奉行双重标准的一个非常复杂的人。

十三郎的父亲太史公，是靠依赖洋人发迹的。十三郎如果真心实地要"打倒封建"和"支持新中国"，首先就应该造老子的反才说得过去。但他是一个完全依靠父辈的财力物力生活的公子哥儿，在家里可以泼皮撒赖到父亲的姨太太们身上，在外面自然也可以随意乱来，反正天塌下来自有他老子顶着。由此，编剧将他安排成一个愤世嫉俗的"新青年"，本身就具有着极大的讽刺味道。围绕在他身上发生的故事，当然也就会产生出很多让人哭笑不得的悲喜剧。

进入大学读书的十三郎，还是满脑子的救国观念。他此时的思想，应该比少年时更成熟也更坚定了。当时的中国，内忧外患确实如他对同学布道时说的那样，隐藏着的危机已经日趋明显，而人民享有的民主自由，还是水中月宫，根本可望而不可及。但一般国民对此不以为念，大学生们也在歌舞升平中欢度良宵。"今朝有酒今朝醉，过得今朝再无回"，正是当时社会生活的普遍写照。

舞会上十三郎对妙龄女子一见钟情，疯狂坠入情网这一段，是编剧将矛盾推至最高点的神来之笔。他刚刚还在批评大家全然不顾民族危难，只顾自己享受生活、歌舞升平；转眼见到了心仪的女郎后就也同其他同学一样失魂落魄。如果他只是失魂落魄也就算了，毕竟十三郎已经是步入成年的十三郎，见到喜欢的异性后情窦初开有些失态，并没有什么不正常。可笑的是他明明对人倾心，嘴上却偏偏还要掩饰，将对方说成是"庸俗脂粉"；对庸俗脂粉要如此神魂颠倒，自己岂非是更普通的"平庸男子"。

将十三郎这个人物真正的多彩化，而不是中国文学中传统的"英雄全英，枭雄全奸"手法，是《南海十三郎》剧作的最成功处。十三郎是个敢爱敢恨的才子，一个至死都要坚持理想的好汉，但就是这样一条好汉子，也会在"一见钟情"的情况下丧失自我，也会在父亲的高压面前暂时地退避。见到这个人物的弱点，不仅没有使他失去号召力，反而使他更真实可信，更加成为现实生活中的英雄。

这里，编剧批评的不仅仅中国社会普遍存在的"各人自扫门前雪，哪管国家兴与亡"现象，而且更着重将笔尖刺向那些"满嘴仁义道德，全心男盗女娼"的伪君子。当然，十三郎在此剧目中的表现，表明他并不属于后者那一范畴；恰恰相反，他救国救民的抱负，自始至终都是真诚而一贯的。抗日战争爆发后，他为国家兴亡而主动投军，在演戏过程中更是为了匡扶正义而不惜得罪权贵，以至失去军方接受，最后甚至为写剧本而失心疯。

十三郎的疯，是真疯还是假疯，其实并不重要。重要的是：这样一个才子，为什么会疯？他是不是非疯不可？

（二）

表面上看来，《南海十三郎》是一部描写一个戏剧家从投身艺坛到声名大振，最后却又不幸因神智失常而浪迹江湖的人生悲喜剧，但如果将这一过程和中国在这段时期里发生的变化联系起来，我们就会发现它实际上是一部褒贬时政，对中国国情抒发见解的严肃作品。

舞台帷幕一拉开，观众就被台上的表演带进一个打劫案。向警方报案的正是疯疯癫癫的南海十三郎，他满身臭味，一副乞丐相，却大大咧咧地告诉警长他的一双鞋子被窃，而这两个窃贼是他想抓都不敢抓的：因为偷走左鞋的是毛泽东，偷走右鞋的是蒋介石。他现在两脚没鞋穿，下地不行，走路更不行。

这个寓言，并不像传统中国寓言那样将寓意紧紧地包裹起来，而是直截了当、快人快语地一言道出了主题。毛泽东、蒋介石两位偷走十三郎的鞋，令他有脚走不得路。这十三郎是谁，只是某一个疯癫佬，还是亿万人们的化身？这个问题，想来台下观众、剧本读者人人都会关心，因此也会有兴趣试着去解答。

随着故事的展开，我们发现十三郎自小到老，一直对政治抱有浓厚的兴趣。但无奈的是，他这份兴趣不仅得不到服务社会的机会，反而处处碰壁，最后干脆给他自愿服务的军方一脚踢开，原因是那些口口声声高喊爱国抗日的军头，实际上对十三郎倡导演出的政治鼓动戏毫无兴趣，对女人舞动大腿的庸俗表演却兴致高昂。十三郎跟任惜花的对阵，实际是他跟整个军方的对阵。既然所有这些表演是在军方管辖之下才能登台，那么十三郎一定要斗下去，最后就只有走进死胡同一条路。

再看军方对十三郎的处理方法，我们完全可以从这一个战时的小插曲中看出中国式政治的奥妙。十三郎所在第七战区的李汉魂长官，虽然名字叫做汉魂——汉民族之魂灵，但在处理十三郎和任惜花争端的过程中，却丝毫没有展示出一点汉魂的气魄。平心而论，十三郎在反对任惜花"肉弹劳军"这一问题上，确有操之过急的成分，因为后者走庸俗路线就指责他为汉奸更是不妥。毕竟任某人也在劳军，军人们并没有因为见了"肉弹舞"后就当逃兵，他反驳十三郎整天鼓吹"忠君守节"为过时之物，同样是有道理的批评。

但是，李汉魂将军在处理十、任冲突时，首先考虑的不是双方的得失，将两方面的优、缺点一起放到台面上评议之后作出裁决；而是把如何处理好与任惜花上级长官余汉谋将军的关系放在第一位。如此，汉魂也好，汉谋也罢，他们心中所想的既不是怎样做汉魂，也不是如何为汉谋，而是剧中所说的"官官相卫"，不要因为一个小小的艺人而损害了彼此间的和气！

然而，他们这样做，损害的并不仅仅是一个艺人的名誉，而是爱国的原则。

十三郎的做法，不管有多少艺人相争的因素在内，他希望以爱国剧目来唤醒兵士们的热情，在同侵略者的对阵中勇猛杀敌，这一点是无论如何都必须予以肯定和支持的。中日战争不是一场两个强人为争夺一块肥肉而展开的厮杀，而是一场强邻欺压弱者，以武力手段将弱者扼杀后成为其俎上肉食的正义非正义之战。弱者在面临强敌的情况下奋起决战，心中需要一份凛然之气，十三郎试图向他们灌输的爱国情怀，正是促使将士们在内心里产生出这股正气的基础；反观任惜花的"肉弹"表演，根本就没有什么正义非正义的区分，胜者固然可以强抢败者的美女，但败者即便是散兵游勇，仍然可以欺凌民间，骚扰百姓以满足其欲。

如此，战争为何而打，将士为谁效命，就在任惜花的"怜玉惜花"式艺术的喧嚣之中，散作了一缕轻烟。

李汉魂、余汉谋这些将军，当然明白这些道理。他们之所以选择弃十三郎保任惜花，是因为他们心中本来有己无国，中国所以用八年时间抗日而抗不出个结果，原因就是中国有太多李汉魂、余汉谋这样的假军人，太多任惜花这样无脊无骨的文化人，太少十三郎这样的真正爱国者。虽然十三郎只是一介书生，让他上战场，表现却会比李、余、任三者相加都要来得出色，原因很简单：他心中有国，有国在心的人才能为国献身。

那么，为什么十三郎这样的人才，不但不能得到机会，而且注定要接受小人们的羞辱，最后郁郁不得志而成疯癫呢？

道理还是在中国的传统和政治。中国自古，就以华夏中央之国自居。华夏以外，东夷西狄南蛮北戎皆不在话下，唯有中原文化才是文化，其余都是不值正目一视的下流东西。孔子有言："夷狄之有君，不如华夏之无也。"其高傲之势，可谓举世无二。今天，仍有大学者如余秋雨，在讨论中西文化对比时愤愤不平地说："我们中国人做过很多对不起自己人的事，但是几乎从来没有对不起外国人。"（余秋雨《行者无疆》北京华艺出版社 2001 年）余先生忘了，历史上中华帝国很做过些对不起高丽、安南人的事；把外人全都视为夷狄，是精神层次上很对不起人的事；而另一方面，日军残暴侵华，中国人对他们还有必要考虑什么对得起对不起吗？

既然是世界中心，华夏的君主就应该是仁君、明君，用不了人去监督。但事实上，没有监督的君主，即便上任时光明照世，大多很快会沦为暴君、昏君。他们让小人当道，小人又喜欢用更小的小人来当权。余先生所说的"做过很多对不起自己人的事"，原因就在此处。李汉魂、余汉谋等就是这样的小小人，他们朝思慕想的是权位、享受，国家亡不亡无关紧要；所以，当十三郎站出来扫他们的兴时，他们当然就要联手除去这个麻烦，而全然不会顾及什么抗日原则。于是，就有了任惜花狠狠羞辱十三郎，十三郎受不了这样的刺激而大打出手，给李、余落下话柄而赶出军营。十三郎恃才傲物，受此奇耻大辱而终身难以恢复，最终精神失常应该也与此有关。

（三）

如果说《南海十三郎》的上半部分是谴责国民党无德无能的话，下半部分就是批判共产党暴政待民了。可怜中国的百姓，短短几十年的一段时间里面，非但要经受外族入侵的苦痛，还要在自己人的手下惨遭蹂躏。唯一的例外是香港，中国大陆内战烽火连天的时候，香港却一片歌舞升平，仿佛同前者毫不相干。

共产党"解放"广州时，太史公的三姨太就担心太史公会因为和国民党官员过从甚密而有麻烦，至于疯疯癫癫的十三郎，则决不能让他留在广州。这一决定，事后看来是完全正确的。太史公被划定为大地主，在土地改革运动中被斗争，到了三反五反这一针对资本家、商人、房产主等资产阶级人士的运动中进一步遭殃。仅因为拥有产业。年事高已的老人都可被人关入猪笼受辱；口无遮拦的十三郎若身在广州，会面临怎样的命运就谁也说不准了。

游行庆祝广州解放的人们，大肆悬挂红旗，高唱革命歌曲，虽然给人一种作戏的感觉，毕竟是凡人所为，旁人自可听之任之。他们要求所有沿街居民也都要悬挂起红布，很有些强人所难的意思。政治这件事情，本来不是所有人的嗜好，有的人活了一辈子而从来对毫无兴趣，在做人方面并不见得就比那些动辄对政治话题高谈阔论的人士来得不如。换句话说：一个从不赞同共产主义的中国公民，并不在人生道义上输给一个百分之百的布尔什维克（苏联共产党的代名词）半分半点。中共在中国大陆取得政权后，本应让经过重重战乱的中国人民休养生息，恢复受到严重创伤的国民家经济，从而得到人民的持久拥戴。但它走的路是反其道而行之：消灭地主，消灭国民党分子，消灭资产阶级，最后再消灭一切敢对它铁腕统治持任何异议的人。此后它好象得到了它想得到的东西，四海之内全都是共产党说了算，再无一人出来批评（十三郎死不悔改，只好到香港去批评）；但结果却得不偿失，因为没有反对意见，造成了无数本可避免的巨大损失。今天，资产阶级不但重新登上历史舞台，而且成为举足轻重的社会力量，一切的心机和磨难皆化成无聊之至的笑谈。

作者让福来找出一块红花枕巾来权当红旗，很有些讽刺的味道。当时的共产党积极分子是否让福来过关，这里无须多花笔墨；之后将太史公作为阶级敌人关押起来清算，却是中共政府镇压、消灭敌对阶级的一个象征，很有必要讨论一番。

187

　　直至今日，表面上文明的人类社会在本质上和生活在自然界的兽类仍无二致。领头做事的，一样是较健壮、较勇敢和较有头脑的。野兽之间为争做领袖，互相角逐以至死伤都是常有的事；人类更聪明，也可以更奸诈，谋财害命、伤天害理的事比起动物界来，只会有过之而无不及。

　　人类的头脑既然比动物的发达，社会管理方面通常也比野兽之间的"说翻脸就翻脸"战术来得高明。古人贤哲多有"得江山易，治江山难"的认知，治江山就要延揽人才，使之为国效力。今人站在古人的肩膀之上，看问题应该更深刻更全面；但中共得到政权后，却非将前朝精英斩尽杀绝不可。太史公这样手无缚鸡之力的老人，要将他投入猪笼受尽屈辱而死；福来忠心主人，结果就受到胡椒粉洒眼睛这样非人而又只有人才想得出来的兽行折磨。太史公和福来的下场，使每一个人性尚存的读者/观众思索：为什么人会这么坏？为什么人做这样的坏事后，还能不以为耻，反以为荣？

　　剧本开始和结尾两部分，以十三郎的一双鞋来相互呼应，可谓十分巧妙。毛泽东为左，蒋介石为右，这是举世皆知的事实。他们左也好，右也罢，为政的目的都不是为人民造福，而是盗取属于人民的主权。在他们主政下，民国、共和国都只是个摆设，人民连走路的自由也没有，空喊什么人民国家，不过是一个欺人骗己的笑话而已。

三、参考练习题：

一、在"百行孝为先"的年代，十三郎却可以对父母百般嬉笑怒骂，作者想通过这一安排达到什么目的？

二、十三郎先痛斥任惜花，继而大打出手，最后用热茶伤他，有没有过分之处？他内心的思路应该是怎样的？

三、从十三郎同唐涤生的交往可以看出十三郎哪些与众不同的个性？

四、十三郎究竟是真有疯病还是装疯卖傻？

第六节 琼瑶的《寒烟翠》 Mist Over Dream lake

编者按：A2 在《寒烟翠》方面的考试要求是观看方盈、乔庄主演的电影后选题作文，这一点我们在教材中自然无法办到。电影是根据琼瑶的同名小说改编而成的，因此就在这里选摘小说中的几段内容分供大家参考阅读，以便对作品有个大致的了解。愿意在这一部分选题的学生，应该在读完全篇小说后仔细地观赏**电影**，后者才是写作文章的**依据**。

一、原著（节选一）：

……我们一起走进幽篁小筑，章伯伯不知道为了什么，正在客厅里发脾气，凌霄坐在桌子前面，凌风斜靠在窗前，章伯母在低声劝解：好了，好了，孩子们有他们自己的世界，这不是我们可以勉强和主宰的事！"

"你还说！"章伯伯咆哮着："凌霄就是被你宠的！又不是你生的，干嘛处处护着他？"

原来他在骂凌霄！为了什么？凌霄天天默默工作，不言不语的，还说被宠坏了，那么凌风呢？我愕然的望着凌霄，他满面愁容的坐在那儿，紧闭着嘴一语不发。我们的出现，打断了章伯伯的责骂，凌风立即发现了我们："好了，爸爸，客人来了！"

"怎么回事？"韦白问。

"别提了，"章伯母立即说："父子间总会有些摩擦的，一伟太勉强凌霄了！"

"还说我呢！"章伯伯愤愤的说："中午吃饭的时候你看他那副怪样子，下午又不知道跑到哪里去了，八成是和那个野娼妇去鬼混……"

"爸爸！"凌霄跳了起来，嘴唇发白了。"我不是章家的奴隶，我会忠于我的工作……"

"你不是章家的奴隶，难道我是？"章伯伯大叫："你把工作放下不做，去和那个野女人不三不四……"

"爸爸！"凌霄哑着喉咙说："希望你不要侮辱我所尊重的……"

"哈！尊重！"章伯伯怪叫着说："你们听听，他用的是尊重两个字哩！哈，尊重，尊重！你们听见没有？"

凌霄脸上红一阵，白一阵，我从来没有看到他这样激动过，他抖动着嘴唇，却一句话也说不出来。章伯母忍耐不住了，挺直了身子，她坚决而迅速的说："一伟，假如你不能了解孩子的心灵和感情，你最起码应该可以做到不伤害他们！我不知道这有什么好笑！"回过头去，她对凌霄说："你去吧！你爸爸一生没有了解过感情，你是知道的……"

"这是你教育孩子么？"章伯伯勃然大怒："你这是什么意思？"

"凌霄早已成人了，他是自己的主人！"章伯母说："你不能永远把他当孩子，你应该让他自由，让他去决定自己的事！"

"不能！他是我的儿子！我来管！不是你的！"

凌风离开了窗口，慢慢的走了过来，轻描淡写的说："爸爸，你一定要让韦校长每次看到我们家都在吵架么？"

韦白也走了过去，他把手放在凌霄的手臂上，诚恳而严肃的说："一伟，你有个好儿子，别把他逼走了。他不是不能分辨是非的人，他会处理他自己的事！"

"你们为什么都要帮他说话？"章伯伯气呼呼的说："难道我给他选择的人不好？"他的眼光在满室搜寻，突然落在我的身上。"咏薇，过来！"

我一愣，惊讶的望着他。"做什么？"我疑惑的说。

他把我硬拉过去，嚷着说："你们看看，难道咏薇还赶不上一个林绿绿吗？她哪一点不比那个野娼妓高明千千万万倍？"拉着我，他说："咏薇，你愿意嫁给凌霄吗？"

我生平没有遭遇过比这更尴尬的事，瞪大了眼睛，我惊愕得无法开口，然后，窘迫的感觉就使我整个的脸孔都发起烧来。凌霄似乎比我更难堪，他废然的转过身子，背向着我们说："爸爸！你这算什么！"

说完，他干脆一走了之，向门口就走。偏偏章伯伯还不饶他，竟厉声喊："站住！凌霄！咏薇哪一点不满你意？你说！"

章伯母忍无可忍，走上前来，她一把把我拥向她的怀里，恳求的说："一伟，你别为难孩子们好不好？你叫咏薇怎么下得来台？这不是你能一厢情愿的事啊！你饶了他们吧！"

……

（节选二）：

……

"悬崖——"他（韦白）仍然精神恍惚。"每人都有属于自己

190

的悬崖，是不是？如果不能从悬崖上后退，就不如干脆跳下去粉身碎骨，最怕站在悬崖的边缘，进不能进，退不能退。"

他这段话并不是说给我听的，是说给他自己听。我有些惶惑的望着他，他的眉梢和眼底，有多么浓重的一层忧郁，我几乎可以看到他肩上的沉沉重担。什么压着他？那分难以交卸的感情吗？

"我不相信你正站在悬崖的边缘。"我说。"你应该是个有决断力，而能支配自己生命的男人。"

"没有人能完全支配自己的生命。"他幽幽的说，用一根草拨弄着湖水，搅起了一湖的涟漪。"最聪明的人是最糊涂的人。"

这是一句什么话？我把下巴放在膝上，困惑的看着我面前这个男人，他那深沉的表情，成熟的思想，以及忧郁的眼神，都引起我内心一种难言而特殊的感情。他会掌握不住自己的方向盘吗？他爱着一个比他小二十几岁的女孩吗？她无法向女孩的父母开口吗？他为这个而痛苦憔悴吗？我瞪视着他，是的，他相当憔悴，那痛苦的眼神里有着烧灼般的热情，这使我心中酸酸楚楚的绞动起来。

他望着我，忽然恢复了意识。

"为什么用这种眼光看我？"他温柔的说："你在想些什么？又在研究我吗？"

"是的，"我点点头："你们都那么奇怪，那么——难读。"我想起第一次见到他，曾经讨论每个人都是一本难读的书。

"你想写作？"他问："我好像听凌风谈过。"

"我想，不过我写不出来。"

"写些什么？"他淡淡的问，不很热心的样子。"现在写作很时髦，尤其，你可以写些意识流的东西，把文字反复组合，弄得难懂一点，奇怪一点，再多几次重复就行了。"

我噗哧一声笑了出来，谈写作使我高兴。

"你看得很多，一定的。"我说："我不想写别人不懂的东西，文字是表达思想的工具，假如我写出来的东西只有我自己懂，那么连起码的表达思想都没做到，我还写什么呢？所以，我宁愿我的小说平易近人，而不要艰涩难懂，我不知道为什么目前许多青年要新潮，新得连自己也不了解，这岂不失去写作的意义？"

韦白坐正了身子，他眼睛里有一丝感兴趣的光。"你知道症结所在吗？咏薇？"他静静的说"现在许多青年都很苦闷，出路问题、婚姻问题、升学问题……使很多青年彷徨挣扎，而有迷失的心情，于是，这一代就成为迷失的一代。有些青年是真的迷失，有些为了要迷失而迷失，结果，文学作品也急于表现这种迷失，最后就真的迷失得毫无方向。"他微笑的望着我，诚恳的说："假如你真想致力于写作，希望你不迷失，清清醒醒的睁开眼睛，你才能认清这个世界。"

"我希望我是清醒的，"我说："你认为——真正的好作品是曲高和寡的吗？"

他深思了一会儿。"我不认为白居易的诗比黄庭坚的坏，但白居易的诗是村姬老妇都能看懂的，后者的诗却很少有人看得懂。《红楼梦》脍炙人口，没人敢说它不好，但它也相当通俗。不过，格调高而欣赏的人少，这也是实情，所以，文艺是没有一把标准尺可以量的，唯一能评定一本作品的价值的，不是读者，也不是文艺批评家，而是时间，经得起时间考验的，就是好作品。坏的作品，不用人攻击漫骂，时间自然会淘汰它。身为一个作家，不必去管别人的批评和攻击，只要能忠于自己，能对自己的作品负责任就行了。"

……

（节选三）：

……

"根本不用问，"章伯伯愤愤的说："那准是一个山地人的种，老林是看上了我们家，想尽办法要把女儿嫁过来，整个事情全是诡计，如果不是你们阻止，我就把老林关到监狱里去，他不吐出实情才有鬼！呸！他想动我们家的脑筋，活见他的大头鬼！想想看，我们章家怎么会娶那种野人，他做梦！甭想！"

"老林不是个无中生有的人，"韦白静静的开了口："这事最好还是彻底解决，否则总是后患。"

"彻底解决就是把老林抓起来……"章伯伯吼着说。

"让整个山胞村都动公愤？"韦白问："他们的爱和恨都很单纯，别让他们觉得平地人在欺压他们！"

"那么，我们难道真娶绿绿？"章伯伯瞪大眼睛："韦白，你是不是也认为那个孩子是凌风的？"

"那个孩子是我的。"一个声音忽然低而清晰的冒了出来，像枚炸弹一般震动了每个人，我瞪着眼睛望过去，是凌霄！他挺立在窗口，阳光从窗口射在他的脸上，他的神情坚决，果断，和不顾一切。他的眼睛光明磊落，薄薄的嘴唇紧紧的抿成了一条线。一目了然，他已经拿定了主意。

室内好半天没有人说话，然后，章伯伯的头向凌霄伸了过去，用沙哑的声音说："刚刚是你在说话吗？"

他的神情阴鸷凶猛，仿佛要把凌霄吞进肚子里去。但，凌霄的背脊挺得很直，脸上丝毫没有畏惧之色，他直视着他的父亲，安安静静的说："是我。"

"你说什么？"章伯伯阴沉的问。

"我说绿绿的孩子是我的，"凌霄坦白的说："事到如今，我的良心不允许我再沉默下去，凌风也不该受平白的冤枉，"他抬起眼睛望着凌风，低声说："我很抱歉，凌风，你这一刀应该我挨的。"

"啪"的一声，章伯伯重重的对凌霄挥去了一拳，凌霄后退了一步，嘴角立即流出血来，他用手背擦去了嘴边的血渍，站在那儿默然不语。章伯伯扑了过去，一把抓住他胸前的衣服，咆哮着说："你干的好事？天下的女人都死绝了？你会找到那个臭婊子！你把我们章家的脸全丢光了！现在你说怎么办？怎么办？我打死你这个臭混蛋！"

……

"我——"凌霄仰了一下头，低低的说："我娶她。"

"见鬼！"章伯伯跳了起来："你要娶谁？"

"绿绿，"凌霄静静的说："我要对她和孩子负责任。"

"你敢！"章伯伯暴跳着说："我绝不允许我家里有绿绿那种儿媳妇！我绝不允许！不管怎么样，我不承认那个孩子，我也不许你和她结婚！"

"爸爸！"凌霄白着一张脸，眼睛黑幽幽的闪着光，平心静气的说："你忘了，我已经将近三十岁，早就到了可以自主的年龄，我希望你能让我决定自己的婚事！"

章伯伯把桌子一拍，大骂着说："混蛋！你——你——你简直是造反了！你是我儿子，你就得听我的话……"

"一伟！"章伯母又拦了进来，她柔和的声音向来对章伯伯的坏脾气有莫大的功效。"你不要这样大呼小叫，好在现在总算弄清楚了真相，关于如何善后，我们再慢慢商量，如果凌霄喜欢绿绿，让他们结婚也未为不可，你何必固执的持地域的偏见，绿绿那孩子纯朴美丽，我倒很喜欢她。总之，我们出去谈吧，凌风需要休息，大家一直在这儿吵，他的伤口怎么会收口？走吧，我们出去谈！"

……

（节选四 尾声）：

寒假的时候，我又回到青青农场。

青青农场别来无恙，只是羊儿更肥，红叶更艳，而三两株点缀在草原上的樱花盛开了。至于青青农场的人呢？章伯伯依然故我，喜爱着周遭的每一个人，却要和每个人都发发脾气。章伯母比以前更安详，更温柔了，她的眼里有着光辉，精神振作而心情愉快。凌霄依然在农场上终日忙碌，但他已不再忧郁，不再落寞，他的眼光随时绕着绿绿旋转。绿绿，那是个变化最大的人物，她从野性一变而为沉静，终日带着个恬静而满足的笑容，几乎从不离开她丈夫的左右，她跟他到田里，帮忙割草、施肥、耕种，有时就静静的坐在田埂上看着他——她已找到那个使她平静的人，休息下她漫游的小脚。

绿绿的父亲常到农场上来了，他脸上的刺青已不再使我害怕。他成为章伯伯和凌霄的好帮手，一个人能做三个人的工作，他不大说话，做起事来沉默而努力。他有时仍会粗声粗气的骂着绿绿，骂她不该搬重东西，会伤着肚里的孩子——绿绿已将生产了——那种责骂里，应该有着更多亲爱的成分在内。

凌云比以前成熟了，也更美了，她依然羞涩，终日和针线、鸽子作伴。她为她未出世的小侄儿做了许多小衣服小鞋子。有时，也和我到附近野外去散散步。一次，章伯母私下对我说："凌云慢慢的好起来了，是不是？"

"怎么讲？"我愕然的看着章伯母。

"那段幼稚的爱情啊！"章伯母说："时间会治疗这伤口的……"她望着我："怎么？咏薇？你以为我不知道她对余亚南的爱情吗？告诉你，没有什么事会逃过一个母亲的眼睛的。余亚南不是个坏人，他欺骗自己胜过他欺骗别人，我原谅他。至于凌云，我何必去打破她初恋的那份美呢？让她保留她美丽的回忆吧！反正，时间会治疗她，每一个人，都是由孩子长大的！"

我望着章伯母，这个令我崇拜的女人！原来她什么都知道，却聪明的不闻不问。我想，连绿绿的孩子是谁的，可能她也已经知道了，但她并不介意，她会爱那个孩子，就像当初她爱凌霄一样。

韦白怎样呢？在小溪边，我们曾经有过一段短短的对白。

"韦白，"我说："你是不是准备终老是乡？"

"可能，"他说："我爱这儿的一切。"

"不寂寞吗？"

"太丰富了，怎么会寂寞呢？"

"想必，你已经从炼炉里炼出来了！"

"嗨！"他笑着望着我："你是个危险分子呵！"

"怎么？"

"别去探测别人的内心，人太复杂，你看不透的。"

"总之，我知道你。你满足吗？"

"很满足，对这个世界，我再也没有什么可要求的了！"

这就是韦白，从一份危险的感情里升华出来，满足的度着他平静的岁月。他摆脱了痛苦，也不再苛求，反而享受着那种"咫尺天涯，灵犀一线"的感情。

……

二、分析和评论：

《寒烟翠》是一个典型的只谈爱情人生而同时又对生活其它方面有所顾及的言情故事，它既是一个"放之四海而皆准"的人生章节，又是一个没有时空差距的永恒话题。

故事中包括了多人的爱情追求和经历：韦白对舜涓（章一伟的妻子，即故事中的章伯母）没有希望也不会有结果的单恋，凌霄对山地女绿绿无条件的一往情深，凌风和"我"（咏薇）之间一波三折却又充满热情的相恋，凌云对余亚南那份带着少女纯情的初恋，咏薇父母的离婚最后以双方的协议而避免了多余的冲突，再加上章一伟对自己公子竟然看上一个没有教养和身份的山地女子之后的愤怒，以及他最后又欣然接受怀孕（非章家之后，但他并不知晓）了的儿媳，人生中男女情爱的方方面面，可以说除了真正的悲剧之外，已经全都包涵在这篇故事之中了。

凌风和"我"从相识、争执到相恋、订婚，是引导整个故事逐步展开的一条主线，也是琼瑶小说在青年女性读者中风靡非常的原因。相爱中的恋人，多半会有类似的经历，因此很容易对故事情节产生共鸣。对青年女性来说，她们常常会更多地追求这样一段有波折、有争执，还有误解带来的极大苦痛，但最后双方终于实现了彼此之间的了解，成为完美伴侣的浪漫情感历程。

初次相逢并不愉快，"我"独自在树林中大睡，醒来竟见到一个身穿红衫的男子坐在对面。他言辞随意无礼，还时时带着刻薄轻浮的味道，这一切恰恰是"我"素不喜欢的。于是，凌风等"我"睡醒的好意并没得到多少感谢；相反，大哥凌霄外出寻找的努力，倒使"我"再三地感到内疚。

第二次两人单独在一起，就是干脆的吵架了。凌风见到"我"的打扮，吹声口哨夸赞"我"清新得像早上的云；但"我"不但不领情，反而教训他应该学凌霄的稳重。两人之间唇枪舌剑，彼此都批评对方讨厌，最后还是凌风主动提出和解，才不至于关系势成水火。之后，凌风先带"我"上山观景，接着再下到梦湖，从梦湖引出一个类似罗密欧与朱丽叶一般的山地女孩、平地青年间的恋爱悲剧故事，让"我"听后感动不已。

两人之间的感情，自此开始进入一个新的阶段。凌风很快承认：他在树林里见到"我"后就一见钟情，"天地复苏，充满光明"被他用来形容爱情带来的新生感觉；而这份初恋对"我"来说非常意外，虽然自认几百次幻想过自己恋爱的幽美动人，现在还是被这份惊天动地的震撼所迷醉。两人为小事争吵，为大事误解，为爱情发傻，为新生奔逐嬉闹。但好景不长，凌风突然被指责使山地女绿绿怀上了孕，"我"心中甜蜜的激情顿时化为千般恨万分怒，凌风更为了解释而被绿绿的父亲砍伤。最后，一切误解都解释清楚后，爱情地久天长的美好愿望终于成为现实。

"我"和凌风之间这段感情生活从酝酿到成熟，让读者看到现代华人青年对待两性间爱情生活的新观念。两人都是接受过中、高等教育的新时代青年，父母对他们的感情生活不但不干涉，而且还鼓励、引导他们的交往。这一点，我们对照《春》当中揭示出的情景，可以发现时间虽然只相隔了几十年，但人们对年轻人恋爱、婚姻的态度已经有了划时代的转变。年轻人可以自己成双外出，也可以将自己关在小房间里很久不出来，可以当着大家的面展示出互相爱慕的激情，最后甚至在热烈相爱的进程中私订终身，所有这些，在《春》那个时代就是毫无教养的表现，家中长辈绝对不会容忍。

与他们这一代年轻人对爱情生活的大胆追求相比，韦白与舜涓之间的情感生活却依旧沉陷在传统的怪圈里。舜涓是大学生，和退伍军官章一伟结婚后来到山区农场定居后，因为孩子的教育结识了当地的学校校长韦白，并进而发展成互相爱慕，互引对方为知音的深厚感情。韦白希望舜涓有朝一日能同他结成百年之好，一直苦等在深山里的这所学校；最后他知道舜涓永远也不会为了他而离开章一伟时，还是决定留在山里，只要"时时刻刻想到你离我这么近，可以随时见到你"，就从此心满意足。

章一伟没有什么教养，他做事卤莽，对山地人充满歧视，为一只羊的丢失可以暴虐地重打为他放羊的女孩，事后发现自己错怪了人也毫无惭愧之意。这样的一条卤莽汉子，从哪个角度看都不配做舜涓的生活伴侣。韦白是这样想的，舜涓自己内心也是这样想的。很多时候她对章一伟处理问题的方式不满，但刚刚提出自己的意见，就会给章一伟劈头盖脸地训斥回去。有时候，甚至到访的韦白也会受到他不讲情面的责备。每每发生这样的事情时，下不来台的韦白总会因为舜涓的一句话、一个眼神而立时软化，服服帖帖地走上她要求他进入的舞台环境。

让他最终明白舜涓心意的，是在他收到她特意抄录给他的一首古诗之后："君知妾有失，赠妾双明珠。感君缠绵意，系在红罗襦，妾家高楼连苑起，良人执戟明光里，知君用心如日月，事夫誓拟同生死，还君明珠双泪垂，恨不相逢未嫁时。"虽然舜涓内心同他一样眷恋对方，将他所赠送的礼物比作明珠并系念在心，但当真要她在情人和丈夫之间二择其一时，她毫不犹豫地选择了丈夫，含泪将"明珠"原物奉还，心里悔恨当初不该那么早结婚，以至现在再无可能和有情人共接连理。

对此，韦白的回信甚是有趣："一切我都明了，经过这么多年，我总算想透了，也了解你了，你不会离开他，我也无缘得到你。人生的事，皆有定数，请相信我，现在，我已心平气和，无欲无求了。…… 但，允许我留在山里，默默地生活在你的身边，只要时时刻刻想到你离我这么近，可以随时见到你，尽管咫尺天涯，而能灵犀一线，我也心满意足了！"

这里，有几个比较有意思的地方，值得我们作一番评议。

首先，舜涓把自己嫁给章一伟看成一份过失，表现出十足的悔不当初，但悔恨归悔恨，采取行动是完全没有可能的。她不是无力改变现状，而是不想去改变现状。在韦白示爱的大胆程度超过她所能接受的情况下（所递条子和夜深时一起外出既可被"我"发现，其他人当然也有可能发现，"良人执戟明光里"，更是大事不好），只好将这个自己爱惜之至的心上人交还出去。

然而，还虽然是还出去了，她所引用的诗句却明显不过地留情依旧。女子在没有自由恋爱的情况下，"恨不相逢未嫁时"是很真切的苦恼，这是因为在当时的社会风气下，离婚是不可能的。女子即便逃婚成功，之后不但在社会上再无人理睬，就是自己的生身父母、兄弟姐妹都会以这个"娼妇"为耻辱。而舜涓根本不受这样的束缚，离开丈夫还是离开情人，完全是她自己的决定。既不肯放弃现有的家，又希望在精神上维系着情人的心，如此而产生的"恨"，就很有些假惺惺的感觉了。

韦白是个书呆子，果然就中了心上人的苦肉计。他明明对舜涓有所欲求，哪怕让自己留在山里默默生活在她的身边也是好的，嘴上却要硬充好汉似的说什么"无欲无求"之类的话。他信中所言世上无人能像舜涓那样给他那么多的爱情，其意想来是真切的，因为在他心中，此生此世再无他处有此"芳草"了。无论从哪个角度看，韦白都是个多情种子，不然他不可能有胆量将"圃露庭霜何寂寞，雁归蛮病可相思"这样露骨含情的语句送给一个有夫之妇。而在他们互通诗信之后，他突然一下子炼成了金刚不坏之身，抛弃那份"危险的感情"，满足地享受着"平静的岁月"。

"我"从韦白和舜涓之间的这段诗信交流中，读出了无数的挣扎、痛苦和血泪。韦白为舜涓日夜受着相思之苦，晚上甚至会一个人伫立在章家的竹林外；舜涓很明白章一伟永远也无法走进她的思想领域，但仍然"事夫誓拟同生死"。"我"对此的理解是舜涓宁可自己的心流血，也不愿伤害到章一伟和儿女们；她和韦白之间的爱情超脱了肉欲的追求，有的只是诗和歌那种心灵与心灵之间的契合，因此对他们俩充满了敬佩和了解。

人类之间的婚姻作为一种契约，包括了肉体、精神两方面的内容。章一伟的性格极其嚣张自大，跟他生活在一起后觉得难以容忍而离异，并不会让人觉得奇怪。舜涓本人就是他的第二任妻子，两人之间在整个故事的发展过程中几乎从来就没有什么温情，又几乎在所有问题上彼此对立，说他们之间的精神沟通已经不复存在，似乎并不过分。

当然，人世间的现实生活，绝对不是少男少女们恋爱季节中想象得那般甜蜜。百分之百的夫唱妇随，生活中并不可能。为对方和儿女考虑，继续维持一份再没有爱情的婚姻，现实生活中屡见不鲜；在维系婚约状况的同时，与第三方建立肉体、精神上的恋情，也是任何时代、任何地域都会有的情况。但将这一关系描写成令人敬佩的、"能使人类的灵性增高"的"美好人生"，则毫无疑问是大错特错了。当舜涓发现自己因为匆忙而忘了毁掉这张纸条后，急匆匆地赶回来毁去它。她这样做正是因为这一"美好"的感情，对章一伟来说就不但不美好，而且是一种极大的侮辱。

与"我"和凌风之间的自由恋爱所提倡的社会进步相比，舜涓和韦白之间的暧昧关系是在鼓吹社会的倒退。它不但不能使人类的灵性增高，反而在鼓励人们放纵自私。章一伟身上有很多的不是，但作为一个男子汉，他完全有得到他人尊重的权利。他可能对韦白和自己妻子之间的这种诗文缠绵（故事中还有他们俩深夜携手外出的情节，因此他们之间的关系并不像"我"想象得那么纯情）毫不在意，但也可能会因此勃然大怒，在我们不能肯定他的反应一定是前者的情况下，我们就没有理由想当然地认为舜涓的行为是合理的。

更有甚者，舜涓发下要同丈夫"同生死"的誓言，她应该深知"同生死"的意义更多的是在精神层次而不是物质层次上的追求。

一方面要在精神上同丈夫生死与共，另一方面却又保持着跟情人之间的精神恋爱关系，这样的双重追求，客气地说是自欺欺人，不客气就可以说是绝对的虚伪。

最后，我们再来谈谈凌霄和绿绿之间的情感发展，以及余亚南和凌云之间的关系这两条小说中的情节副线。

凌霄对绿绿情有独钟，这一点读者在"我"刚到农场时就得到了暗示，当时"我"错把"绿绿"听成"莉莉"，把凌风当成了和女子对话的男子。随着故事情节的展开，读者可以很容易看到林中窃窃私语的男女正是章凌霄和绿绿。绿绿一如既往地要求凌霄向她大胆示爱，但他却表现得畏畏缩缩，以致被绿绿骂成为"一条没骨头的蚯蚓"。绿绿是个敢爱敢恨的人，她对凌霄深有好感，希望能够和他结成伴侣。凌霄对她同样爱慕，却因为父亲对山地人的成见而不敢表示，更不用说采取行动来展示他纯真的爱情，因此一直陷入在欲爱而不敢爱的困境中。他在等什么呢？等父亲突然转变观念，还是等父亲老死？故事没有解释，读者也如坠云雾之中。

绿绿被余亚南诱奸怀孕后，因惧怕她父亲会强迫她堕胎，又怕他会下山去找余亚男算帐，一直拒绝说出余的名字，平白无故地让凌风挨了他父亲砍的一刀。在事情越闹越大的情况下，凌霄勇敢坚定地站出来冒领了这个并不是他的孩子，并断然决定和绿绿结婚。在章一伟火冒三丈，将他打得嘴角出血的情况下，他不仅丝毫不动摇，而且平心静气：我已将近三十岁，早就到了可以自主的年龄，希望你能让我决定自己的婚事！

戏剧化是确实戏剧化了，但这个转折的幅度如此巨大，让人实在难以接受。凌霄在这件事情上挺身而出，既挽救了绿绿和孕中的婴儿，也保证了凌风的名誉，还从此使山地人和平地人之间的紧张对抗关系永久性地实现了缓和。他这一出于爱心的行为当然是功德无量，但他既有如此这般的大智大勇，为什么平时在父亲的无理训斥面前，一贯表现得平庸懦弱呢？

余亚南是个大事做不了，小事不想做的庸人，他仗着夸夸其谈的嘴皮子工夫，不仅骗取了少女绿绿的贞操，而且得到了凌云情深意切的初恋。两位少女都涉世不深，在他所谓追求艺术大奖的天花乱坠之中心神摇荡，将自己人生中最宝贵的财富轻易地献了给他。绿绿还算运气，因祸得福地嫁给真正的心上人，实现了她的人生梦想；凌云却因为这个骗子而长久地生活在自己给自己编织的梦幻之中，而"我"和她母亲竟都认为这样是最好的结局！

总结全文，《寒烟翠》过分地鼓吹了爱情的甜美，似乎天底下只要有人谈情说爱，就一定是件好事；它有意忽略了"情能动人，亦能伤人"这一层辨证的道理。因此，凌霄非得忍耐住他对绿绿的激情，直到后者为人所欺后才出来英雄救美；凌云则一定得是个忍耐得住寂寞而轻信的女孩，余亚南走不走都无所谓，她总归可以独自品味她这段"最纯洁、最狂热"的感情，坚信情人也一样时时刻刻地将她挂在心上；至于章一伟，这个粗线条的汉子对自己老婆和别的男人搞精神恋爱只会一笑置之。如此，故事中出现的每一个人都得到了快乐的结局，爱情是人世间的灵丹妙药。但我们只要看一看现实，就明白生活其实满不是那么回事。

过分地强调爱情至上，故事的情节内容中就必然会出现破绽。由于"我"对舜涓的无限推崇，结局中便出现"我"认定舜涓欣赏并了解章一伟这样的文字。说舜涓理解章一伟读者可以接受，但一定要说她欣赏章一伟就牵强之至了。故事中这两个人只要在一起，十之八九是男的骂人，女的阻止。常常章一伟甚至将舜涓放到一起骂，而舜涓也批评章一伟"一生没有了解过感情"。说舜涓限于传统思想的限制，"嫁鸡随鸡，嫁狗随狗"，不会因为婚后结识了韦白就想离婚改嫁是合乎情理的；但一定要说批评章一伟"一生不懂感情"的舜涓欣赏章一伟，等于在说舜涓的神智已经不正常了。

我们读这样的作品，应该同时用欣赏和批判的眼光来读。舜涓保留双重情怀的自私、韦白对他人婚姻的插入、凌霄毫无理由的"持重"、余亚南欺骗异性的犯罪行为，都是生活中消极、反面的因素，经过作品美化却成为美好，或仅仅是"可怜"而已的形象。分析解剖的过程中，应该努力去剥开这些表面上的漂亮包装，深入分析其内在的实质内容，才能在文学的大道上真正取得进步。

三、参考练习题：

一、章一伟选择在山地人生活的地方谋生，为什么又反对儿子同山地人的女儿恋爱？

二、书中人物大多将余亚南看成个可怜人，你的意见呢？

三、"我"开初来到农场时很不愉快，之却完全改变了想法，你认为促成这种改变的原因有哪些？

四、绿绿婚后，在她身上发生的巨大转变合乎情理吗？为什么？

参考答案：
第一章：阅读理解
短文一：
一、B C E H
二、1.“我”没吃到母亲的奶，饿得要命，所以睡不着。
2.“我”放声大哭起来，一直哭了半个多小时。
3.护士最后来照顾“我”了，她撅着嘴，不太高兴。

短文二：
一、A 是 B 文字上没有 C 非
二、1.它的意思是指每个字都非常认真地去写。
2.“我”想和女性小朋友们一起玩跳橡皮筋（一种女孩子玩的群体游戏/运动）。
3.心情很不好，因为“我”功课做得很随便，妈妈检查后一定不会放过我，所以“垂头丧气”地回去。
4.妈妈要求“我”重新做一遍功课，之后又很耐心地对“我”讲道理。

短文三：
一、A 非 B 是 C 文字上没有
二、1.目的是观察青蛙在紧急情况下的逃生能力；结果青蛙在第一次实验中逃过一劫，但死于第二次不同的实验。
2.艰难险阻通常会刺激人提起勇气，求得一线生机。
3.舒适安逸的环境则会使人沉溺享乐，失去进取心，导致在危机到来时不能自保。
4.他极赞同这句古话，认为大家应该永远牢记这一道理。

短文四：
1.妇女们每天到河岸边洗衣服。
2.她们工作的器具是木杵。
3.今天我们已经不用这样工作，因为家家户户都有连接水源的水管，打开水龙头就会有自来水。
4.他们在河里排列一组石头，过河时可一块一块地踩在上面通过。
5.文中提到的三种职业有：商人、收地租的地主管家、割草喂马的工人。
6.“苗”是苗族的简称，两个词语分别指的是苗族人居住的地方和苗族人民。
7,可以用“直接通向”这个词组来代替“进逼”。

短文五：
一、会，总是，然而，因此，以，可是。

二、 1.偷鸡蛋的贼是一对老鼠夫妻。

2.它们在张望周围的环境，看它们是否可以安全行窃。

3.老鼠们静悄悄地爬进鸡窝，以免惊动母鸡，偷不成蛋。

4.作者想看老鼠们想做什么，所以什么也没做，只是藏起来偷看。

5. 公鼠四脚朝天地抱鸡蛋，以确保鸡蛋万无一失；母鼠则用嘴咬住公鼠尾巴，连鼠带蛋一起安全带走。

6.他的初衷是想抓住偷蛋的现行罪犯。

7. 因为老鼠们合作偷蛋的过程实在太精彩，他看得入了神，以致忘记了抓贼这一使命。

短文六：

1.这篇文章是一篇日记。

2.老师批评他写的日记太短，不好。

3.因为他是"又"一次被批评，所以肯定不是第一次。

4. 不同意。他认为日记是自由的文体，有话说就多写些，没有话说就应该少写些。

5. 老师出的题目不好，跟作者平时的生活没关系；加上他生活阅历本来不多，因此更加写不好。

6. 吉他在这儿被用来比喻成日记。作者引用这段话，对老师批阅学生日记以及老师对日记内容作出规定进行反批评。

7. 它是写给老师看的。

8. 没有矛盾。老师说一天多少有点事情是对的，但作者说没什么事好写也是对的，因为并不是每件事情都值得写。

9. 老师：我觉得日记的好坏不在它的长短，而在内容，在于它是否真正反映了日记作者自己的生活。

第二章：翻译
一、汉译英：

（一）

1, My hair has turned grey.

2, An inch of gold will not buy an inch of time.

3, Having written the letter, I went out for a walk.

4, Do you know what sort of thing a castle in the air is?

5, This is the dog that barked at me wildly yesterday.

6, It is getting dark and we are still a long way off our destination.

7, Please be quiet while I am talking to you.

8, The train had left three minutes before I got to the station.

9, He talked about peace but he brought us war.

10, Such work may be alright with others, but it won't do with me.

（二）

The little boy had hardly had any knowledge of the great nature as he had grown up in the city, apart from going to school he always stayed at home watching TV and playing computer games. Therefore, his parents often discussed a plan to send him to stay with his grandma for a while in the countryside.

Eventually he went to the country during a summer holiday. His little cousin, who is female and younger, herded a buffalo everyday, so his uncle let him walk with her. Suddenly, he shouted out loudly: "A terrible thing has happened, cousin. The cow ran into the water! It is going to be drowned!"

The little cousin was amazed by his great excitement, "Cousin, this is a buffalo! How can a buffalo be drowned by water?"

He became extremely puzzled, "Buffalo? Even such a huge beast is able to swim in the water?"

His cousin chuckled, "If a buffalo cannot swim, then a goat is not able to climb in the mountains."

He blushed badly at his ignorance.

（三）

Long time ago, there was a County Magistrate who loved to paint tigers but could never get it right. One day, he painted another one which he was very pleased with, so he asked the court bailiff who was next to him: "what is this painting of?"

"Reply to Master, it is a cat."

The Magistrate was so angered by the answer that he punished the bailiff with forty heavy birches on the spot, the poor man was beaten bruised and lacerated.

Then he lowered his voice and carried on asking the question, this time to another bailiff: "Now you have a go, what did I paint?"

This person seemed to have already been scared out of his wits, "Eh, eh, I am scared!"

The Magistrate thought he was scared by the scene of the tiger so he was really glad. With a big smile on his face, he asked, "What are you scared about?"

"I am afraid of Master."

The Magistrate was still happy: after all it was me who painted the tiger! So he continued, "You are afraid of me, then whom am I afraid of?" While he was saying this he pointed at the painting, wanting the bailiff to mention the animal on it.

"The Master is afraid of Madam."

"Nonsense! What is the Madam afraid of?"

"The Madam is afraid of rats."

"Then," the Magistrate began to roar, "what is the rat afraid of?"

The bailiff had a look at the magistrate, and said, "This animal is exactly what rats are afraid of."

203

（四）

It was claimed by the famous French writer Balzac that the first person who describes women as flowers is a smart one, but another who only seconds such a description is a fool. This is to say that one should not always follow others like a baby learning to speak, but possess new ideas when expressing something.

There was an essay title according to the pictures: the Pigsy Looks At Himself in a Mirror. The pictures are about the Pigsy looking in a mirror, finding the face in the mirror so ugly that he smashed the mirror; but later he picked up a broken piece to look at it again and found the same ugly face inside. Most of the students made comments from the perspective of the Pigsy and criticized people who have no wisdom of knowing themselves. One student, however, took the angle of the mirror by praising those honest people who insist on telling the truth even though they risk being crushed completely like the mirror.

Obviously, essays like this will be more meaningful work.

（五）

In ancient times there was someone called Taigongwang who had taken a Ms. Ma as his wife. He devoted himself entirely to learning and took little care about earning a livelihood. After a period of time the woman pleaded a divorce and moved back to her own family.

When Taigongwang became successful and famous a few years later, he was made the Duke of Qi. On hearing this, Ms. Ma arrived in Qi and pleaded Taigongwang for a reunion. Thereupon Taigongwang took up a basin of water and splashed it over the ground in front of her, and then asked her to retrieve it. Ms. Ma tried very hard but all she could gather was some mud with moisture. Taigongwang then asserted: 'For a desertion to be redressed is as difficult as trying to retrieve spilt water.'

二、英译汉

（一）

1. 为午前到达那儿，我们很早就动身了。
2. 事实上，他现在非把房子卖掉不可。
3. 不事耕耘，焉得收获。／不打破蛋，就吃不到煎蛋。
4. 只有试过以后，我们才知道我们能够做什么。
5. 被告拒绝说出他同谋的名字来。（注意过去时这里无法译出）
6. a) 我不是因为爱她才和她结婚的。
   b) 因为爱她，我没和她结婚。
7. 如果你听了她的建议，你现在已经成功了。
8. 比较今、明两天，我情愿你明天来。
9. 做善事不易，正如赚钱不容易一样。
10. 医生说我不能吃肉，但如果我不想听他的话，就不必这样做。

（二）

强有力的玛丽·艾塞是个真正的斗士，这位年已六十二岁祖母，仍赢得了空手道的黑带名衔。今年四月，经过五个小时的徒手搏斗，她被授予了这一代表最高水平的证书。

就像李小龙在《进入龙境》中表演的那样，她可以用肉掌打破两英寸厚的木板和砖瓦。

"训练很辛苦，得到黑带是一个巨大的成就。"玛丽如是说，"现在我的孙辈觉得跟我玩搏击很有趣，但我丈夫就再也不跟我回嘴了。"

（三）

鉴于学习驾驶的学生考试失败后撒野情况的急剧增加，评审车牌考试的考官们将会得到报警装置了。三百十九起污言秽语和二十九起身体侵犯的案例，是十年来最高的纪录。一个考车牌的人，甚至将一位官员锁入其办公室，在屋外放起火来。

雇员总数达两千人的驾驶标准机构位于诺丁汉，其行政主管们正在尝试在案发最甚的考试中心装设闭路电视。有暴力倾向的报考人，将被警告说他们会遭到起诉；未来重考时，也必须接受两名考官的监考。

（四）

一个男子在街上售卖长矛和盾牌。"长矛！盾牌！一流的长矛，坚固的盾牌！"他吆喝着，"我的盾牌非常坚固，世界上再刚硬、再锐利的东西，也没办法刺穿它们。瞧瞧，这些盾牌多么坚韧啊！"

接着，脸上充满自豪的这个男子，放下盾牌而提起一柄长矛。他挥舞着长矛，又吆喝道："我的长矛是天下最好的，它们刚硬而锐利，不管怎样坚韧、牢固的东西，都不能抵挡它们的穿刺。"

"等一等，"人群中一位旁观者叫道，"请问你能不能告诉我们，用你的长矛来刺击你的盾牌，结果如何？"听了这话，卖者顿时张口结舌，而其他观望的人都哈哈大笑起来。

（五）

据有关预计，中国现在已经有了多过一亿的中产阶级，其标准是人均月入超过 650 美元。这一人数在未来十年将达到目前的三倍，中产阶级的生活方式也将从目前的沿海大城市上海、北京和广州向较小的城市扩展，如厦门、无锡等地。环顾中国，人们的消费已在大幅增加，去年零售业的销售量上升了百分之十三点七，二零零五年也达到了百分之十二点九。消费方式也在变化：由于中国人在旅游、运动和娱乐业上的大量开支，消费者的需求已经扩展到了服务业。

根据汇丰银行的研究结果，隶属于中产阶级的中国消费者们现在每周外出用餐三次，他们参加健身俱乐部，每年还至少（大多数情况下在国内）旅游两次。

Answers for Reference 参考答案

第三章 写作：

（一）

林会长：

您好！

读到贵会举办中文夏令营的消息，非常高兴，特写信报名。

我今年十六岁，学习汉语已逾四年，一直希望能有机会和同龄人交流，但因所住地区较偏僻，故难以实现这一小小的愿望。

我对中国历史，特别是对古代史部分很感兴趣，但我们的学习课程中没有这方面的内容，如果夏令营能安排一些古代中国史的讲座，当最好不过。

课外活动内容很丰富，既然是夏令营，希望能举办些远足、篝火晚会之类的活动，让大家过一个难忘的暑假！

学生 童丹枫
三月五日

（二）

罗小姐：

你好！

我是英国约克郡一家文法学校的学生，今年夏天就将毕业升学。如可能的话，我很想前往香港中文大学继续深造。

目前我学习的科目包括：英语、数学、生物和历史。所有科目的成绩预测都是 A；另外，我也在去年完成了中文的中学会考，成绩是 A*。

我自小就立志做一个新闻工作者，因此想到中文大学主修新闻。请在你方便的时候，给我寄来中大新闻系的招生要求，以及中大为外籍学生提供奖学金的申请办法好吗？谢谢！

英国 约翰·史密斯
一月十日

（三）

戴维逊先生：您好！

我叫肖梅（Marian Sharp），今年十八岁，已经为伦敦经济学院录取。

我自学中文已经有相当长的一段时间了，对中国文化、社会发展的兴趣也日渐浓厚。今年十月开始的大学学习也和中国有关，因此很希望能够利用这个暑假，对中国社会有一番切身的体验。

和中国家庭一起生活，对我当然是求之不得的机会。如果我的申请得到批准的话，我将请他们教会我煮一道我最喜欢吃的中国菜；而我呢，也会以我最拿手的土豆馅饼，请他们尝一尝来自英伦的风味。

肖梅
五月九日

（四）
学汉语的苦和乐

康爱德

刚开始学汉语时，觉得汉语太有意思了，也很简单嘛。师兄们都说发音麻烦，可我舌头转动灵便，不同的音调，不几天就运用自如了。

再说汉字，那"山"、那"火"、那"人"，都一目了然。加上中文字一叠起来就有了新字，火山、山火、山人，都很直接，不象英文得记住新字才行。

但慢慢地，我就开始明白师哥师姐们说的"先甜后苦"了。明明那"明"字代表今天之后的第二天，突然"明月"不是今月之后的第二月了；再等等，明年却又成了第二年了。问老师，有没有"明十年"、"明世纪"呢？

中国同学们，你们明白我的苦衷吗？

（五）

陈律师：

您好！

我是刘铭东，三年前自港来英读书。家严世代都是律师，现在我也想子承父业，明年开始在大学修读法律。

今年六月我们考试完毕后，一直到九月都不用上课，所以很希望能到贵楼工作一段时间以积累经验。我对商贸、劳工方面的法律事务很感兴趣，如能在这些部门帮忙，就最好不过了。

我在香港时就考到了普通话高级证书，福建话、闽南话也可沟通。现在主要选修英语、汉语、经济和法律四门功课，预考的成绩都是 A。

感谢您的留意。

学生 刘铭东 上
二月一日

（六）

记：请问王校长，能否谈谈参观我们学校后的感想？
王：学生在这样一个开放式而又美丽恬静的校园里学习，太幸福了。

记：听了我们的中文课后，有什么建议吗？
王：教师鼓励学生畅所欲言，课上得很生动，学生学习就很有积极性。要说建议，就是应加强学生写字能力，毕竟中文难的地方还在于书写。

记：王校长回去后，会在加强我们两校之间的交流上做些什么？
王：我们会动员学生和贵校学生结成笔友关系，增进互相了解；还将考虑开展定期的互访，把交流关系持续进行下去。

（七）

小红：

你好！

还记得我们初中时的同学大卫吗？那时候那么怕羞的男孩，现在却热情开朗。见到我就主动打招呼，一个礼拜不到更来约我一起去看新上映的电影《母亲》。

说到这部《母亲》，我在看的当中就几次想到了你。影片中那位母亲的形象，使我情不自禁地想到了我们当年最喜爱的人物"简·爱"。虽然她们的人生经历似乎都很平凡，但她们都是直面艰难处境而显出卓越本色的英雄。导演、摄影以及表演都极出色，你一定会喜欢的。看完后，不要忘了给我回信交流感想哦！

芳亭
十月八日

（八）

各位同学：

现代语言学习中心拟组织选修中文的同学在今年十一月中旬前往伦敦大英博物馆，参观在那儿举办的中国历代文物展，从而对中国数千年历史的悠久文化有一个切身的体会。

我们已邀请到大英博物馆的布伦特先生为大家现场讲解汉字发展史。布伦特教授是英国著名的汉学家，对甲骨文的研究别有心得。相信他的精彩解说，一定会对我们平时的中文学习大有助益。

欢迎所有对此感兴趣，并能阅读此布告的同学报名参加。

现代语言学习中心
九月六日

（九）

莱荫笔友：

你好！谢谢你的复信。本以为你会用英文给我回信，看到你的中文，方知天外有天，也因此相信你的英文一定同样出色。

看到你信中写的生活安排，觉得你真是多才多艺。游泳游得好，弹琴还能自娱！我们今年夏天去中国时会去北京，到时候一定要见见面，希望可以亲耳欣赏你的琴艺。

我们八月十二号晚上抵达北京火车站，十三十四号两天晚上都有空。你能来我们入住的学校吗？或者你告诉我你的地址也行，我可以出门练习口语，在北京的街头闯荡一番。

天朔
二月十九日

208

（十）

各位新同学：

欢迎你们！

学校文化多元：五百多名学生来自三十多个国度，华人是仅次于英国人的第二大族群。学校为少数民族学生考虑得十分周到，从膳食、起居到宗教文化，都精心照顾大家的不同需要。

下面，简单为大家在学校生活的各方面作一指南。

学习：学业和运动、戏剧、音乐各方面相互补充，同等重要；

活动：很多类别供选择，学生须报名参加一项以上的活动；

宿舍：学生隶属不同的宿舍，舍监由教师担任，统一管理；

膳食、衣物洗涤和作息时间，各宿舍都有具体规定。

校长办公室

2007 年 9 月 1 日

第六章 文学

第一节 《春》：

一、记忆中的故乡，是"我"尚在无忧无虑的孩提时代，家境颇好、社会也稳定；现实情况下的故乡则经历了重大的变故：军阀混战导致兵、匪、官、绅联手欺压百姓，造成百业凋零，民众挣扎在饥饿线上，以致民风败坏，鲜少羞耻心。两者相对照，"我"当然更喜欢和怀念记忆中的故乡。

记忆和现实，可比的线索由两个人物提供：闰土和杨二嫂。前者是少年时留下深刻印象的玩伴，现在却因生活所困而变得像木偶人，对他"我"是同情加怜悯，心里想为他做些事情，却又不知如何开始，到最后分别时两人之间竟只有闲话可说；后者完全成了"我"所鄙夷的小市民。

家乡的变化令"我"失望，但对家乡的未来仍抱着希望。

二、闰土叫"我"老爷，虽然一时确让人震惊，但"我"前已目睹家乡的破落景象，后又尝到了杨二嫂的厉害，再见到闰土因寒冷而瑟索的样子，那层"可悲的厚障壁"就再不是闰土一个人感觉到的东西；"我"在兴奋的一声"闰土哥"后，同样是许多话"被什么挡着似的"，想说而说不出来。

"我"在外多年，虽不致大富大贵，至少是混出了一点名堂。两人之间的"有产"、"无产"的隔阂，在彼此相认的那一刻已经形成。如果闰土像他父亲当年那样滋润地过着小日子，他就会和"我"亲热叙旧；但现实是他的生活陷入了绝望的处境，见到"我"后就只能口称"老爷"。

"母亲"虽然明了闰土家境的变化，对两人之间的微妙感觉却没有体会，因此听到闰土叫"老爷"后就让他改口；而"我"虽然希望两人仍以"哥弟"称呼，对"老爷"的叫法，却也在霎那的惊诧后坦然接受了。

三、（参见分析部分并注意有效使用小说中关于杨二嫂的细节描写，以及最后"我"对别人辛苦恣睢生活方式的评论）

四、"我"用了一个极其贴切的比喻来表达他的这一思绪：正如地上的路；其实地上本没有路，走的人多了，也便成了路。路是人走出来的，希望也就是人想出来的。如果人活着不出去走，外面就不会有路；即便有，日子久了也会被新长出的野草所遮没。可见，希望得有人去想，去奋斗。

"我"这次回乡所经过的人和事，都令人十分懊丧。故乡在变革的时代不仅没有进步，反而大大地退步了。闰土因为生活的辛苦而变得麻木，失去了他独立的人格；杨二嫂因为生意下降而变得放肆胡来，失去为人起码的尊严。但所有这些，都是因为一些逆时代潮流而动的小人乱国所致；他们的不得人心，正是国家社会的希望所在。

当然，如果像闰土这样的人也来关心一些时事，社会发展的希望就会更多些，更大些。

第二节　《说客盈门》
一、丁一为查清假帐而获罪，但坚信自己行为的正确性而不肯认罪，以至受了二十年的委屈和折磨。他这样做，根本原因是为了维护心中的原则，而且也展示他具有坚持自己正确想法的坚定信念和接受任何委屈磨难的坚强意志。

故事的主线是丁一担任厂长后整顿纪律，开罪了当地的最高领导，并由此受到众多说客的登门来电来访，目的都是要他改变决定。丁一又一次坚持了原则，并最后取得了管理工厂的成功。

背景为故事做铺垫，故事为背景做回报。

二、工厂产品质量糟糕，丁一自己是外行，所以先调查研究，亲自到生产第一线找问题；然后制定奖惩制度，使生产过程有章可循；再执行纪律，开除严重违规并拒绝接受教育的流氓分子；紧密敦促各级官僚机构开展工作，为工人树立榜样；顶住压力，坚持自己的正确决定。

能发现问题、解决问题、坚持正确做法，改变面貌自然指日可待。

三、这个问题比较复杂，"是""否"两方面都可以成立。
先说"是"：丁一的老婆是个落后分子，丁一担任厂长后勤奋工作，回到家却被她责为"贱骨头"，对丁一的工作不够支持；丁一开除龚鼎，她也认为丁一糊涂，应该明白"现在的事情"，同流合污才是；此计不成，再请来大哥帮手，完全站在不讲是非的大哥一边，要丁一放弃原则。

再说"否"：丁一受难多年，她坚持和丁一的夫妻关系，拒绝离婚。即使娘儿几个都跟上受罪，也在所不惜；丁一勤奋工作，她骂他贱骨头，是夸赞而不是责怪；丁一受到领导不正当的压力后，她为丁一担心，希望丁一改变决定，最后在巨大的社会压力下几乎丧命，为的正是心中深爱着

210

的丈夫。落后的是社会，是制度，不是她这个善良的妇女。

四、关键就在县委书记的态度，以及中国社会官本位的传统。他对丁一开除龚鼎表面上不作反对，内心里却绝不接受，于是派出秘书老刘来劝说丁一，老刘又带出了工业局长和县革委会主任。在这一强大阵容的带动下，县里上上下下都行动起来，连原来同意开除决定的工厂同事，也纷纷改变主意。是不是丁一的朋友，在这里早已无关紧要。

一个小小的县官，竟有如此巨大的影响力；社会道德观念，由此可见一斑。

五、小萧前来游说的动机是讨好县官，关心丁一、龚小子之托都不过是托词而已。首先，他的人生哲学是用伸脸法处世，而这种伸脸法跟基督教中宣扬的"左脸打过给右脸"原则是有着本质不同的：他的目的是成功，后者则是为了爱。其次，他赤裸裸的"大人物、小人物"论将他对成功的理解做了完全的诠释。第三，他用难以买到的电视机做诱饵，希望钓到的鱼，当然就不会只是一个二流子，而是二流子他表大爷。

六、三位主要说客分别是小萧、大舅子和女演员。他们的背景很不相同：曾经的知己、亲戚和难友。他们的出发点大致相同：都是要老丁改弦更张，收回成命。但动机大不相同：小萧是为自己从此得到书记的亲睐；大舅子是要慰藉妹子；女演员纯粹出于对丁一的关心，毫无私利可言。过程也很不同：小萧是先君子后小人；大舅子是板起脸训人；女演员则亲热话家常后才略提一下。最后的结果当然也不同：小萧给轰了出去；大舅子给顶了回去；女演员最幸运：成了唯一登门后得到丁一感谢的客人。

七、丁一是靠"不发神经，就是胜利"来战胜压力的。原因有三：其一，丁一是正义的一方，决定符合国家政策，地方当局不能奈何于他；其二，说客的围攻正是他们黔驴技穷的表现，打人摔东西抄菜刀而最后发神经，只会让他们达到目的；其三，丁一如和说客们硬干，会连起码的休息也得不到，咬紧牙关不动声色，至少可让说客们口干舌燥后自觉无趣而离去。

八、丁一这两句话"共产党员是钢，不是浆子……""不来真格的，会亡国！"看来同企业管理毫不相干，实际上却密不可分。工厂运营的失败，原因有多方面：产品质量、纪律、人浮于事等，都是企业成功的障碍。但一个二流子被开除竟会引起轩然大波，没有一个中共干部支持丁一的正确决定，出场的全都选择站在有罪者的一方。这样的管理者，当然无从管理好一个企业。

正是由于丁一钢铁般的意志，正义才战胜了邪恶。癌肿去除后，企业面貌的迅速改变也就指日可待。

第三节 《百合花》:

一、"我"坚持去前方帮手而不愿留在后方的"保险箱"里,虽然让团长为难,但专职宣传工作的女性都坚决要上前方助阵,对第一线的将士是个极大的推动,从而形成万众一心的场面。同"我"上前方类似,共产党军队中的指挥人员在战斗中往往冲锋在前。他们对士兵的做出的榜样,就是激励他们人人奋勇争先的最好途径。

有"我"的坚决上前线,就有通讯员的奋不顾身,有新媳妇的重大奉献,有共产党军队的无往不胜。

二、从通讯员在小说中的表现,我们可以肯定他在"大军北上"的情况下"自愿参军",很可能是出于他对共产党的真心拥护。虽然家里需要他这个劳动力,但很有可能全都支持他这一决定。

通讯员参军直至最后献身,跟"我"主动上前线帮手,以及新媳妇到包扎所做事,始终都围绕着普通人为赢得胜利而甘愿牺牲这条主线,而其中又以通讯员的捐躯而达到顶峰。

三、从表面上看,鸡蛋、饭团、馒头和干菜月饼这些食物与故事情节的展开,似乎确实没有多大关系。但鸡蛋和秤连在一起,提醒我们注意到共产党对纪律的严格要求,借物还物,斤两上的小事也看得极重;乡干部一边工作,一边啃着饭团,可以看出他对工作的投入;干硬的馒头和只有干菜来做馅的月饼,都反映了人与人之间最高贵、最真诚的情感。

四、 《百合花》反对战争,其实并非妄言。这篇小说的主题是赞美普通人为正义事业而无私奉献的牺牲精神,但它同时又在一切可能的场合诅咒战争。这包括"我"和通讯员聊天时花不少笔墨描写的故乡和平生活场景,中秋节吃月饼时马上联想到的故乡过节情况。

战争本来就是可恶的,没有它也就不会有通讯员的惨死,新媳妇的生活也不会如此贫困。当然,文革期间那些指责《百合花》的人,本来用心不良,又当另作别论。

五、新媳妇借被前后的行为是一贯的。她开始不借不是不支持共产党,而是实在有口难言:新婚丈夫不在家,唯一的嫁妆——洒满百合花的爱情信物由她拿出去给陌生男子使用,这个心结对她来说实在太大,无法解开。而她最后终于决定拿出最心爱的被子,正是因为她在内心认同老百姓应该支持共产党的道理。

她后来前去包扎所帮忙,并在百般为难下同意帮手为伤员做清洗,直到最后坚持将被子送给英雄,都是在她相信共产党是为老百姓打仗这个前提下才可能做出的举动。

第四节 《春》：

一、毛泽东发动文革，鼓动年轻人起来造反。表面上看好像是在推动历史前进，让年轻人的活力来带动社会发展；但文革的实际内容却是历史的倒退，年轻人的活力除了在摧毁社会正常运作秩序方面起了大作用外，根本没有为社会进步作出贡献。事实上，文革是完完全全的家长制，毛泽东不仅是亿万青年的家长，而且是他们心中的上帝。

　　《春》不鼓励青年人激进，觉新多次对三弟觉慧可能参加革命党而担心。他对封建制度的反抗是渐进的，直到全书的最后章节，他还在指望二弟觉民能够重振家业，这对鼓吹造反有理的文革运动参加者来说，是一种十分反动的思想。另外，觉民、琴和淑英等人，反对的只是不合理的家长制，对社会变革并不热心。这就跟毛鼓吹的"不断革命"理论之间存在着极大的距离，巴金的文字"毒害"的不只是当时的青年人，更可能会"毒害"那些因无知而造反的"革命小将"，所以必须予以彻底批判，列为禁书。

二、冯乐山为了夺人钱财，竟欺骗寡妇人家的信任以卷夺其财产。这样的人物，不仁是肯定的。但他这一行为发生在他成富之前，因此还不能证明"富者=不仁"这样一种关系。陈克家和高克明同是名律师，如果他们有职业良心和道德的话，他们应该时刻以维护司法公正为己任。但陈克家偏友人而损受害者，没有半点仁义之心；高克明拼命巴结他，自然是一丘之貉。他们两家都是花天酒地的大户，说他们为富不仁决不过分。

　　那么，是不是有钱就一定不仁呢？在当时的情况下确实是必然的。这是因为社会不仅缺少人文关怀，而且根本上没有道义原则。以冯乐山担任会长的孔教会为例，如此寡廉鲜耻的人来为社会布道，社会道德水准自然不会好，因此不用说有钱的人可以用钱来买通官吏，在社会上广行不义；就是穷人，同样不会仁义为怀。所谓世风日下，意义就在这里了。

三、关键是女性没有受教育，不明白女性将脚裹起是为了讨男人的欢心，因此是男女不平等的最极端表现。沈氏拿淑贞裹好的小脚来炫耀，归根结底是因为这样一双小脚会大受那些坚守传统礼教的男子的赏识，因此可以为她嫁个"好人家"而大大增加可能性。

　　沈氏因此也就成了维护男权至上的帮凶，虽然她自己深受包办婚姻的折磨，但她看不到任何改变这一不合理制度的希望，在几千年传统运行的巨大惯性控制下，自觉成为这一社会运作规则的拥护者和执行者。

　　另外，沈氏本人个性不好，也是导致淑贞受苦的原因之一。沈氏每每受到克定欺侮之后，自己不敢反抗，却拿年幼的女儿来出气。在裹脚的世风已经改变的情况下，她还要坚持女儿经受这惨无人道的苦楚，是她变态个性的一种反映。

四、按照克明训斥淑英的话，"男女有别"应该是高家家风的核心所在，他称赞冯乐山为当代宏儒，颇以冯平日称羡高家家风而自得。这里的关键，还是因为冯在当地的势力，得到冯的青睐，克明不仅脸面上好看，法律事务也会红火。如果冯乐山知道自己女儿整天跟年轻男子一起读书，就会看轻高家，说克明不教会女儿大家闺范。那样的话，克明想和陈家联姻的希望也会随之破灭。

　　克明命令女儿停止跟陈剑云学英文，当然不是在维护什么"家风"。高家如果还有什么家风的话，也只有长辈不择手段走歪门邪道的不良风气，以致觉英、觉群等小辈只是跟着学坏。克明脑子里所想的，只有自己事业发达。"家风"对他的意义，正如"仁义道德"对恶贯满盈的冯乐山一样，不过是对外的一个幌子罢了。

第五节　《南海十三郎》：

一、其一，我们可以从这一细节中看到十三郎家庭的特殊性，他父亲太史公是为洋人做买办而发达的，自然受到西方思想的影响，对子女的教育也就不那么传统；其二，十三郎生母六奶因为生育十三郎时难产去世，十三郎自幼乏母管教，他人则怜他纵他，因此娇惯成性；其三，也是最重要的一个暗示，十三郎说话做事自由放纵，对父亲如此，以后对他人也如此。这样的性格，加上他确有才气，到社会上顺利时尚可，不顺利时则处处不利，对他以后郁郁寡欢以至成疾，都是一个非常重要的铺垫。

二、首先，我们应该看到十三郎真诚的爱国心，他真心希望子弟兵们奋勇杀敌，早早把侵略者赶出去，因此在他排演的剧目中，只有激励将士以身报国的内容；其次，日本侵华并占领香港时，正是十三郎艺术事业登峰造极的关头，他不愿留在香港做汉奸，但粤剧在内地却又没有市场，因此对胜利早日到来的渴望特别强烈；第三，十三郎苦追 Lily 失败，心中似乎从此落下阴影，再无女性在他心目中出现过，任惜花用女人的大腿来劳军，正触到十三郎内心的敏感处；最后，国军将领完全不在乎十三郎工作的重要性，在两方都有错的情况下偏袒任惜花一方，是导致十三郎做出过分举动的根本原因。

三、唐涤生是个很有才气的青年，更有虚心求教的美德。他在十三郎对他百般冷淡、甚至故意吐口水在茶杯中令其喝下的难堪情况下仍然坚持，跟十三郎动辄发脾气的为人方式，恰成鲜明对比。而十三郎吐口水故意刁难有为青年的行为，从另一方面证明他的神智已经有问题，开始过分偏激。

　　从两人的交往中，可以看到十三郎确有才气，对于真正可信的人他会全力施为，但他又会为小事而动怒，以至人人对他敬而远之；他对国家社会有着异乎寻常的热情，以至走向偏激；对同行正确的建议和批评，他只有在跟他自己念头相近时才会接受，否则就丝毫不给情面地当面驳斥。

四、十三郎是个性情中人，薛觉先发现他神智不正常，晚上睡在街上留住治病时，他竟拿屎丢在薛家佣人身上夺路而走。徒弟锦棠拦住说：他在街上睡，天当被地当床，逍遥自在。类似这样的疯状，像锦棠这样的人可能会一相情愿地认为他不过是在装疯卖傻。

但十三郎的神智问题是切切实实的。他吐痰入茶杯并且强人所难地让人喝下，在劳军过程中和任惜花冲突时用热水浇人，回到父亲身边后人不做做鸟而将自己跌伤，直到后来从来不清洗身体反说自己最干净……都是疯病发作的迹象。但他的疯病时有反复，所以又常有人认为他是在装疯以混淆视听。

第六节 《寒烟翠》：

一、章一伟是个退役军官，言谈举止豪爽但没有什么文化修养。他这样的人在城市生活没有什么发展前景，但他对农业生产兴趣较浓，也喜欢乡间的自然景色。台湾地方狭小，人口众多，要以农业为生就得开垦荒山。

他选择山地人生活的地方，是为了自己的生活，而不是为了和山地人搞好关系。事实上他一贯敌视山地人，认为山地人眼红他的财产，天生没有良心。他竭力反对儿子喜欢山地女子绿绿，用看毒蛇那样的眼光来看待绿绿；小女孩秀荷帮他照看山羊，丢失一只后就遭到他的毒打，等到弄清楚是自己儿子吃掉的，他连一丝惭愧的表现也没有。换句话说，山地人在他的眼里，简直就是一条狗、一只猫那么低贱。

二、余亚南绝对不值得可怜，舜涓将他说成是个可怜人，很大程度上可以说是惺惺相惜，同病相怜。她自己一心系两男，心底里为此有着深藏不露的犯罪感，同情一下余亚南，等于是间接为自己找到一点开脱。

韦白虽然是余亚南的校长，对他的为人并不了解，只以为他患的是年轻人共有的"为赋新词强说愁"毛病，认为他能在山村待上三年已经很不简单。事实上，余是借着山乡愚昧的场景，以便从事他诱骗处女的罪行。

凌霄是余亚南的直接受害者，但因为世界上"形形色色的人都有"，所以余亚南只是可怜而不可恨，他是"自己在导演自己的悲剧"。且不说余诱奸处女成功是不是悲剧，单单因为世界太复杂就不用追究罪犯的责任，小说作者对"爱"的无条件追求，在此得到了最全面的体现。

至于被余亚南玩弄感情的凌云，她依旧是个尚未长大的女孩，对余只有一相情愿的爱，她的观点这里无需讨论。

三、最大的原因当然是得到了真爱，"我"和凌风虽然被爱情折磨得你死我活，但是也因此发现两人都是全身心地爱着对方。古人说：人生得一知己足矣；现在"我"得到的是知己伴侣，爱屋及乌，自然也爱上了农场。

第二个原因是农场里除了凌风外，粗暴的章一伟、多情的舜涓、执着的韦白、含蓄的凌霄、野性的绿绿、痴心的凌云，每一个人都有他们的优点，都值得赞美；就连犯了罪的余亚南，也是值得可怜的。如此农场真有理想中的桃花园那么美丽，那么值得留连。

最后，也是最重要的，"我"来到农场的原因是为躲避父母离异过程中的不愉快。农场的生活不仅达到了这个目的，一直就谁来"监护""我"而不断争吵的父母最后竟达成了协议；而且让"我"从章一伟、韦白、舜涓之间的三角恋爱关系中明白了很多以前不明白的道理，这一成长使"我""有生以来第一次"和妈妈之间"再也没有芥蒂和隔阂，彼此了解，彼此深爱"！

四、这个题目跟上一个题目是相通的，原因就在于作者力图要将结局中的山村描写得尽善尽美。结果不通情理、歧视山地人的章一伟摇身一变，成了一个"喜爱周遭每一个人"的慈父；绿绿的父亲也摆脱了"野人"的行列，加入到文明社会中来；最厉害的是韦白，给"我"一句炼成"金刚不坏之身"的话，即时醒悟，从此不再痛苦、不再"苛求"，满足于他平静的生活，享受着"咫尺天涯，灵犀一线"的感情。

既然这么多不可能的变化都发生了，绿绿当然也不能例外。她本来就希望摆脱山地人远离现代物质文明的生活方式，想和凌霄生活在一起而不可得。恋爱过程中她对凌霄表示的"不喜欢你们把人关在小房间里"的话，恰恰是她朝思慕盼的美好生活；凌霄冒领她肚中的胎儿更使她逃过一场大难。综观全篇故事，绿绿婚后的转变才是所有转变中最现实的一个转变。